MÚSICA   CULTURA POP   CINEMA

GREG PRATO

ERIC CARR
A BIOGRAFIA

A HISTÓRIA DE THE FOX,
O BATERISTA DO KISS

TRADUÇÃO: FERNANDO SCOCZYNSKI FILHO

Título original: *The Eric Carr Story*
Copyright © 2010 Greg Prato
Todos os direitos reservados

Foto da capa: apesar de todos os esforços, não foi possível localizar a autoria da imagem. Ficaremos contentes em receber maiores informações para creditar a autoria em futuras edições do livro.

Nenhuma parte desta publicação pode ser reproduzida, armazenada ou transmitida para fins comerciais sem a permissão do editor. Você não precisa pedir nenhuma autorização, no entanto, para compartilhar pequenos trechos ou reproduções das páginas nas suas redes sociais.

Publisher
Gustavo Guertler

Coordenador editorial
Germano Weirich

Supervisora comercial
Jéssica Ribeiro

Gerente de marketing
Jociele Muller

Supervisora de operações logísticas
Daniele Rodrigues

Supervisora de operações financeiras
Jéssica Alves

Edição
Germano Weirich

Tradução
Fernando Scoczynski Filho

Preparação
Lucas Mendes Kater

Revisão
Maristela Scheuer Deves

Capa e projeto gráfico
Celso Orlandin Jr.

2024
Todos os direitos desta edição reservados à
Editora Belas Letras Ltda.
Rua Visconde de Mauá, 473/301 – Bairro São Pelegrino
CEP 95010-070 – Caxias do Sul – RS
www.belasletras.com.br

Dados Internacionais de Catalogação na Fonte (CIP)
Biblioteca Pública Municipal Dr. Demetrio Niederauer
Caxias do Sul, RS

P912e	Prato, Greg
	Eric Carr: a biografia / Greg Prato; tradutor: Fernando Scoczynski Filho. - Caxias do Sul, RS: Belas Letras, 2024.
	336 p.: il.
	Contém 32 páginas com fotografias.
	Título original: The Eric Carr story
	ISBN: 978-65-5537-322-6 (brochura)
	ISBN: 978-65-5537-316-5 (capa dura)
	1. Carr, Eric, 1950-1991. 2. Biografia. 3. Rock (Música). 4. Músicos de rock - Estados Unidos – Biografia. 5. Kiss (Conjunto musical). I. Scoczynski Filho, Fernando. II. Título.

24/21   CDU 929Carr

Catalogação elaborada por Vanessa Pinent, CRB-10/1297

Este livro é dedicado à memória de Eric Carr,
Connie Caravello e Bill Aucoin.

SUMÁRIO

1. Introdução **9**

2. Uma Nota dos Pais de Eric **11**

3. Prefácio por Sara-Jean **13**

4. Elenco **14**

5. Anos 50, 60 e 70 .... **17**

6. Kiss: Uma Aula de História [1973-1976] **22**

7. Kiss: Uma Aula de História [1977-1980] **33**

8. Maio / Junho de 1980 .... **44**

9. 1980 .... **49**

10. 1981 .... **64**

11. 1982 .... **75**

12. 1983 .... **94**

13. 1984 .... **104**

14. 1985 .... **126**

15. 1986 .... **146**

16. 1987 .... **161**

17. 1988 .... **181**

18. 1989 .... **196**

19. 1990 .... **208**

20. 1991 [Parte Um] **234**

21. 1991 [Parte Dois] **250**

22. Novembro de 1991 .... **268**

23. Rememorando Eric **283**

INTRODUÇÃO

"URGENTE! PETER CRISS SAI DO KISS!" dizia a manchete na capa da edição de setembro de 1980 da revista *16*. Talvez eu tivesse apenas 8 anos de idade naquela época (não estava exatamente na típica faixa etária que lia a *16*), mas já tinha idade o suficiente para perceber que minha banda de rock favorita no universo estava passando por uma certa turbulência. Pouco tempo depois, veio a matéria de capa sobre o Kiss na revista *People*, apresentando o substituto de Peter Criss, um novato chamado Eric Carr. Sua roupa e maquiagem de raposa pareciam ser legais e, pelo que eu tinha ouvido dos meus amigos sobre a apresentação do Kiss no programa *Kids Are People Too* (eu perdi de ver), Eric dava a impressão de ser um rapaz muito simpático. O futuro do Kiss não parecia tão perdido quanto eu imaginava. Nas revistas, parecia que os fãs concordavam com a minha visão do que eu esperava de um "novo Kiss" – um retorno ao bom e velho rock'n'roll. Mas eles erraram a mão no seu lançamento seguinte *(Music from) "The Elder"*, então me obriguei a me exilar de tudo relacionado ao Kiss por um ou dois anos!

Quando eu "redescobri" o Kiss durante a retirada de sua maquiagem em 1983, jurei lealdade mais uma vez e comprei o disco que eu tinha perdido no ano anterior, *Creatures of the Night*. Uau! A bateria impulsionava o disco, e a banda soava completamente renascida, devendo muito ao Sr. Carr. Eu consegui ver Carr tocando com o Kiss várias vezes e sempre me perguntei por que Gene e Paul não soltavam as rédeas um pouco mais, dando mais espaço para Eric expor suas habilidades vocais e de composição.

Afinal de contas, nas poucas ocasiões em que o deixaram compor ("Escape from the Island", "All Hell's Breakin' Loose", etc.) e/ou cantar ("Black Diamond" nos shows, "Little Caesar" em um disco, etc.), Eric certamente aproveitou essas oportunidades e acrescentou uma bem-vinda variedade, em contraste ao repertório já saturado de composições de Simmons e Stanley.

Quando Eric faleceu tragicamente, admito que eu já estava em outra "pausa do Kiss" (com o grunge e outros estilos de rock superando o rock mais popular). Mesmo assim, fiquei chocado e entristecido quando fiquei sabendo da morte de Eric, em 24 de novembro de 1991 (que foi um dia extremamente triste para mim, pois meu cantor de rock favorito, Freddie Mercury, faleceu no mesmo dia). Ainda naquela década, eu redescobri os discos que o Kiss fez nos anos 1970 e fui ouvir *Creatures* mais uma vez. Novamente, fiquei totalmente impressionado com a habilidade de Eric na bateria.

Com a popularidade do Kiss retornando a todo vapor após a reunião da formação original em 1996, muitos livros já foram escritos sobre a história da banda. Mas poucos fazem uma análise minuciosa de sua era anos 1980/ sem maquiagem e raramente focam na história de Eric. Após entrevistar aqueles que conheciam Eric pessoalmente e/ou eram muito fãs de sua música e forma de tocar, lhes apresento o primeiro livro que traz a verdadeira história da vida de Eric (além de uma boa quantidade de informação sobre essa fase do Kiss que nunca li em qualquer outro lugar).

Vida longa a Eric Carr!
Greg Prato

P.S. Agradeço a todos os meus familiares e amigos, assim como Loretta Caravello, Carrie Stevens e Bruce Kulick, por toda a ajuda que me deram. Também agradeço a Richard Galbraith, Bev Davies, Angela Simon, Lydia Criss, Donn Young, John Walsh, Carrie Stevens e Loretta Caravello pelas fotos excelentes.

P.P.S. Quer me dizer o que achou do livro ou tem alguma dúvida? Envie um e-mail para mim – gregprato@yahoo.com.

UMA NOTA DOS PAIS DE ERIC

Para Nosso Querido Eric,

Não apenas em nossos sonhos, mas a cada dia que passa, nos lembramos de tantas coisas lindas que você tinha.

Quem poderia esquecer seu sorriso acolhedor ou seu incrível senso de humor que nos fazia rir?

Quem poderia esquecer do som poderoso e estrondoso de sua bateria, deixando eco por toda parte?

Ninguém conseguirá tocar nossos corações da maneira que você fez.

Você sempre nos deixou saber que, não importava o que viesse pela frente, você sempre estaria lá para mostrar o caminho...

Em nossos sonhos, todos os dias, te amamos e sentimos muito a sua falta.

Com amor,
Mãe e Pai
[Copyright © 1998, Família de Eric Carr]

PREFÁCIO POR SARA-JEAN

Eu tinha apenas quatro anos quando meu tio Eric faleceu. Apesar de eu ter passado pouco tempo com ele, as memórias que tenho dele estão sempre no meu coração.

Eu me lembro de como, em um de seus shows, ele me ergueu sobre seus ombros e andou comigo no meio da plateia, cheia de fãs gritando. Anos depois, minha tia Loretta me contou que meu tio estava me exibindo por toda parte, gritando, a plenos pulmões, "Esta é a minha sobrinha! Esta é a minha sobrinha!" Ele tinha tanto orgulho de mim.

Uma animação incontrolável preencheu meu peito quando as luzes se acenderam e a música começou. Lá estava meu tio, no centro do palco, tocando sua bateria com facilidade, seu cabelo escuro rapidamente chacoalhando de um lado para o outro.

Agora, quando fecho meus olhos e penso no tio Eric, consigo me transformar naquela menininha ruiva, sentada sobre seus ombros, cercada pelos gritos dos fãs que o adoravam.

Eu te amo e sinto sua falta, tio Eric. A batida de sua bateria estará para sempre no batimento do meu coração.

Com amor,
Sara-Jean

ELENCO

MARK ADELMAN – Gerente de turnê do Kiss, 1983-1988

CARMINE APPICE – Baterista de Vanilla Fudge, Jeff Beck, Rod Stewart, Ted Nugent, Ozzy Osbourne e King Kobra

BILL AUCOIN – Empresário do Kiss, 1973-1982

FRANKIE BANALI – Baterista do Quiet Riot

CHARLIE BENANTE – Baterista do Anthrax

NINA BLACKWOOD – VJ da MTV

BOBBY BLOTZER – Baterista do Ratt

LORETTA CARAVELLO – Irmã mais nova de Eric

GARY CORBETT – Tecladista ao vivo do Kiss, 1987-1992

LYDIA CRISS – Fotógrafa/ex-esposa de Peter Criss

SCOTT DAGGETT – Técnico de bateria de Eric, 1985-1987

BLAS ELIAS – Baterista do Slaughter

BOB EZRIN – Produtor dos discos *Destroyer, (Music from) "The Elder"* e *Revenge*

BOB GRAW – Fã nº 1 do Kiss

CHRISTINA HARRISON – Ex-esposa de Bruce Kulick

MICHAEL JAMES JACKSON – Produtor dos discos *Creatures of the Night* e *Lick It Up*

JAIME ST. JAMES – Vocalista do Black N' Blue

CAROL KAYE – Assessora de imprensa do Kiss

BOB KULICK – Irmão de Bruce Kulick, tocou guitarra, mas não apareceu nos créditos, nos discos *Alive II*, *Killers* e *Creatures of the Night* [também tocou guitarra no disco solo de Paul Stanley, lançado em 1978, e em sua turnê em 1989]

BRUCE KULICK – Guitarrista do Kiss, 1984-1996

LARRY MAZER – Empresário do Kiss, 1989-1994

GERRI MILLER – Editora da revista *Metal Edge*, 1985-1998

ADAM MITCHELL – Compositor

ROD MORGENSTEIN – Baterista do Winger

RON NEVISON – Produtor do disco *Crazy Nights*

A.J. PERO – Baterista do Twisted Sister

MIKE PORTNOY – Baterista do Dream Theater

MARKY RAMONE – Baterista dos Ramones

BOBBY ROCK – Baterista das bandas Vinnie Vincent Invasion e Nelson

JACK SAWYERS – Diretor de *Tale of the Fox*

WAYNE SHARP – Gerente de turnê do Kiss [turnê *Asylum*]

MARK SLAUGHTER – Vocalista das bandas Slaughter e Vinnie Vincent Invasion

CARRIE STEVENS – Namorada de Eric, 1988-1991

TY TABOR – Guitarrista do King X

EDDIE TRUNK – DJ de rádio e apresentador de TV

JOHN WALSH – Técnico de bateria de Eric, 1990

MARK WEISS – Fotógrafo

NEIL ZLOZOWER – Fotógrafo

ANOS 50, 60 E 70

LORETTA CARAVELLO: [Paul Charles Caravello] nasceu em 12 de julho de 1950, no Brooklyn. Acredito que foi no Lutheran Hospital. Passando a Linden Boulevard, perto do Kings County Hospital. Minha mãe [Connie Caravello] e meu pai [Albert Caravello] moravam na mesma quadra. Eles ainda eram adolescentes quando se conheceram. Acho que a família do meu pai tem uns 20 irmãos e irmãs, e minha mãe tinha só três. Eles se conheceram e se casaram com uns 18 ou 19 anos de idade. Temos outra irmã. O nome dela é Maria. Nós a chamamos de "Sisie". Meu irmão deu esse nome a ela porque ele não conseguia falar "Maria", então dizia *sister* ["irmã"], mas soava como "Sisie". Ainda a chamamos assim. Eric era o irmão mais velho, Sisie a do meio, e eu sou a mais nova. Quando tínhamos uns sete ou oito anos, éramos inseparáveis mesmo. Costumávamos brincar, mas, conforme você envelhece – quando ele tinha uns 13 ou 14 –, ele começou a passar mais tempo com os amigos dele, e eu com os meus. Mas ele sempre protegia minha irmã e eu, porque ele tinha muitos amigos homens que iam à nossa casa. Ele sempre estava lá para nos apoiar. Era um bom irmão.

Minha avó comprou uma casa a cerca de uma quadra dali, que ficava na Belmont Avenue, no Brooklyn. Ela deixou minha mãe morar lá com meu pai e conosco, e com seu outro filho, Sonny, o irmão da minha mãe. Era legal, porque aos domingos íamos até a casa da minha avó, e ela cozinhava o prato favorito do meu irmão – frango com alho e limão siciliano. Mesmo depois de ficar mais velho, continuava sendo seu prato favorito, mas minha mãe nunca conseguia cozinhá-lo da mesma forma que minha avó. Mas ela consegue agora. Você se torna "a avó" depois de um tempo. Nós nos divertíamos muito. Éramos uma família muito musical, porque meu avô era músico – ele tocava trombone. Ele costumava tocar no Vaudeville. Ele tocava com Charlie Chaplin – era seu emprego. Ele tentou ensinar meu irmão a tocar trombone, mas não deu certo. E eles tinham um piano. Ele tentou nos ensinar a tocar piano.

Meu irmão começou a se interessar pela bateria por conta dos Beatles. Todo mundo enlouquecia com eles. Primeiro, ele começou a aprender a tocar guitarra. Eu ia tocar bateria. Depois, é claro, nós trocamos. Mas ele não tinha uma bateria. Ele usava uma almofada de borracha, ou umas latas e panelas, e tocava com lápis. Naquela época, nem todo mundo tinha dinheiro para aulas. As pessoas passavam por dificuldades. Mas foi nessa época que ele começou a tocar bateria. Ele começou a trabalhar com meu pai – meu pai consertava fogões. Na verdade, antes disso, meu pai consertava portas de porões externos, e meu irmão trabalhava com ele. Meu irmão costumava colocar o cimento. Muitas vezes, eles nos contavam histórias sobre terem ido à casa de Joe Columbo para trabalhar no quintal dele. Ele começou com esse emprego, e meu pai disse que ele era o melhor pedreiro para lidar com cimento que ele já tinha visto. Ele era bom mesmo com essas coisas. Depois disso, meu pai começou a trabalhar com aparelhos a gás. O negócio não era dele – ele trabalhava para uma empresa chamada Jamaica Stoves. Ele saía para fazer os serviços, e meu irmão ia com ele. Meu irmão aprendeu a consertar fogões e também era muito bom nisso. Mesmo quando ele começou a tocar com o Kiss, alguém me contou que ouviu um barulho em sua cozinha, e era meu irmão consertando seu fogão! Ele sempre ficava bom no que começava a fazer.

ANOS 50, 60 E 70

No começo, ele ganhou uma bateria de três peças do meu tio. Mas aí ele queria uma Ludwig de três peças, por causa do Ringo. Então meu pai fez um acordo com Sam Ash [da loja de instrumentos da cidade], porque Sam estava se mudando. Ele disse, "Veja só, se eu te ajudar com a mudança, você pode fazer um preço bom nessa bateria?". Então meu pai e meu irmão ajudaram com a mudança e pagaram um preço baixo pela bateria. Eu ainda tenho os recibos e os boletos das parcelas. Meu irmão guardava todas essas coisas. Acho que significavam muito para ele.

A primeira banda em que ele tocou se chamava Allures, de Flushing. Era um trio. Meu pai sempre o ajudava. Meu pai era meio que o empresário dele. Ele o levava até os trabalhos. Nós ficávamos no carro após a escola, "Vamos, temos que ir!". Os Allures [ensaiavam] no quinto ou sexto andar de um prédio habitacional, e meu pai sempre se lembra de como ele e meu irmão precisavam carregar aquela bateria pelos cinco ou seis lances de escada. Foi um dos motivos que o levou a sair da banda. Depois, ele começou sua própria banda, os Cellarmen. É claro que ele usou esse nome, "the Cellarmen", porque ele costumava consertar portas de porões ["*cellars*"]. Tinha quatro integrantes, e ele pegou os nomes deles do quadro de avisos da loja Sam Ash. Era no Brooklyn, acho que na Flatlands Avenue. Eles começaram a aprender músicas dos Beatles e ensaiavam no porão de nossa casa, todo sábado. Era constante. Meu irmão levava aquilo *muito* a sério – ele nunca perdia um ensaio. Mesmo durante a semana, ele sempre tentava... aí minha mãe vinha e fazia espaguete com almôndegas para todo mundo. Era isso que os caras amavam. Ela os alimentava bem! Na verdade, o baixista se casou com minha irmã.

Eles gravaram duas músicas. Meu pai os levou a um estúdio em um porão no Brooklyn, e eles gravaram algo chamado "I Cry at Night". Aí uma garota ligou para eles, ela se chamava Crystal Collins. Ela queria gravar um disco, então eles usaram meu irmão como músico de apoio. Era uma música bem fofa que chegou à quinta posição das paradas no Texas, algo assim, chamada "No Matter How You Try". Mas não durou. A carreira dela não foi adiante. Os Cellarmen se separaram porque um dos caras foi fazer faculdade e outro se mudou para o Texas. Aí ele começou a tocar em uma banda chamada Salt and Pepper. O organista dos Cellarmen disse, "Ei, por que você não vem aqui? Precisamos de um baterista". Salt and Pepper era uma banda de negros e brancos. Eles eram muito bons – foram banda de abertura de Nina Simone e Patti Labelle na Academy of Music, que depois se tornou o Palladium. [A banda Salt and Pepper posteriormente mudou seu nome para Creation, no começo dos anos 1970.]

O organista tinha saído da banda Creation, e eles pegaram um cara jovem. Seu nome era Damon, tinha só 19 anos. [Uma performance no Gulliver's Restaurant/Night Club em Port Chester, Nova York, em 30 de junho de 1974] foi seu primeiro ou segundo trabalho com eles. Acho que a história era que alguém estava bravo com as pessoas na pista de boliche, que ficava anexada ao lugar, e começaram um incêndio. Estavam numa área que era rebaixada – imagine descer uma escadaria e chegar a outro ambiente. Estavam numa posição ruim. Primeiro, o que aconteceu foi que um cara, George, disse, "Sentimos cheiro de fumaça aqui, então, por favor, não entrem em pânico". Mas então, de repente, entrou um monte de fumaça preta, de uma vez só. Começou a encher o ambiente mesmo, e as pessoas começaram a entrar em pânico. George e Damon morreram no incêndio. Meu irmão foi um dos últimos a sair. Ele estava com a cantora, chamada Sarita. Ela ficava dizendo para ele, "Paul, vamos por aqui". E meu irmão tinha uma memória excelente. Não tinha como superar a memória dele. Um fã poderia chegar para ele, 12 anos depois, e ele lembraria de seu nome e exatamente o que disse para ele naquela noite. E eu ouvi histórias assim, fãs que nem acreditavam do quanto ele lembrava. Ele tinha esse jeito muito bom com as pessoas. Então ele disse, "Não, você tem que vir por aqui". Então ele a levou pela cozinha, e eles provavelmente foram as duas últimas pessoas a saírem de lá com vida.

Vimos isso na TV e estávamos histéricos em casa. Ele não ligou para nós, todo mundo estava confuso, ninguém sabia como contatar ninguém. Nossa única fonte de informação era a TV. Certamente foi uma noite estranha. Meu cachorro foi correndo para o quarto dele e começou a chorar, correndo em volta da cama. Agora, quando penso nisso e nas coisas que aconteceram, devia ser uma espécie de sexto sentido. Não tínhamos ideia; no dia seguinte, por volta do meio-dia – passamos a noite inteira sem saber –, minha mãe recebeu uma ligação dele, e todo mundo ficou emocionado. Achávamos que ele estava morto. O que aconteceu foi que eles estavam indo aos hospitais, procurando George e Damon. Ninguém conseguia encontrá-los, então eles tiveram que ir a todos os hospitais da área, até que perceberam que eles tinham morrido. Muitos músicos naquela época fizeram grandes eventos de caridade para tentar recuperar os instrumentos deles. Muita gente sabia deles. Novamente, eram uma ótima banda.

Pouco tempo após isso, mais alguns membros saíram da banda, mas John Henderson e Sarita permaneceram, aí eles se tornaram Mother Nature/Father Time. Essa banda não durou muito. Aí eles tiveram um pouco de sorte, foram chamados para atuar como uma banda cover, com o nome Bionic Boogie. O Bionic Boogie tinha muitas músicas na rádio. Eles acharam que seria sua grande chance de sucesso. Eles tocaram na Disneylândia – fizeram vários shows lá. Flasher, acredito, foi o último. Era um grupo de três integrantes em Long Island.

Ele ficou muito, muito deprimido. Após o incidente do incêndio, ele nunca superou aquilo. Então, toda vez que alguém dizia que faria algo por ele, ninguém fazia nada. Ele estava muito mal. Naquela época, ele não estava morando conosco. Ele estava morando em Starret City, na Linden Boulevard e ele ia e voltava – morava conosco, depois não morava conosco. Sua situação financeira estava bem ruim. Ele amava tanto sua música, mas pegava empregos como motorista de caminhão no aeroporto, entregando tabaco para os aviões. Então ele trabalhou no sistema judiciário. Ele entregou mobília com meu pai. Meu pai arranjou um emprego pra ele.

KISS: UMA AULA DE HISTÓRIA [1973-1976]

BOB KULICK: Eu respondi a um anúncio no *Village Voice*, após ter feito turnê com muitos outros artistas conhecidos. Eu tinha acabado de tocar com o cantor inglês de blues Long John Baldry. Fizemos uma turnê com o Uriah Heep e o White Trash. Uma turnê ótima. Quando você precisava de um novo trabalho, o *Village Voice* era a forma como as pessoas achavam bandas naquela época. Eu encontrei Labelle. Foi outra artista com quem eu toquei, Patti Labelle and the Bluebelles, também conhecida como apenas Labelle. Eu consegui esse trabalho fazendo um teste após ver um anúncio no *Village Voice*. Então o Kiss botou um anúncio lá – naquela época, eram chamados de Wicked Lester. Eu fui ao apartamento, e nós tocamos um som meio Zeppelin, e eles me mostraram fotos dos protótipos de maquiagem. Conversamos por um tempo. A história de que Ace chegou lá, desplugou minha guitarra e plugou a dele é totalmente falsa. Qualquer pessoa que me conhece sabe que isso *não* seria possível. De fato, Ace chegou logo depois de mim e foi ele que conseguiu a vaga. Mas Paul ligou para mim algumas semanas depois e disse, "Na verdade, você foi o melhor guitarrista, mas queríamos alguém que se encaixasse melhor com nossa visão do que a banda é". Mas sempre mantivemos contato. Foi assim que isso começou.

BILL AUCOIN: Gene era um professor e sempre estava prestando atenção, fazendo anotações. Não permitíamos que Gene falasse muito, porque ele sempre parecia um professor falando, não um músico de rock. Então Paul ficava encarregado de falar. Paul tende a ser um pouco tímido até você conhecê-lo melhor. É claro que Gene fala o que pensa, até demais. Ace era provavelmente o que mais tinha a ver com o rock 'n' roll. Me refiro ao estilo de vida rock 'n' roll. Esse era o Ace. Muito esperto.

LYDIA CRISS: Eles são diferentes agora. Acho que era muito mais fácil falar com eles naquela época. Eram todos engraçados à sua maneira. Eram todos "artistas" à sua maneira. Não eram apenas músicos – todos eles sabiam desenhar. Ao falar com Gene, ele era um professor [antes de fundar o Kiss]. Era como falar com um professor – só falava de fatos e dinheiro, dinheiro e fatos. Eles eram todos como irmãos para mim. Eu nunca os vi como astros, apenas porque, quando ficaram populares, eu já os conhecia antes disso.

Os caras eram todos ótimos, cada um de seu jeito. Por exemplo, o Ace contava piadas e te fazia rir, e Paul era com quem eu mais conversava, eu acho, porque, toda vez que tinha uma limusine, Peter a dividia com Paul, porque eles moravam perto um do outro, tipo quando iam ao aeroporto ou algo assim. Mas nos shows, Gene sempre dividia a limusine com Peter, porque Gene não queria a namorada do Paul no meio! Eu me sentava no meio. Eu já estava na limusine antes do fim do show, e Peter ficava de um lado e Gene do outro. Mas eu sabia que era melhor não falar [risos]. Naquela hora da noite, você não fala. E a namorada do Paul gostava de falar muito, então Gene queria alguém que fosse quieta [risos]. Mas todos eles eram ótimos e todos eram como irmãos para mim. É claro, Peter não era como irmão, mas eram todos queridos.

CARMINE APPICE: A maquiagem não importava para mim. Paul, ou algum deles, me disse que Gene e Paul foram ver um show do Cactus e do Alice Cooper em Long Island, na Commack Arena. Foi aí que eles tiveram a ideia do Kiss. Eles disseram, "Se conseguirmos ter o peso, a lascívia e a energia do Cactus e misturarmos isso com a teatralidade do Alice Cooper, teremos um ótimo show". Eu achava que eles tinham um ótimo show. Mas, musicalmente, *fala sério*. Eu estava tocando com o Jeff Beck e, antes disso, com o Cactus e o Vanilla Fudge... e o *Led Zeppelin* abria pro Vanilla Fudge! Mas eu achava um show ótimo. Eles pegaram o negócio do Alice Cooper o levaram ao extremo, e eu os respeitava por isso. Mas eu não tinha como olhar para eles e dizer, "Nossa, esses caras são músicos excelentes". Eles não eram.

JAIME ST. JAMES: Eu era muito fã quando era criança. Eu vi o Kiss ao vivo em 1974 – a banda de abertura era o Rush – no Paramount Theatre, em Portland, Oregon. Eu já gostava deles antes disso. Tem uma pequena loja de música em Portland chamada Music Millennium, e eles sempre tinham discos que outros lugares não tinham. E eu vi o primeiro disco do Kiss [*Kiss*, de 1974], com os caras com a maquiagem na capa. Era uma imagem tão legal que eu disse, "Nem sei o que é isso... mas preciso comprar. *Eu preciso ter isso*". Eu era muito fã do Alice Cooper, então dei uma chance para aquela tal banda Kiss. É claro, acabei amando o primeiro disco deles. Mas quando eu os vi ao vivo em 1974, aí que percebi como eram uma banda boa. Qualquer pessoa que tivesse a minha idade – eu tinha uns 13 anos – os teria amado. Todos nós os amávamos. Eram especiais para mim. Quando eu vi o Kiss pela primeira vez, eu ainda não conhecia Tommy Thayer. Tommy e eu nos conhecemos no fim dos anos 1970, quando ele veio e fez um teste para uma banda em que eu tocava. Ele acabou tocando naquela banda – ela se chamava Movie Star –, que depois virou a Black N' Blue. Eu era o baterista da Movie Star. Acabei virando vocalista, e a Black N' Blue foi formada no outono de 1981. O engraçado é que Tommy estava naquele mesmo show em que eu estava. Só não sabíamos que nós dois estávamos lá – ele estava com seu grupo, e eu com o meu. Sinceramente, Ace Frehley foi uma influência enorme para ele. Ele aprendeu todos aqueles licks de guitarra. Agora... *ele faz parte da banda*.

KISS: UMA AULA DE HISTÓRIA [1973-1976]

NEIL ZLOZOWER: Eu comecei nos anos 1970. A primeira vez que os fotografei foi quando eles estavam em um programa chamado *In Concert*, e uma garota veio até mim e disse, "Estamos com o Aucoin Management e temos uma banda nova, o Kiss. Você gostaria de fotografá-los?". Eu disse, "*Kiss?*". Na época, tinha uma banda chamada Bread, então achei que o Kiss seria no mesmo estilo. Achei que tocariam um som meio folk, com violões. Então, de repente, apareceram com a maquiagem e tudo, e Gene com aquela língua. Ninguém fazia nada do tipo. O mais próximo que existia naquela época era o Alice Cooper, mas o Kiss meio que elevava aquilo a outro nível. Eu achava que era bem exagerado. Eu pensei, "Essa porra é piada? Essa banda vai virar motivo de chacota e sumir da cena em umas duas semanas!". Mal sabia eu que, mais de 40 anos depois, estariam tão populares.

TY TABOR: A primeira vez que os vi deve ter sido no *The Midnight Special* e pirei. Eu pensei, "O que diabos é isso?". Eu também gostava do Alice Cooper na época e pensei, "*Nossa*". Era a única outra coisa que eu tinha visto e que fazia algo tão exagerado [risos]. E, talvez, não me lembro se naquela época o Peter Gabriel fazia coisas esquisitas com o Genesis ou não, mas tinha algumas coisas no começo. Eu vi o Kiss naquele programa, mas só virei fã quando o disco *Alive!* [1975] saiu. Eu estava na faixa etária de jovens que simplesmente piraram. É claro que eu fui lá e comprei tudo o que eles já tinham lançado. Eu era um daqueles garotos – o típico fã do Kiss que pintava a cara e se fantasiava no Halloween. Eu *amava* o Kiss. No decorrer dos anos 1970, eles eram uma das minhas maiores influências. Ace Frehley foi uma das minhas maiores influências – eu achava que ele tinha uma sensibilidade melódica e um estilo tão incrível, de um jeito que dava para cantar seus solos. Isso teve um impacto enorme em mim.

CHARLIE BENANTE: Na primeira vez que ouvi *Alive!*, eu estava em uma festa na casa de um amigo. A única coisa do Kiss que eu tinha ouvido antes disso era o *Dressed to Kill* [1975]. Eu gostei, mas quando *Alive!* saiu, foi um negócio completamente diferente. O que eu mais me lembro é de ficar encarando a embalagem do disco. Ela se abria no meio e tinha um encarte enorme dentro. Lembro de ficar encarando e pensando, "Mas que diabos?". Porque você escutava o disco e visualizava em sua mente como aquilo era. Tinha todos aqueles elementos diferentes. E eu me lembro no começo, quando ouvi Kiss pela primeira vez, eu achava que a voz do Paul Stanley era a voz do Gene Simmons. Foi muito estranho quando os vi em um programa de TV chamado *The Midnight Special* e pensei, "Espera um pouco... não era para ele estar cantando isso!".

Acho que não tinha nenhuma música que eu não gostasse. Eu amava todas as músicas naquele disco. Lembro que eu o tocava direto, toda hora. Eu amava o jeito que o lado 1 começava. Era como a introdução no começo do show. Aí você chega às partes do meio – os lados 2 e 3 – e o lado 4 era o grande encerramento. Nunca me esquecerei de quando eu ouvia "Black Diamond" e pensava, "Que diabos está acontecendo?". As explosões e tudo. A ordem das faixas está um pouco fora da sequência real. Na verdade, nem é um show ao vivo de verdade. Eles certamente regravaram as músicas, mas quem se importa – era o suficiente para me enganar naquela época.

Eu amava o estilo do Peter Criss em *Alive!* Eu acho que ele foi uma das minhas grandes influências para ter uma bateria enorme. Era tipo, "Olhe só todos esses tambores. O que ele faz com tudo isso?". Porque, naquela época, tinha os "bateristas de cinco peças", como John Bonham e Joey Kramer. Depois do Peter, Neil Peart também tinha uma bateria grande. No fim de 1976, vi a banda ao vivo pela primeira vez. *Alive!* tinha me preparado. "Cara, isso é uma loucura!" Eu não conseguia acreditar no que estava vendo. Tudo estava acontecendo ao mesmo tempo, eu não conseguia me concentrar em apenas uma coisa. Era um ataque aos sentidos. Porque a maioria das bandas naquela época não fazia o mesmo tipo de show que eles estavam fazendo. Elas basicamente iam ao palco e tocavam. Não eram *o Kiss*, sabe? O Kiss me fez perceber que era isso que eu queria fazer. E essa mentalidade simplesmente ficou comigo. Ela nunca foi embora. Antes disso, eu não levava tão a sério, não pensava "Vou viver disso". Ainda escuto *Alive!*, com certeza. Às vezes eu o escuto antes de tocarmos. Ele me deixa animado. Me prepara psicologicamente.

CARMINE APPICE: De fato, quando o Kiss surgiu, eu participei de sua primeira turnê como banda principal em arenas. Eu tocava com Leslie West, e nós abríamos os shows deles.

BOB EZRIN: Eu os conheci na escadaria de um estúdio de TV, onde tinham acabado de gravar uma entrevista, e eu estava prestes a ser entrevistado. Um jovem de Toronto, que costumava me ligar, me contou sobre a banda. Meu número estava na lista telefônica naquela época, e aquele rapaz costumava ligar para minha casa dizendo, "Tem uma banda, o Kiss. Eles precisam que você os produza! Você precisa encontrar essa banda. Eles precisam do Bob Ezrin". Eu já tinha ouvido a música deles e pensado, "Essa banda até que é boa". Então, um dia, eu os encontrei em uma escadaria e conversei com Paul Stanley, enquanto eles desciam. Eles sabiam quem eu era, o que foi ótimo, porque eram fãs do Alice. E eu apenas disse, "Olhe, se algum dia vocês se sentirem infelizes com a forma como seus discos estão saindo... liguem para mim. Eu amaria trabalhar com vocês". E não demorou muito – eu recebi uma ligação.

Na verdade, [Kiss e Alice Cooper] compartilhavam muitos dos mesmos atributos. Eles tinham ótima ética para trabalhar, um bom senso de humor. Eles não eram "meticulosos" com o que estavam fazendo, mas levavam o trabalho muito a sério. E tudo o que eles queriam fazer era o melhor possível, para criar o melhor material possível para seus fãs. Isso que motivava as duas bandas, essa entrega para os fãs deles. Acho que os caras do Kiss ainda fazem isso, assim como Alice. Eles são ótimos para fornecer entretenimento. São todas "pessoas do show business", no sentido clássico da expressão. Dão um ótimo show aos fãs.

Eu me diverti trabalhando com todo mundo naquele projeto em particular [*Destroyer*, 1976]. Eu li as histórias de que Peter teve muita dificuldade. Sabe, fizemos ele trabalhar *muito*. Ninguém estava acostumado a trabalhar tanto quanto eu, apenas porque havia tanto a ser conquistado. Realmente estávamos tentando chegar aos céus com aquele disco. Não tínhamos muito tempo para gravá-lo, então precisávamos fazer força. Não podíamos parar. Não podíamos fazer um intervalo de uma hora entre as tomadas para descansar nossas mãos. Então Peter, especialmente, estava trabalhando muito, porque ele tinha que tocar praticamente o dia todo, todo dia, nas primeiras semanas, quando estávamos gravando a bateria. Ele não estava acostumado com isso. Ele estava acostumado a tocar um show de duas horas e ficar de folga o resto do dia. Foi difícil para ele.

Para o Ace, acho que foi difícil porque ele precisava chegar no horário marcado e tentar fazer um som específico ou tocar uma parte específica. Ace era um músico muito mais intuitivo e visceral, tinha uma personalidade visceral. Não era um cara disciplinado, de maneira alguma. Para ele, aquela era uma forma nova de fazer as coisas. E acho que, sim, houve momentos em que ele teve muita dificuldade com isso, e ele ficou ressentido comigo. E houve situações em que precisávamos trazer outras pessoas para tocar umas partes, porque o Ace não estava lá. E não foi uma decisão que tomei sozinho. Foi uma decisão em conjunto com Paul e Gene. Nós nos sentamos e dissemos, "Temos essa parte de guitarra. Precisamos gravá-la hoje. Onde está o Ace?". Então chamamos o Dick Wagner, que morava na cidade, tocava muito bem e era meu amigo, e ele substituiu o Ace. Foi isso que aconteceu.

LYDIA CRISS: Eles me fizeram ir ao estúdio quando "Beth" ficou pronta. Eles pediram para eu me sentar, colocaram fones de ouvido em mim, e Bob Ezrin e a banda estavam todos lá. Eu conhecia a música. Peter a tinha composto anos antes. Mas ela tinha mudado, porque originalmente se chamava "Beck". E eles a mudaram para "Beth", e eu tinha sugerido "Beth", mas nunca receberei crédito por isso [risos]. Eu me sentei em um banquinho e eles perguntaram, "O que achou?". E eu apenas disse, "Deveria se chamar 'Lydia'".

Eu não compus a música, mas disse algo a Peter que ele colocou na música. Virou um trecho da letra – "*You say you feel so empty / That our house just ain't a home*" ["Você diz que se sente tão vazia / Que nossa casa simplesmente não é um lar"]. Quero dizer, eu *disse* isso para o Peter. Eu estava pagando todas as contas até nos mudarmos para Manhattan e eu estava trabalhando. Quando você para de trabalhar – acho que trabalhei por 12 anos –, fica um vazio na sua vida. É, tipo, "Nossa, não preciso acordar cedo todo dia e pegar o trem até Manhattan". Eu costumava pagar todas as contas, então, de repente, *o escritório* está pagando todas as contas. Fica um vazio enorme, então disse aquilo ao Peter – "Eu não sinto que esta casa é meu lar", me referindo ao apartamento em Manhattan, na verdade. Mas você se acostuma com essas coisas. Mas eu tinha dito essa frase para ele, e apareceu na música.

Foi uma surpresa [quando "Beth" tornou-se um sucesso], porque era um lado B. Certamente foi uma surpresa, especialmente quando ficamos sabendo que eles ganharam o People's Choice Awards. Estávamos em um show em Detroit. O show terminou... talvez o show nem tivesse terminado ainda. Estávamos eu, Gene, Bill e Peter. Bill nos surpreendeu com um papel. Ele disse, "A propósito, eu queria contar que vocês ganharam o People's Choice Awards". Já sabíamos antes de o programa ir ao ar – é um daqueles prêmios que te informam antes de o programa ser gravado. Gene disse, "Bem, como vamos aceitar isso?". Eu apenas disse, brincando, "Eu posso aceitar", e Gene olhou para mim e disse, "OK". Aí eu perguntei, "*Como assim?*" [risos]. Então tudo isso foi uma grande surpresa, que a música ficou tão famosa.

BOB EZRIN: Após eles decidirem não trabalhar comigo depois de *Destroyer*, eu fiquei meio puto com a banda. Não sei quem tomou essa decisão. Eu apenas acho que foi uma decisão equivocada, porque algumas pessoas da imprensa – as primeiras a escrever – não gostaram muito de *Destroyer*, e acharam que tínhamos sacrificado nossa integridade de alguma forma. Foram algumas resenhas, não muitas, do *Destroyer*, onde escreveram que eu amaciei o Kiss, que eu "desossei" o Kiss e os transformei em... alguém se referiu às partes orquestrais como "metais da Ann-Margret" [risos]. Basicamente, estavam dizendo que o disco era muito "Las Vegas". Isso assustou a banda, mas acho que assustou Bill Aucoin ainda mais.

O que aconteceu foi que, enquanto eu estava de férias – após ter concluído o disco e o entregue, tendo quase certeza de que era um disco ótimo e que teríamos muito sucesso com ele –, recebi um recado agitado de Jack Douglas quando voltei a Nova York. Não um, mas *muitos* recados agitados de Jack Douglas, apenas dizendo, "Você precisa ligar para mim imediatamente". Então eu liguei e aconteceu que Bill Aucoin tinha ligado para ver se ele estaria interessado em fazer o próximo disco do Kiss. E Jack era meu discípulo. Eu ensinei Jack Douglas e levei o Aerosmith a ele. Na verdade, dei o Aerosmith para ele como um "presente de formatura", quando senti que ele estava pronto para trabalhar por conta própria. Eu fiquei um pouco irritado de saber que isso estava acontecendo, sem qualquer pessoa sequer me contatar. Especialmente, como eu disse, porque tínhamos feito um trabalho tão bom. Então fiquei meio puto... e magoado, porque eu investi muita energia e paixão no *Destroyer* e no trabalho com os rapazes. E eu os amava. Eu amei trabalhar com eles. Eu sentia como se estivesse trabalhando com meus primos, sabe? Eu senti um vínculo tão próximo com a banda que, quando voltei e descobri que tinha sido basicamente rejeitado, fiquei magoado.

LYDIA CRISS: Quando estávamos indo ao Japão, eu só queria agradecê-los pela oportunidade de poder ir ao Japão. E eu comecei agradecendo Gene. Eu disse, "Gene, eu só queria te agradecer por essa oportunidade que tive de ir ao Japão". Ele disse, "Não me agradeça. *Agradeça a 'Beth'*. Foi isso que tornou possível nossa ida ao Japão". Então, essa foi a popularidade de "Beth". "Beth" foi o single que mais vendeu deles. Não chegou à primeira posição, mas foi o que mais vendeu.

BOB GRAW: No verão de 1976, eu estava dormindo na casa da minha prima e ela tinha uma pilha de revistas ao lado de sua cama, e John Travolta e Farrah Fawcett estavam na capa da revista *Bananas*. Você se lembra da *Bananas*, quando estávamos na escola, na biblioteca? Por acaso, eu estava folheando a revista antes de dormir e tinha uma foto da banda ali, e eu disse, "*O que é isso? Isso é a coisa mais legal que já vi na minha vida!*". Eu perguntei à minha prima na manhã seguinte, "Quem é Kiss?". E ela respondeu, "Isso é uma bobagem. Não preste atenção nisso. Escute isto aqui". E ela me entregou *Fly Like an Eagle*, do Steve Miller, um disco do America e o primeiro álbum do Fleetwood Mac com Lindsey Buckingham e Stevie Nicks. Eu levei esses discos para casa e os ouvi... mas não conseguia tirar aquela imagem da minha cabeça. Minha avó me levou até a Sears para comprar umas roupas e eu vi um display do Kiss com *Destroyer* e todos os outros discos deles. Eu falei para minha avó – que Deus a tenha – "Eu quero isso! Eu quero isso!". Então ela comprou o disco para mim, sem saber o que era. Eu o levei para casa naquele dia e o ouvi todo dia após a escola, por uns dois meses. Então eu pedi para ela comprar mais um disco, daí outro e outro. Aí fiquei obcecado por eles.

BLAS ELIAS: Eu virei fã do Kiss quando os vi em um especial de Halloween. Não me lembro do ano. Foi nos anos 1970 [*The Paul Lynde Halloween Special*, 1976]. Eu vi aquilo e comecei a curtir todo aquele lado mais metal do rock. Eu já gostava dos Beatles e do Sweet, do lado mais pop. Aquilo me levou para as coisas mais pesadas do rock. Naquela época, eu gostava do Peter Criss. Eu estava pensando em me tornar baterista. Então, sim, eu era muito fã.

MARK SLAUGHTER: Eu morava em Las Vegas e minha infância lá era praticamente como a série *O Fazendeiro do Asfalto*. A Vegas que conhecemos hoje é totalmente diferente. Quanto ao Kiss passar por lá, acho que tocaram lá uma vez. Digo, no começo dos anos 1970, quando estavam começando. Quando eu estava crescendo, achava bem legal – os efeitos e as coisas que eles faziam no palco eram legais. O negócio é que o rock 'n' roll e um bom riff são a chave da longevidade de uma música. "More Than a Feeling", do Boston, por exemplo, é memorável. É a mesma coisa com "Detroit Rock City" ou "Rock and Roll All Nite", que são baseadas em uma progressão do blues. Mas é a intensidade da festa e da diversão, e tudo o que eu aprendi do Kiss, sendo um fã, era que esses caras estavam mais interessados em trazer um circo para a cidade e para o show, ao invés de dizer, "Veja só como eu toco rápido!" e "Olhe para mim, olhe para mim, olhe para mim".

EDDIE TRUNK: Meu primeiro show foi do Kiss. Eu me lembro vividamente de voltar para casa da escola com um amigo meu e eu ainda não gostava muito de rock. Quando eu era mais novo, gostava de coisas como a Partridge Family. Passávamos do lado de uma loja de discos todo dia no caminho de volta para casa, no sétimo e no oitavo ano. Um dia, ele disse, "Vou entrar lá e comprar o novo disco do Kiss". Eu perguntei, "O que é Kiss?". Ele disse, "Bem, venha comigo e eu te mostro". Fomos até uma caixa com discos, e o novo álbum deles na época era o *Rock and Roll Over* [1976]. Ele disse, "Não sei como este disco novo é, mas você deveria comprar o que saiu antes dele, porque é muito bom". Então ele comprou o *Rock and Roll Over* e eu comprei o *Destroyer*. Levei o disco para casa, coloquei a agulha no vinil, olhei para a capa, "Detroit Rock City" começou a tocar e comecei minha total obsessão pelo Kiss.

KISS: UMA AULA DE HISTÓRIA [1977-1980]

CAROL KAYE: Eu comecei a trabalhar com o Kiss em junho de 1977, quando eles estavam prestes a lançar *Love Gun*. Bill Aucoin me contratou – eu trabalhava no departamento de comunicação da empresa que os gerenciava. Mas eu só estava lá havia uns dois meses quando fui transferida para uma empresa de relações públicas chamada Press Office, da qual Bill era um dos proprietários. E eu era a "Representante Aucoin", portanto eu cuidava das bandas Kiss, Starz, Toby Beau e Piper. Starz estava na Capitol, Toby Beau tinha um sucesso com "My Angel Baby" e estava na RCA. Era lá que a mágica acontecia, como dizem.

BOB KULICK: Como bom amigo e pessoa de confiança de Gene e Paul, eu compus músicas com Gene, toquei no disco solo do Paul, toquei nas músicas no lado 4 do *Alive II* [1977] que basicamente deram a Ace Frehley sua reputação de guitarrista bom – "All American Man" e "Larger Than Life". Eu toquei nelas, não foi Ace Frehley. Assim como aconteceu com os Beatles, quando ninguém entregou que Bernard Purdie tocou bateria em algumas músicas ou que Eric Clapton aparece em umas duas. Não colocavam anúncios no jornal – "Outra pessoa está tocando aqui". Não era tipo os Beatles *e* Billy Preston. Não podia ser Kiss *e* Bob Kulick.

CAROL KAYE: Kiss era a maior banda do mundo. Eles foram eleitos na primeira posição da Gallup Poll várias vezes. Os shows deles esgotavam. Tinha um frenesi ao redor do Kiss. Eles estavam na capa de toda revista de rock. Nós os colocamos em vários programas de TV. Tenho memórias muito engraçadas do programa do Tom Snyder, que certamente muitas pessoas viram. Naquela época, não havia muitos programas com convidados musicais e certamente não havia tantos programas quanto há hoje. Era divertido e também era uma raridade ver uma banda em um talk show noturno ou em qualquer programa, na verdade. Tinha o *Don Kirshner's Rock Concert* e *The Midnight Special*. As pessoas ficavam ansiosas para aquela noite chegar porque sabiam que veriam as bandas que amavam. Não era como agora, que dá para acessar a música a qualquer momento, em qualquer lugar, qualquer dia.

Naqueles dias – e, novamente, isso acontecia porque não havia tantas alternativas quanto há hoje –, a imprensa realmente trabalhava conosco para manter o mistério. Não é como hoje, com os paparazzi ou a TMZ, que apenas estão a fim de mostrar os artistas de um ângulo desfavorável, ou se escondem em lixeiras para tirar fotos. Eles realmente não mostravam fotos do Kiss sem a maquiagem. E acho que muitos sequer sabiam como era a aparência deles sem a maquiagem. Eu me lembro que havia uma foto na página de fofoca de um dos jornais diários de Nova York, era uma foto de um integrante dos Babys, e a legenda dizia, "E aqui está Paul Stanley, no Studio 54!". Eles realmente achavam que tinham acertado, mas não conseguiram. Não era o Paul. Era difícil para eles, porque, quando saíam e havia câmeras por perto, eles cobriam seus rostos com um guardanapo.

Mas, novamente, não havia muitos jornais e revistas, e todos nós trabalhávamos juntos mesmo. *Trouser Press* era uma ótima revista que eu amava, e uma vez eles fizeram um artigo revelando os segredos dos bonecos do Kiss. Mas todos os jornais trabalhavam conosco. Tínhamos entrevistas em todos os jornais diários, todos os regionais, todos os semanais, todas as revistas de rock 'n' roll. Aí fomos para as revistas de grande circulação, e foi um grande passo para nós. Eu lembro que alguém me ligou um dia e disse, "Carol, você está na primeira página do *Wall Street Journal*!". Tinha um artigo na primeira página, e ele começava com, "Carol Kaye é uma assessora de imprensa com um problema. Ela não consegue acabar com os boatos de que Kiss significaria '*Knights in Satanic Service*' ['Cavaleiros a Serviço de Satanás']". Então passamos por todo esse negócio. Trabalhar com o Kiss certamente foi uma aventura. Foi ótimo. Me diverti muito, e eles eram a maior banda do mundo. Sem dúvida.

LYDIA CRISS: Quando você está envolvida com o negócio, você não vê tanto quanto os fãs veem. Você não vai às lojas. Você não vê as mercadorias da banda. Você está perto demais daquilo. De vez em quando, você vê algo que te faz perceber o nível do sucesso, como tocar no Madison Square Garden. Aí você dá um passo para trás e diz, "Nossa, nem acredito que estou aqui!". *Eu* não toquei no Garden, mas fiquei no palco, e foi simplesmente incrível. Foi como realizar um sonho, especialmente por eu ter crescido em Nova York. Eu estudei em Manhattan. Eu morei em Manhattan, e o Madison Square Garden é a maior coisa que há. Ir para o Japão foi muito empolgante. O sucesso era enorme. Era meio como ganhar na loteria. De repente, tudo o que você quer, você consegue. Não tudo, mas quase.

Eles nos disseram para comprar uma casa, porque "vocês precisam gastar o dinheiro, e precisam gastar de forma inteligente". Compramos um carro, uma casa e um cachorro... tudo no mesmo dia! E era uma Mercedes [risos]. Era muito empolgante, especialmente sair do Brooklyn, que foi um grande passo, para se mudar para Manhattan. Naquela época, eu só tinha morado no Brooklyn, e me mudar para Manhattan foi ótimo. E me mudar para Connecticut foi ainda melhor, porque eu nunca tinha sonhado em ter uma casa daquelas. Era incrível mesmo. As cartas que recebíamos dos fãs eram outra coisa que me ajudavam a perceber o quão grandes eles eram. Teve uma época em que eu fiquei em casa e Peter saiu em turnê, e eu respondi algumas cartas de fãs. Às vezes, eles davam um número de telefone. Um dia, uma garota enviou seu número de telefone e, por acaso, era o aniversário dela... então eu liguei, ela começou a chorar [risos].

JAIME ST. JAMES: Era a maior coisa do rock 'n' roll que existia na minha vida. Eles eram a maior coisa que existia. Eu ainda era criança e tinha pôsteres do Kiss por toda a minha parede, como todo mundo devia ter na época. Na verdade, eu comprei uma camiseta do Kiss em um parque de diversões. Era só uma camiseta preta com o logo do Kiss em pequenos diamantes na frente, e eu gostava tanto dela que nunca a usava. Eu a amava tanto que me recusava a usá-la.

MIKE PORTNOY: Eu era fanático pelo Kiss nos anos 1970. A primeira vez que os vi foi em 1977, depois de novo em 1979, quando o Peter ainda estava na banda.

EDDIE TRUNK: O primeiro show que eu vi foi em 16 de dezembro de 1977, no Garden. Foi na era *Love Gun/Alive II*. A abertura foi do Piper, a primeira banda de Billy Squier. O mais surreal para mim é meu relacionamento com Ace Frehley, porque eu nem imaginaria – era apenas um garoto de 13 anos de idade naquele paraíso azul do Madison Square Garden – que, cerca de 10 anos depois, eu estaria assinando o primeiro contrato do guitarrista como artista solo. Eu era vice-presidente da Megaforce, e uma das primeiras coisas que eu fiz foi trazer Ace Frehley para a gravadora. Apesar de Ace e eu ainda mantermos uma amizade próxima, relembrar isso é uma coisa meio estranha para mim, pensar que, apenas 10 anos depois do meu primeiro show, aquele cara que eu vi tocando guitarra se tornaria um amigo próximo e que seria um dos primeiros contratos que conseguiria para a gravadora.

MARK WEISS: Quando eu tinha 16 ou 17 anos, eu vendia fotos na frente do Madison Square Garden, em Nova York. Quando uma banda tocava lá, como o Kiss tocou em dezembro, por três ou quatro noites, eu ia ao primeiro show, entrava com minhas câmeras escondidas – nas minhas botas –, chegava bem perto, tirava fotos, ficava acordado a noite inteira e

KISS: UMA AULA DE HISTÓRIA [1977-1980]

fazia umas 200 cópias, aí as vendia por um dólar cada no dia seguinte. Eu fiz isso com Led Zeppelin, Kiss, Frampton, todas essas bandas que tocavam várias noites. E, com o Kiss, eu acabei sendo preso, porque eles estavam indo atrás de todo mundo que fazia pirataria com coisas deles. Lá estava eu, aos 17 anos, dividindo o camburão com vendedores de camisetas. Mas ainda estava com todas as minhas fotos. No dia seguinte, eu fui até a revista *Circus*, e o fim da história todo mundo sabe – acabei trabalhado para eles. Tirei umas fotos incríveis naquele show, algumas das quais eu ainda vendo para revistas como a *Classic Rock*, ou qualquer um que as queira. Gene disse, "Você deve sua carreira a nós". O irônico foi que minha esposa, que se tornou minha ex-esposa algumas semanas atrás, era a assistente de Bill Aucoin quando me prenderam. Ela estava no escritório, trabalhando para proteger a propriedade de Bill Aucoin, e tinha só uns 18 anos. Sebastian Bach disse que eu deveria ir à livraria e ver um livro sobre o Lester Bangs [*Let It Blurt*, de Jim Derogatis, lançado em 2000], e lá tinha uma foto de Susan, minha ex-esposa, com Gene, cobrindo o rosto [dele].

CAROL KAYE: Em todo aquele período, eu me envolvi em tudo aquilo. Foi uma época tão incrível, aqueles quatro discos solo [em 1978]. Eu me lembro de estar sentada na sala de conferências da Aucoin Management e estávamos ouvindo as faixas. Eu passei muito tempo com o Paul no estúdio Electric Lady, enquanto ele gravava seu disco solo, e todos os quatro discos solo foram tocados para nós. Era de tirar o fôlego. E eu, como assessora de imprensa, tinha o trabalho de entregar esses quatro discos simultaneamente para a mídia. Então criamos umas sacolas especiais – usávamos discos de vinil na época – onde cabiam os quatro discos e as entregamos nas mãos dos editores das revistas e dos jornais em Nova York. Novamente, não eram 250 editores, mas apenas uns 30. Então era muito diferente do que é agora, mas era uma época de criatividade. Apesar do que todo mundo pensava, a banda estava muito unida no processo todo. Eles estavam todos felizes uns pelos outros. Não era tipo, "Ah, vamos lançar esses discos, e o meu vai fazer mais sucesso que o teu". Não era assim, de maneira alguma. Eles se apoiavam. Mas nenhuma outra banda fez isso depois. Foi incrível. E o filme *Kiss contra o Fantasma do Parque* [risos]. Meu Deus. Ainda me lembro de estar na sala quando exibiram o filme, quando assistimos a ele, e tudo o que eu ouvia era a risada do Ace, aquela gargalhada. Era hilário.

BRUCE KULICK: Fui apresentado ao Kiss quando conheci Paul, porque meu irmão ficou amigo deles após fazer um teste no início da banda – no mesmo dia que testaram Ace, reza a lenda. Meu irmão, Bob, era um músico de estúdio em alta demanda em Nova York, e eles se encontraram novamente após alguns anos. Acho que foi num lugar chamado Bell Sound. Logo em seguida, ele retomou a amizade com Paul e Gene. Mas Gene e Paul já eram famosos; de repente, Bob teve a oportunidade de socializar com eles. Era o fim dos anos 1970. Como meu irmão não tinha carro e eu tinha – porque eu fazia muitos shows na cidade com bandas cover –, eu podia dar carona. Então o Bob dizia, "Paul quer sair". E, para o Paul, nem todo mundo podia ficar no círculo de amizades mais próximas dele, mas o meu irmão podia, e eu mal falava com ele, sendo bem honesto. Eu não era exatamente fã do Kiss, e isso facilitava as coisas para mim. Eu admirava a fama deles e tudo mais, mas eu gostava mais das bandas que influenciaram o Kiss. Eu até vi alguns dos mesmos shows que o Paul, Led Zeppelin e tal, pois cresci no Queens, em Nova York. Mas eu ia junto com eles num clube chamado Privates e me lembro de ter visto *Contatos Imediatos do Terceiro Grau* com Paul e meu irmão. Novamente, não posso dizer que era amigo dele. Eu era meio "o cara que ia junto". Mas era sempre um passeio legal, muito divertido e empolgante para mim, pois eu era um cara da classe média-baixa mesmo, do Queens, e estava saindo com Paul Stanley no leste de Manhattan. Eu adorava aquilo.

BOB KULICK: Já tinha chegado ao ponto em que Gene e Paul eram farinha do mesmo saco e Ace e Peter eram farinha de outro saco. Era óbvio que Gene e Paul estavam mais interessados nos negócios, levavam a banda mais a sério, queriam deixar tudo em ordem. Enquanto Ace e Peter, digamos assim, eram mais festeiros. Isso é um fato. Isso era parte do que estava acontecendo, e também tinha o fato de que, enquanto isso acontecia, quem eram os integrantes mais importantes da banda? As pessoas que faziam a maior parte das composições, dos vocais e das poses – Gene e Paul. Então isso gerava animosidade, apesar de Peter cantar a sua música e de Ace também ser um grande ídolo. A inveja surgiu, panelinhas foram formadas e pessoas partiram.

CAROL KAYE: Sabíamos que havia problemas dentro da banda, mas tudo foi mantido em silêncio. Bill fez um trabalho incrível de manter as coisas em silêncio. Eu marcava todas as entrevistas deles, então eu lidava com cada integrante da banda individualmente. Mas eu sabia que Ace não conseguia fazer muitas entrevistas. Às vezes, era meio difícil marcar horários com ele. E Peter fazia algumas entrevistas, mas, na maior parte do tempo, eu lidava com Paul e Gene. Há músicos de rock que falem melhor que Gene Simmons e Paul Stanley? Bem, talvez Steven Tyler e Ted Nugent, com quem eu também tive a sorte de trabalhar. Mas eles eram ótimos. Eram "máquinas de citações".

O escritório não era muito grande. Acho que as pessoas têm a percepção de que havia centenas de pessoas empregadas pela Aucoin Management e não era assim. Era bem pequeno. Éramos uma família – saíamos depois do trabalho, jantávamos juntos, bebíamos juntos, até com a banda. Era uma época muito legal. Hoje, não há mais empresas assim. E estávamos todos juntos naquilo, todo mundo se apoiava. Quando fazíamos festas de aniversário para Gene e Paul, estávamos todos lá. Lembro de quando Peter e Lydia compraram sua casa em Greenwich, Connecticut, todos fomos à festa de boas-vindas. Era assim mesmo.

A música estava mudando. O que importava era a cena new wave e dance que surgia no fim dos anos 1970. E o Kiss sempre estava ciente da música que estava popular, e isso permeava a música deles. Paul sempre ia às casas noturnas, saía para dançar. Saíamos juntos o tempo todo e íamos ao Studio 54. Eu acho que aquele tipo de música inconscientemente permeou suas composições, especialmente "I Was Made for Lovin' You". Acho que isso expôs eles a um novo público que jamais escutaria o Kiss. E eles ficaram chocados. "*Isso é o Kiss?*" Foi uma época interessante. Teve uma exposição meio excessiva. Foi uma situação desenfreada, e isso desagradou algumas pessoas.

BOB GRAW: Lembro que comprei *Dynasty* [1979] no dia em que ele foi lançado. Eu fiquei esperando na fila, na loja Sam Goody. Fui para casa e coloquei o disco e pensei, "Meu Deus, que diabos é isso?". Eram as músicas "I Was Made for Lovin' You" e "Sure Know Something". Eram fofinhas. Eu gostei... porque era Kiss.

TY TABOR: Eu meio que ia e voltava no meu gosto por eles, com as fases diferentes, mas, no geral, fui fã o tempo todo. Como alguém poderia não amar o Kiss [risos]? Mas teve a época em que eles fizeram "I Was Made for Lovin' You" e começaram a lidar com música disco, e eu fiquei pensando, "Hm, não sei se gosto tanto disso", e me senti meio esquisito quanto à banda. Houve momentos em que perdi o interesse e outros em que voltei a gostar muito deles.

EDDIE TRUNK: O segundo show que eu vi foi na turnê *Dynasty*, no Garden, e New England foi a banda de abertura [24 e 25 de julho de 1979]. Aquela turnê foi muito importante para apresentar o Kiss a um público novo, mas, em retrospecto, se você voltar àquele momento específico, foi nele que o "mundo Kiss" começou a ruir. Apesar de parecer que o Kiss ainda era um grupo incrível – e, sim, eles ainda eram maiores que a maioria naquela época –, eles estavam perdendo o rumo por conta de "I Was Made for Lovin' You" e todo o resto que estava acontecendo. Era a última chance da banda original.

CHARLIE BENANTE: Quando o disco *Dynasty* saiu, parecia que eles não tinham mais aquela garra. Analisando isso, dá para ver como estavam "se separando" um pouco naquela época. Eu os vi na turnê *Dynasty*. O primeiro show que eu vi foi ótimo. Tinha aquela animação, aquela mágica. Aí, no segundo ou terceiro show que vi, eu já não estava mais tão animado. Então, eu os vi mais uma vez, com o Judas Priest abrindo o show, e foi ótimo.

LYDIA CRISS: O negócio é que é muito trabalhoso ser famoso e continuar famoso. Eles não tinham muito tempo fora da estrada. Quando tinham, estavam no estúdio ou fazendo ensaios fotográficos. Eles lançavam dois discos por ano, então era muito trabalho. E eu sabia que Peter era o mais velho da banda, e ele estava cansado. Ele estava cansado de estar constantemente na ativa. Mas ele ainda estava disposto a continuar, pelo que eu sabia. [Lydia e Peter se divorciaram em 1979.]

BILL AUCOIN: Eles se cansaram de tocar juntos. Aí eles queriam tirar a maquiagem e não gostavam dos produtos do Kiss que estavam sendo vendidos. Eles achavam muito infantis. Então eles passaram por muitas mudanças emocionais.

CAROL KAYE: Aí, os anos 1980 foram uma época de mudanças – música diferente, penteados diferentes. Todo mundo estava de cabelo curto. O cabelo comprido e o rock pesado estavam fora de moda. O que interessava eram os cabelos curtos e espetados e o punk e o new wave. Parecia que tinha uma revolução acontecendo.

BOB GRAW: Lembro que comprei *Unmasked* [1980] no dia em que ele saiu. Tinha um som tão polido e pop. Parecia algo que você escutaria no rádio. Não achei ruim, mas *Dynasty* e *Unmasked* não são meus discos favoritos do Kiss, digamos assim.

CHARLIE BENANTE: [*Unmasked*] é provavelmente o disco do Kiss que eu menos gosto. Eu acho que as músicas do Ace nesse disco são boas... mas até dizer isso parece exagero. Eu odiei o som do disco. Parecia um disco pop. Eu odiei *Dynasty* também. Parecia que alguém pegou os agudos e os ergueu ao máximo.

EDDIE TRUNK: Eu fiquei fiel o tempo todo, com *Dynasty* e *Unmasked*. Eu me lembro de ouvir uns rumores na época que *Unmasked* saiu, algo a respeito de Peter ter um acidente de carro. Ouvi dizer que eles tirariam a maquiagem para *Unmasked*. O boato era que, quando você abrisse a capa do disco, a imagem interna traria uma foto deles sem a maquiagem, mas não era verdade. Aí comecei a ouvir boatos de que o Peter nem tocou no *Unmasked*, e comecei a ouvir que ele não tocou no *Dynasty* e pensei, "Como que isso é possível? Ele canta no disco... por que ele não tocaria bateria?". Mas, como descobrimos com o passar das décadas, as coisas no mundo do Kiss nem sempre são como aparentam ser. [Anton Fig tocou bateria na maioria de *Dynasty* e em todas as músicas de *Unmasked* – mas não recebeu créditos.] Eu era muito mais ingênuo naquela época e comprava tudo o que eles vendiam, sem hesitar.

BILL AUCOIN: Tanto Ace quanto eu estávamos a favor de Peter, e Gene, Paul e o gerente de negócios estavam meio que contra Peter. Nós sentíamos que eles deveriam passar mais tempo ajudando Peter ou dando a ele uma chance de se recuperar. Eles estavam mais preocupados em se livrar dele. Quando as coisas apertaram, lembro que fizemos uma reunião num escritório advocatício onde estavam, literalmente, Ace e eu de um lado da mesa e todos os outros do outro lado. E, obviamente, não vencemos. Então Ace ficou um pouco perturbado com isso. Também acho que ele estava com vontade de trabalhar por conta própria, não se sentia mais tão confortável com Gene e Paul. E Ace sempre foi um pouco louco, meio que o "cara rock 'n' roll" da banda, e costumava ficar bêbado ou bater carros. Gene e Paul também não gostavam muito disso. Então começou a surgir uma separação.

LYDIA CRISS: Quando Peter saiu da banda, foi uma grande surpresa para mim. Eu não sabia nada a respeito disso. Eu ouvi rumores, mas não fiquei próxima da banda após meu divórcio. Quando você se divorcia, não perde apenas o marido, mas tudo ao redor dele – o estilo de vida, a família, os amigos. Eu não estava ciente de que ele realmente sairia do Kiss, mas eles não estavam em turnê. Eu sabia que a esposa dele – naquela época – não gostava do Kiss.

Eu ouvi algumas coisas a respeito disso, mas não sabia que ia acontecer mesmo até ler na *Billboard*... uma foto anunciando que ele tinha saído da banda. Eu tinha ouvido alguma coisa, porque acho que, no ano em que estávamos nos separando [1978], ouvia certas coisas. Ainda mantive minha amizade com Jeanette [então casada com Ace], até certo ponto. Assim que eles saíram em turnê, disseram que ela não podia mais ser minha amiga [risos]. Acho que era difícil para a banda. Peter sabia que ainda éramos amigas. Ele provavelmente não queria passar mais tempo com Jeanette, porque aí ela me contaria histórias. Mandaram-na deixar de ser minha amiga, mas, com o passar do tempo, retomamos nossa amizade.

CHARLIE BENANTE: Quando eu fiquei sabendo que Peter saiu da banda, foi muito triste. Mas eu meio que sabia que ia acontecer.

EDDIE TRUNK: Foi triste ver a formação original se separar. Mas também gerou um interesse novo em mim, porque eu pensava, "OK, quem é esse cara novo? Como é a personalidade dele? Como ele é? Qual é o personagem dele? Como ele vai ser?". Mesmo naquela época, eu sentia uma pequena empolgação. Era a primeira vez que isso estava acontecendo. Era a primeira banda de quatro super-heróis e quatro personagens que estava prestes a mudar. E eu estava muito curioso e de cabeça aberta para esse mistério que vinha com um integrante novo, sua história e sua personalidade.

BILL AUCOIN: Aí o próximo trauma foi encontrar alguém que se encaixasse na banda, porque não é uma situação fácil. Paul e Gene têm personalidades muito fortes e Ace estava passando por seus próprios problemas, especialmente com Gene, mas ele também não estava exatamente feliz. Foi um daqueles momentos esquisitos. Ele não estava pronto para sair da banda nem nada, mas acho que o que aconteceu foi que todo mundo ficou muito nervoso. Eles tomaram a decisão a respeito do Peter e, de repente, tiveram que pensar, "Meu Deus... *o que vamos fazer agora?*".

MAIO / JUNHO DE 1980

LORETTA CARAVELLO: Sendo bem honesta, acho que Eric não gostava tanto do Kiss. Não que achasse eles ruins, mas ele era um cara mais do Led Zeppelin, do heavy metal. Ele não era um cara do Kiss. Assim como nós, acho que ele não tinha ideia do tanto que eles faziam. Ele nunca falou nada ruim a respeito da música. Ele apenas nunca falava da música.

Ele descobriu que o Kiss estava testando bateristas, e um dos integrantes [do Flasher] disse, "Olhe, tem uma notícia no jornal", e mostrou o artigo para o meu irmão. Ele escreveu um currículo na máquina de escrever – com um dedo, é claro –, e o colocou em um envelope laranja fluorescente. E, basicamente, foi por isso que pegaram o envelope.

Eu atendi o telefone quando Bill Aucoin ligou. Eles queriam conversar com meu irmão. Eu lembro que ele estava no banheiro – se olhando no espelho, retocando seu bigode –, e eu apenas disse, "Paulie, é o Bill Aucoin". Ele perguntou, "É mesmo?". Então ele pegou o telefone e, após desligar, disse, "Eles querem que eu faça um teste".

Ele não disse nada [após a primeira reunião com Bill Aucoin, antes do teste]. Ele entrou na casa e parecia um tanto animado. "Eu preciso voltar lá, mas preciso raspar meu bigode". E eu me lembro que ele raspou, sem problema algum. Mas ele não chegou dizendo, "Meu Deus!". A casa estava bem quieta e tranquila. Cada um no seu canto. "É o Paulie. Ele está saindo de novo? *Meu Deus.* O que será que é desta vez?"

BILL AUCOIN: Ele era apenas um de muitos, então ele chegou, fez o teste, e sabíamos que ele conseguia tocar bem. A verdadeira dúvida era sobre que tipo de pessoa ele era, se conseguiria ter um bom relacionamento com Gene e Paul, porque eles têm personalidades fortes. E foi isso. Sabíamos que ele tocava bem; sabíamos que ele podia ser o cara. A questão era quando eles conversassem com ele, passassem um tempo juntos – e sempre passavam um tempo juntos, [mas] não muito –, mas acho que foi apenas uma comparação entre dois ou três bateristas em potencial e ele se destacou. Acho que ele se destacou por conta de sua personalidade. Isso o separou do resto.

CHARLIE BENANTE: Eu me lembro de ir aos testes quando era mais novo, mas era jovem demais para conseguir fazer o teste! Meus amigos e eu estávamos lá e vimos Eric chegar para o teste. Acho que vimos Carmine Appice lá, e algumas outras pessoas que nem sei quem eram – bateristas de estúdio. Acho que também vimos Anton Fig lá.

CARMINE APPICE: Eu nunca fiz um teste para tocar com eles. Eu gostaria de ter tocado no Kiss. Acho que seria um bom teste, mas eles nunca me chamaram. Acho que eles imaginaram que minha imagem já era forte demais por si só.

BILL AUCOIN: Havia alguns [bateristas em potencial] que estavam por perto, alguns que certamente tinham tocado em diversas bandas. Alguns eram músicos de estúdio. Mas acho que muitos deles queriam tentar porque achavam que ganhariam muito dinheiro, não estavam lá só porque queriam tocar. Isso também fazia muita diferença.

LORETTA CARAVELLO: Pelo que eu ouvi, eles gravaram um vídeo desse dia. Mas ele nunca disse que gravaram. Tenho certeza de que gravaram, porque como eles analisariam alguma coisa se não podiam rever ou reouvir o teste?

Mas presumo que eles gravaram outra coisa por cima disso. O vídeo – se é que ele existiu – provavelmente apareceria no DVD *Kissology*.

BILL AUCOIN: Eric foi um dos últimos com quem ensaiamos e testamos. Eu conversei com os caras depois e eles pareciam gostar do Eric – não apenas de sua habilidade na bateria, mas eles sentiram que sua personalidade era tranquila e eles conseguiriam lidar bem com isso. E era verdade. Ele era tranquilo mesmo.

LORETTA CARAVELLO: Ele amou aquilo. Ele ficou fascinado. Ele não achava que realmente conseguiria alguma coisa, mas gostou de estar lá. Ele achou que foi bem, mas você sabe como são essas coisas. Não acho que ele imaginou que conseguiria a vaga. Ele estava animado, mas, na nossa casa, todo mundo tinha seu próprio negócio. Minha mãe trabalhava em uma loja de vestidos e eu também. Meu pai entregava mobília. Não entendíamos bem o que estava acontecendo. Era tipo, "O que o meu irmão está fazendo? Eu não sei". Não percebíamos até que ponto ele estava saindo de casa para conversar com eles. Provavelmente imaginamos que ele estava indo até a cidade para ver o Kiss, mas que não era nada pessoal.

BOB KULICK: Paul me contou a história do que estava acontecendo. Pelo que me lembro, o escritório do Aucoin recebia, diariamente, pacotes de todo tipo de baterista, incluindo famosos. Eu me lembro de Paul me mostrando uma foto do Eric com um comentário sobre o cabelo dele. E eu disse, "Bem, ele consegue tocar. O cabelo se qualifica. Parece que ele pode ser muito bom. Qual é o nome desse cara? Paul Caravello? Mude o primeiro nome dele, mude o sobrenome como vocês fizeram... e pronto!". Paul disse, "Sim, o cara é ótimo. Ele toca bem mesmo". Eric era um músico de verdade. Ele conseguia tocar outros estilos. Eu disse, "Tem aparência boa, toca bem e consegue cantar. Ele é simpático? *Fique com ele*".

BILL AUCOIN: Decidimos contratar o Eric. Ele era um baterista contratado – não era integrante de fato. Mas, mesmo assim, a cada dia que passava sentíamos que ele fazia mais parte do grupo.

MAIO / JUNHO DE 1980

LORETTA CARAVELLO: Ele estava trabalhando com meu pai e precisava parar às vezes. Aí ele saía para ensaiar com o Kiss, depois voltava a trabalhar. Mas acho que o Kiss não sabia disso, porque eles o teriam impedido de trabalhar, caso ele machucasse suas costas ou algo assim. Mas até o dia de seu primeiro show, no Palladium, estávamos do lado de fora do local, e meu pai encontrou os filhos de seu chefe e eles perguntaram, "O que você está fazendo aqui?". E ele disse, "Ah, minhas filhas, elas amam o Kiss!". Eles mal sabiam que o cara que viam na loja de mobília todo dia estaria tocando no palco.

CAROL KAYE: Eric e eu tínhamos uma amizade bem próxima. Ele era o cara mais gentil do mundo, e sei que as pessoas o adoravam. Quero dizer, ele se encaixava perfeitamente. Era como uma transição perfeita – em termos de personalidade, ele se encaixava muito bem. Sua habilidade na bateria era incrível. Acho que o processo foi mais fácil e tranquilo que as pessoas imaginavam que seria.

BILL AUCOIN: Eles gostaram do fato de que ele estava disposto a fazer qualquer coisa. Mas ele era sempre o "funcionário". Acho que eles sentiram um vínculo mais forte com Eric no começo, porque imaginavam que poderia dar certo, mas, com o passar dos anos, começaram a vê-lo mais como alguém contratado pela banda. E, conforme o Kiss começou a ganhar menos dinheiro, eles reduziram seu salário. Perto do fim, ele era só um funcionário mesmo.

BOB KULICK: Ele parecia ser um cara muito legal. Gentil, de cabelo enorme. Ele conhecia o meu relacionamento com a banda, e eu via que isso era o sonho dele. Era o que o cara queria. Ele queria estar numa banda de superestrelas. Ele vivia e respirava isso. Ele adorava o fato de que isso finalmente tinha acontecido. O sonho tinha se realizado. Mas, como acontece com todos os sonhos, você precisa ter cuidado com o que deseja. Ou então, é como no episódio de *Star Trek* em que Spock conta à garota que estava com outra pessoa e fingia estar atraída por ele, "Ter é diferente de querer". Então, tendo isso em vista e tendo certeza de que outras pessoas falaram o mesmo, você sabe o que aconteceu em seguida. Ele não era um integrante original da banda, portanto, não era tratado como um integrante original da banda. E acho que esse foi o motivo para muitas das coisas negativas que aconteceram. O lado positivo era que o cara estava em uma banda gigante. Pode até ser dito que eles nunca foram melhores. Certamente, a banda original, com Ace, teve seu melhor momento quando Eric tocou com eles. Não há dúvida. Ele deixava o Peter Criss no chinelo. E o cara era muito simpático e tocava muito bem.

LORETTA CARAVELLO: Eu tenho cartas escritas por pessoas que trabalhavam no escritório do Kiss, do primeiro aniversário que ele fez depois de entrar na banda, e uma delas dizia, "Imagine o que teria acontecido se você não tivesse usado um envelope *laranja*!".

1980

LORETTA CARAVELLO: Ele estava se adaptando bem. Ele morava no Queens nessa época e passava a maior parte do tempo ensaiando. [Criar um nome artístico para substituir Paul Caravello] foi um negócio importante, porque todo mundo estava tentando inventar um nome. Ele usava a maquiagem, então não dava para simplesmente dizer "Paul Caravello", e ele não podia usar "Paul" porque já tinha o Paul Stanley. Ele chegava em casa e dizia, "Vocês podem pensar em uns nomes?". Dissemos Tyler, Todd. Aí ele pedia à Debbie [também conhecida como Pantera, a namorada de Paul Caravello] e aos seus amigos. Finalmente, acho que Debbie sugeriu o nome "Eric". Não sei de onde o "Carr" veio, mas se encaixou bem.

BILL AUCOIN: Aí eles tiveram que lidar com a maquiagem, porque Peter Criss ainda era proprietário de sua maquiagem. Ele ainda não tinha vendido os direitos dela para a banda. Precisávamos criar uma nova ideia de maquiagem, um novo personagem. Isso foi outro problema – os caras não sabiam o que fazer. Aí tinha a roupa. Como seria o visual dele? O que ele vestiria?

LORETTA CARAVELLO: [Um dos primeiros *designs* de maquiagem para Eric, baseado em um falcão,] foi uma das ideias de Gene. Não tinha um visual bom. Ele parecia um pato! Se você já viu aquela roupa... era terrível. Dariam risada dele até ele sair do palco. Parecia algo tirado da *Vila Sésamo* – o Garibaldo.

BILL AUCOIN: Enquanto ensaiávamos para o primeiro show, para anunciar à imprensa – o que seria feito em Nova York [no Palladium, em 25 de julho de 1980], antes de irmos para a Europa –, os caras ficaram muito frustrados. Eu me lembro de uma noite, no camarim, Gene e Paul chegaram ao fim do dia e me disseram, "Olhe aqui, você que é o empresário. *Você* cuida disso... estamos indo embora!". E eles não estavam putos – estavam frustrados mesmo. Eles não tinham certeza se tudo aquilo daria certo. E Eric e eu passamos a noite inteira terminando a roupa e decidindo a maquiagem, literalmente, na noite da véspera. No dia seguinte, quando os caras chegaram no camarim, apenas dissemos, "OK, terminamos. Ele é isto aqui, a roupa é esta. Pronto". E eles nem tiveram tempo para pensar naquilo, porque precisavam se apresentar à noite.

LORETTA CARAVELLO: Tenho quase certeza de que ele criou "a raposa". Aí eles criaram o *design* de maquiagem que usaram no Palladium quando ainda não tinha a linha no nariz. E o que aconteceu foi que, quando ele via vídeos ou fotos, ele dizia que ninguém conseguiria ver a definição do seu rosto. Então ele teve a ideia de colocar a linha branca descendo pelo meio do nariz e ficou assim.

BILL AUCOIN: Eles estavam morrendo de medo, imaginando se a imprensa adoraria ou odiaria Eric, se daria certo, se eles estavam apenas se enganando e se deveriam ter se livrado de Peter mesmo. Todas essas emoções estavam presentes no show no Palladium.

LORETTA CARAVELLO: Ele estava animado [para o show no Palladium]. O maior medo dele era que alguém falasse seu nome real. Porque Deus o livre, se alguém dissesse "Paulie" e ouvissem. É claro que, quando nós fomos, nós o chamamos de Paulie e ele queria morrer! Aí ele nos deu um sermão quando voltamos para casa – "Vocês não podem fazer isso. O Gene vai ficar furioso, e eu não quero me encrencar com a banda". Mas foi muito difícil. Eu nunca o chamava de "Eric" em casa. Ele sempre foi o Paulie – até para minha mãe e meu pai. Então você tinha que pensar nisso. É por isso que, depois de tirar a maquiagem, não tinha problema, porque você não precisava se preocupar. Você não precisava se preocupar com o nome que usava depois disso.

EDDIE TRUNK: Eu estava no primeiro show dele, que foi no Palladium, em 1980. É importante lembrar que o Kiss, nesse ponto da carreira nos EUA, era uma piada. Eu estava no ensino médio, e constantemente me ridicularizavam por gostar do Kiss. Por ter coragem de usar uma camiseta do Kiss ou colocar uma foto deles no meu armário. Eu me lembro disso vividamente. A coisa menos legal que alguém poderia fazer no ensino médio em 1980 era ser fã do Kiss. Mas eu era um fã fiel e não me importava. Eu até que sou alto. Se não fosse, talvez apanhasse. Mas eu não me importava – eu era leal a tudo aquilo. Quando finalmente fiquei sabendo que eles iam tocar de novo, acho que o único show do disco *Unmasked*, era triste saber que seria no Palladium. Era uma banda que tocava duas ou três noites seguidas no Madison Square Garden; um ano depois, estavam tocando em um teatro para 2.000 ou 3.000 pessoas. Era difícil aceitar aquilo, no fundo. Nós, fãs do Kiss, sabíamos que isso estava acontecendo nos EUA.

Mas eu me lembro de conseguir um ingresso e ir ao show, e eu precisava ir, porque não apenas queria ver o Kiss, mas também queria ver o que o cara novo tinha a oferecer à banda e queria estar presente naquela noite histórica e assistir ao seu primeiro show tocando com eles. Eu me lembro de o pessoal estar bem animado do lado de fora. Também me lembro que – por ser um lugar tão pequeno – era difícil conseguir ingressos. Havia comentários na rua de que pessoas estavam tentando entrar. Vagamente, me lembro de ter visto uma escada de incêndio ou saída de emergência na lateral do prédio, e havia pessoas em volta dela, porque não tinham conseguido entrar e ficaram lá só para ouvir como o Kiss seria com esse novo baterista. É isso que me lembro do show. Havia muito burburinho entre os fãs do Kiss que ainda eram leais, que queriam saber o que aconteceria lá dentro – caso não conseguissem entrar.

Então, para mim, com um ingresso e conseguindo entrar, me lembro que a primeira coisa que me chamou a atenção foi ver a bateria com dois bumbos, algo que nunca tinha sido visto com o Kiss. Apesar de a bateria de Peter ter aumentado com o tempo, a bateria ali no Palladium era *enorme*. Acho que era prateada, com bumbo duplo. Mesmo antes de ouvir Eric tocando, dava para sentir que uma nova "máquina" impulsionaria o Kiss. E digo isso com todo o respeito ao Peter. Acho que Peter trouxe uma quantidade imensa de seu estilo ao Kiss. No começo do Kiss, Peter era uma arma muito importante para eles, por conta de seu histórico tocando jazz e swing, e ele trouxe esse elemento ao som do Kiss. E acho que isso certamente não deveria ser menosprezado. Já com Eric, você só precisava ver a bateria dele antes de ouvi-lo tocar, e dava para saber que seria um som mais poderoso, um monstro completamente diferente do que era com o Peter, à sua maneira.

Então isso me deixou muito animado, porque também estávamos vindo de um período na história do Kiss em que as coisas ficaram bem pop – *Dynasty*, "I Was Made for Lovin' You" e *Unmasked*, que é um disco totalmente power pop. Essa é uma das coisas que estava deixando os fãs tão abatidos e desiludidos, que o Kiss estava se transformando em uma banda de pop para crianças. Então foi legal ir lá, como fã, e ver aquela bateria enorme com dois bumbos, porque meio que dava um recado – "OK, talvez esses caras voltem a fazer rock sem enrolação". Certamente era a energia que sentíamos ao entrar lá, e tudo isso foi confirmado com o show, é claro. Depois de ver e ouvir ele tocando naquele primeiro show, a banda simplesmente foi levada a outro nível. A banda ficou energizada. Enquanto Peter combinava com a banda, tinha seus momentos e deixava o som um pouco mais flexível, Eric impulsionava todo mundo. Eric era um monstro. Ele era uma máquina. E ele fazia umas firulas, tocava os dois bumbos, coisas assim. Esses pequenos toques no material da banda realmente davam uma energia extra.

CHARLIE BENANTE: Eu estava no primeiro show que eles tocaram, no Palladium. Foi ótimo. Ele era um baterista diferente do Peter. Eric era mais "mãos e braços pra todo lado". Achei que ele se encaixou muito bem com aqueles caras.

CAROL KAYE: Eu me lembro de ter ido ao primeiro show que ele tocou e achei que ele foi simplesmente incrível. Ele se encaixou tão bem. Foi ótimo.

LORETTA CARAVELLO: Eu, minha irmã, meu cunhado Dave, minha mãe e meu pai [fomos ao show no Palladium]. Foi nesse show que ele encontrou os jovens da loja de móveis que ficava no bairro Jamaica, no Queens. Ficamos na plateia, não fomos aos bastidores, porque meu irmão estava nervoso demais. Ele não sabia se Gene gostaria disso. É como começar um emprego novo. Você não quer que sua mãe ligue lá. "Shhh, isso vai pegar mal, mãe. Não posso receber ligações no trabalho!". Então ele não sabia que liberdade tinha. Ele estava sendo cuidadoso para não estragar nada. Mas lembro que estávamos meio longe – não tínhamos assentos perto do palco, estávamos na parte de cima. Lembro de ter ouvido uns jovens gritando, "Peter, Peter". Mas, após uns 10 minutos, dava para ouvir, "Eric, Eric". Era muito mais alto, o jeito que gritavam "Eric", depois de alguém começar com "Peter". As pessoas também imaginavam o que aqueles dois velhos estavam fazendo lá – meus pais. E nós éramos jovens, mas tínhamos uma aparência esquisita, parecíamos mais com fãs do Bob Dylan, de cabelo comprido, um estilo meio beatnik.

LYDIA CRISS: No show no Palladium, eu fui porque queria ver o Kiss, e não os via havia muito tempo. E eu queria vê-los com Eric. Não me lembro bem quem foi comigo, mas sei que estava sentada perto de umas pessoas do escritório. Eu nem fui aos bastidores nesse show. Para mim, se era uma música do Kiss, soava como uma música do Kiss. Ao ouvir o Eric, o que mais se destacava era o visual. Como fotógrafa, eu focava mais no visual que no som. Tinha muitas pessoas que eu conhecia sentadas perto de mim, então eu conversei durante o show. Basicamente, eu não percebi a diferença no som. Eu sei que Eric tinha dois bumbos, e me disseram que ele é um baterista mais técnico.

A única coisa que me interessava era o visual. Por algum motivo, tudo parecia muito mais simples, mas era um lugar menor. Não estava acostumada a ver o Kiss daquele ângulo. Normalmente, eu ficava no palco. Eu não tirava muitas fotos do Kiss se apresentando, porque Peter não queria que eu ficasse na plateia. E ele não queria que eu ficasse no fosso na frente do palco, onde os fotógrafos ficam. O único lugar aonde eu podia ir – e nem sempre, porque dependia da casa de shows – era a mesa de som, que ficava no meio da plateia, desde que eu ficasse perto de alguns funcionários. Peter não queria que nada acontecesse comigo. Eu já era crescida, mas ele me tratava feito uma garotinha. E ver aquele show foi um pouco diferente do normal, porque não estou acostumada a ficar na plateia. Foi divertido ficar na plateia, para variar. Foi um pouco incomum. Foi uma espécie de "presente" que eu nunca tinha ganhado, algo que eu nunca podia fazer.

BILL AUCOIN: A performance foi boa. Não foi ótima, mas foi boa. O fato é que Gene, Paul e Ace estavam muito nervosos. Primeiro, a imprensa o aceitaria? Era um grande show para a imprensa, porque eles estavam voltando a fazer turnê. Era o grande anúncio do baterista novo. Acho que Gene, Paul e Ace estavam tão nervosos quanto Eric. Era um momento crítico. Eles tinham dificuldade em falar sobre isso. Era tipo, "Isso vai dar certo? Você acha que as pessoas vão aceitá-lo? Nossa carreira acabou? Vai continuar?". Era dramático assim.

LORETTA CARAVELLO: Gene falou sobre o quão bom ele foi. "A garotada te aceitou!". Ele achou que se saiu muito bem no palco. Ele estava emocionado.

LYDIA CRISS: Ele fez um trabalho excelente. E acho que Peter também pensa isso. Peter sabe. Acho que Peter era amigo do Eric. Depois que tudo aquilo acabou, me disseram que era um negócio mútuo, de certa forma – o Kiss queria que Peter saísse e Peter queria sair. Não dá para sentir raiva de alguém que te substitui, porque foi, basicamente, uma decisão dele. E eu até gosto que Eric tinha um personagem diferente, que ele não usava a mesma maquiagem do Peter, ao contrário do Eric atual [risos]. Mas Peter vendeu sua maquiagem, então foi uma decisão dele.

1980

BOB GRAW: Eu assinava e sempre lia a revista *16*. Todo mês eles traziam sua típica matéria do Kiss e um pôster que se desdobrava. Lembro da capa dizendo, "Urgente! Peter Criss Sai do Kiss!". E eles tinham uma foto dele de barba, e ele disse, tipo, "Está na hora de seguir meu próprio caminho, gravar um disco solo, fazer tal e tal". E eles não tinham anunciado um substituto. Pouco tempo após isso, a revista *People* saiu [edição do dia 18 de agosto de 1980], com fotos do "novo Kiss" e tinha uma foto do Eric Carr antes de mudar sua maquiagem. Ele ainda tinha o *design* original dos olhos. Aí fizeram uma matéria enorme na *16* e colocaram um pôster dele. Acho que era uma foto dele numa escadaria, usando aquele "cachecol de raposa". Meu Deus, era horrível. Eu me lembro disso.

CARMINE APPICE: Eric era um músico muito mais poderoso. Ele tinha mais habilidade, mais força. Era um estilo de tocar mais parecido com o meu, e menos com o do Peter. Peter tinha um estilo mais leve, à moda antiga. Mas era só colocar microfones na bateria dele que isso não importava.

CHARLIE BENANTE: Peter tocava de um jeito mais direto, meio que "mantinha a batida". Eric tinha boas mãos e pés, então ele ficava mais por cima da bateria. Ele alcançava tudo com facilidade. No começo, Peter também era assim, mas, conforme o tempo passou, ele ficou mais lento e começou a apenas manter a batida. Ele não fazia nada muito excitante. E acho que Eric trouxe mais entusiasmo às músicas e à forma como eles tocavam naquela época.

BILL AUCOIN: Acho que Eric era muito mais consistente que Peter. Acho que Peter estava piorando, se descuidando um pouco. Desse ponto de vista, talvez os caras gostassem muito mais do Eric, pois ele era mais consistente. Peter era muito sentimental, mas, por outro lado, ele estava lá desde o começo, e trabalhava tanto quanto os outros três. E, sem ele, talvez nada tivesse acontecido. A saída dele aconteceu por vários motivos, incluindo os problemas de Peter, assim como Gene e Paul querendo fazer as coisas do jeito deles.

BOB GRAW: Bem, eu fiquei deprimido quando Peter saiu, porque ele e Gene Simmons eram meus integrantes favoritos. Então eu fiquei arrasado com isso. Mas eu vi Eric em *Kids Are People Too*, quando o apresentaram. Acho que o programa passou num sábado ou domingo de manhã. Eu gostei dele na hora, porque era engraçado e legal. E ele tinha uma aparência ótima – ele parecia pertencer à banda. Lembro que eles tinham um clipe de divulgação. Era do disco *Dynasty*, mas inseriram Eric em todos os pontos em que Peter aparecia no original. Ele era legal, parecia se encaixar.

CHARLIE BENANTE: Ele tinha dois bumbos e uma bateria bem grande. A entrada de Eric no Kiss não foi estranha para mim. Ele simplesmente se encaixou. Foi aceito. Acho que foi por causa de sua personalidade e da forma como tocava. Lembro que fizeram um programa de TV, *Kids Are People Too*, e eles entrevistaram Eric nele. Achei que Eric demonstrou ser uma pessoa muito amável e genuína.

BLAS ELIAS: Quando Eric Carr entrou na banda, eu também era muito fã. Acho que essa foi uma das maiores influências para meu som e meu estilo. Aqueles ritmos bem pesados e encorpados que ele criava eram um tanto diferentes do rock 'n' roll mais básico e dançante que o Peter fazia. Não que fosse melhor por si só, eu apenas gostava da energia que ele tinha. Parecia um rock grande, poderoso, para estádios. Assim que o ouvi na banda, virei fã.

BOB GRAW: Eric era muito mais técnico. Com todo o respeito a Peter Criss, mas Eric era um baterista muito melhor. Eu amei suas interpretações de coisas como "Love Gun" e "Detroit Rock City", porque ele tocava tão melhor, e deixava essas músicas muito mais pesadas. Sempre amei isso.

CAROL KAYE: Estou tentando achar uma analogia... algo que você fez centenas de vezes, como andar de bicicleta. Você é criança e anda de bicicleta todo dia. Mas, certo dia, o que te faz andar de bicicleta de um jeito diferente? O que te faz andar com mais força e velocidade? Foi meio que assim. Ele deu um choque – acho que essa é a melhor palavra. Eles foram revitalizados, recarregados. Não tinha mais aquelas brigas internas desgastantes.

É como estar em um relacionamento ruim – você está saindo com a pessoa, mas não está dando certo. Você fica fazendo o mínimo possível, esperando que mude alguma hora... isso te desgasta, é exaustivo. E acho que isso aconteceu com eles. Então, de repente, você tem um novo relacionamento. Foi exatamente assim. Era diferente musicalmente? Não posso dizer que um ou outro era melhor. Era apenas *diferente*. Eles tinham mais energia.

MARK WEISS: Não acho que Eric poderia ter sido integrante do Kiss quando começaram, e não acho que Peter poderia ter continuado na banda com a direção que eles tomaram nos anos 1980.

TY TABOR: Quando Eric entrou na banda, todo mundo que era fã do Kiss desde o começo tinha uma afinidade pelos integrantes originais, e sempre era meio esquisito ver pessoas entrando e saindo da banda, pelo menos no começo. Mas Eric se estabeleceu tão bem na banda que simplesmente virou o "Kiss Parte Dois".

LORETTA CARAVELLO: Meu irmão sempre teve cabelo naturalmente cacheado, ou ondulado. Quando tínhamos 16 ou 17 anos, o cabelo do meu irmão ia quase até a cintura. Foi naquela época que todo mundo da nossa vizinhança tirava sarro de nós e falava para nossa mãe cortar nosso cabelo, porque costumávamos pegar o ferro para alisar o cabelo. Meu irmão também fazia isso. Era o jeito de alisar seu cabelo – anos atrás, você colocava seu cabelo na tábua de passar roupa, colocava uma toalha, e passava o ferro. Então ficávamos com aquele cabelo bem comprido. Mas, com o passar dos anos, ele começou a gostar de Salt and Pepper e Bionic Boogie e começou a fazer *frizz* no cabelo. Mas sempre foi cacheado.

Portanto, quando ele entrou no Kiss, como dá para ver nas fotos do seu teste, seu cabelo era mais comprido. Eles costumavam ir a um salão na cidade, então ele foi ao mesmo lugar que Paul e Gene iam. Ele voltou e mal podia acreditar no resultado. Seu cabelo ficou lindo. Quando você via meu irmão, ou Gene, ou Paul, você sabia que eles eram *alguém importante*. Não precisava saber quem eles eram para saber que eram importantes, só de ver o cabelo deles. E isso é algo que uma pessoa comum ou normal não conseguia ter – aquele tipo de visual, a não ser que estivessem em uma banda de rock. Ele ficou muito orgulhoso, amou o cabelo. E cuidava muito bem dele, lavava-o duas vezes ao dia. Esse era o nível do amor dele por seu cabelo.

E acho que ele dirigia um Dodge Colt quando entrou no Kiss – era um carro velho e amarelo. Todos nós tínhamos esse tipo de carro, do tipo que vivia quebrando. Ele costumava dirigir esse Dodge Colt até os ensaios. O Kiss jamais aceitaria ver seu novo baterista fotografado dentro daquele carro, então fizeram uma surpresa pra ele: compraram um Porsche de presente. Era para ser surpresa... mas eu encontrei muitas cartas enviadas para ele, perguntando: "Eric, que cor de carro você gosta? Que cor de assento você gosta?".

BILL AUCOIN: Lembro que tivemos uma conversa, "Como que ele vai mudar de vida?", porque ele nunca tinha passado por esse tipo de coisa antes. Então compramos um Porsche para ele, para se sentir mais como um astro do rock, como parte de algo grande e excitante.

NEIL ZLOZOWER: Eles o tratavam como um integrante. Não era tipo, "Você não é o Peter, então vamos te tratar como um funcionário". Eles o tratavam como alguém que fazia parte da banda, e muito bem. Gene e Paul são caras legais. Eu gosto deles.

LORETTA CARAVELLO: Ele já tinha o cabelo, o carro... agora precisávamos arranjar as calças de couro e camisas apertadas! É claro que, naquela época, ele usava a maquiagem no palco, então ninguém saberia quem ele era. Morávamos na Rockaway Boulevard, em Woodhaven, no Queens, naquela época. Lá estava Paulie, basicamente indo de seu Dodge Colt para um Porsche – um visual totalmente diferente. E todo mundo na vizinhança nos conhecia. Anos atrás, dava para ficar na frente da sua casa conversando com um vizinho e todo mundo sabia quem era seu vizinho. Aí as pessoas perguntavam, "O que aconteceu com o Paulie?". Eles começaram a suspeitar daquela mudança repentina. Mas, é claro, ninguém podia dizer nada. Às vezes, viam uma limusine aparecer por lá. Era uma loucura ver aquilo. E nunca parou de nos fascinar, porque não éramos o tipo de gente que andava em limusines. Meu pai dirigia – sempre tivemos carros antigos, e ele nos levava aos shows. Ele nunca queria andar de limusine, mas meu irmão insistia – "Pegue a limusine!" "Não, não, não, economize seu dinheiro. Não queremos que você desperdice seu dinheiro". Meu irmão ficava louco, porque nossos pais eram velhos, e ele não queria que fossem dirigindo aos shows.

BILL AUCOIN: Eric era muito charmoso. Tivemos a maior sorte de conseguir alguém tão simpático. Ele estava disposto a fazer qualquer coisa para tudo dar certo. Era o jeito dele. E todo mundo costumava brincar que ele era tão bem-dotado que qualquer garota que saísse com ele ficaria muito satisfeita! Essa era a piada interna com o Eric. Que ele era maior que os outros da banda, tipo "O Super-Homem". Repito, era muito bom trabalhar com ele. Nunca houve traumas. Ele nunca se opunha a nada. Sempre estava disposto a ajudar o máximo possível.

LORETTA CARAVELLO: Ele amava Gene. Tinha um bom relacionamento com Paul, mas seu senso de humor tinha mais a ver com Gene, então Gene o acolheu. E ele adorava Ace.

CAROL KAYE: Ele tinha um relacionamento bem próximo com Ace. Acho que Ace o acolheu como um irmão mais novo e eles tinham uma boa amizade. Eles compunham muito juntos e mantiveram uma amizade depois por anos. Mas, sabe, Eric era assim mesmo. Ele era muito amigável, simpático, disponível, um cara legal mesmo. Muito gentil. E saíamos muito quando ele estava no Kiss, como amigos. Íamos a muitas festas juntos.

LORETTA CARAVELLO: Acho que chegou a um ponto em que as pessoas da vizinhança sabiam que ele estava com o Kiss. Era difícil demais esconder, mas, mesmo assim, a informação nunca vazou, pelo menos não ao ponto de chegar até a imprensa, de ter um fotógrafo na porta de nossa casa esperando para tirar fotos dele. Isso nunca aconteceu. Logo antes de tocar no Kiss, ele morava na nossa casa e tinha saído do conjunto habitacional Starrett City, na Flatlands Avenue. Lá, ele morava com a Debbie. Depois ele voltou a morar com a Debbie, quando começou a tocar no Kiss. Eles pegaram um apartamento na cidade, na Bleecker Street – às vezes, víamos uns jovens sentados nos degraus. Ele não se importava. Mas, uma noite, alguém tocou a campainha às três da madrugada e ele ficou puto. Foi assustador. Mas, quanto aos jovens que iam lá, eles o respeitavam, e ele saía e se sentava com eles. Era uma época agradável, porque ninguém assediava ninguém. Ninguém queria arrombar a porta e roubar o apartamento. Você sabe como as coisas são hoje, se alguém sabe onde uma pessoa mora. A casa da nossa família era modesta. Servia para duas famílias e tínhamos inquilinos no andar de cima. Nós nos mudamos para essa casa depois de sairmos do Brooklyn, ficava perto da Jamaica Avenue.

CAROL KAYE: Isso é engraçado. Não me lembro da primeira vez que encontrei o Eric, mas quando o conheci, ele já estava na banda. Espere um pouco... eu me lembro de ele ter ido ao escritório, então acho que eu ainda estava lá. E me lembro da namorada dele, Pantera.

LORETTA CARAVELLO: Pantera ficou com ele por muitos anos, antes do Kiss, antes mesmo do Flasher. Ela era muito talentosa. Ela cantava igualzinho à Pat Benatar e tinha sua própria banda.

CAROL KAYE: Sempre que tinha um evento ou uma festa, ela ia com o Eric, no começo. Ela era muito legal. Como eu disse, era um escritório pequeno – tinha umas 40 pessoas. Não era como as pessoas imaginavam que fosse, porque éramos bem próximos. E todo mundo conhecia os namorados e namoradas uns dos outros. Lembro de quando Gene namorava a Cher e ela ia ao escritório com ele. Era uma loucura. Era como se nós passássemos por tudo juntos, uma época muito especial. Acho que aqueles dias nunca mais voltarão... tudo estava sempre no volume máximo.

BILL AUCOIN: [A turnê do Kiss nos anos 1980] aconteceu principalmente na Europa, depois fizemos uma turnê grande na Austrália. Tínhamos muitos fãs na Austrália. Nem pensávamos em fazer outra turnê nos EUA, só queríamos passar pela Europa. Essa seria a grande jogada, além de ter o Eric – ver se seríamos aceitos por lá, depois fazer uma turnê grande na Austrália, porque praticamente toda a população do país foi ver o Kiss. Foi gigantesco. Além disso, ficamos muito animados de estar lá e ter o país inteiro à nossa disposição – nove limusines, um 727 e um helicóptero. Como você pode imaginar, foi muito bom.

Eles estavam com medo de estar em outro país. Eles achavam que algo aconteceria com eles. Os hotéis [na Europa] eram pequenos, as camas eram pequenas, a programação da TV acabava às 11 horas da noite, eles não conseguiam encomendar comida no meio da noite. Ficaram horrorizados – não era nada como nos EUA. Foi traumático mesmo. Além disso, naquela época ainda não tínhamos ônibus com camas. Tínhamos um ônibus, mas era com assentos comuns. Foi uma turnê dificílima. Mas, por outro lado, eles foram à Austrália, e o país inteiro se abriu para eles. Conseguiam qualquer coisa, a qualquer momento. Era como se o país inteiro quisesse ver o Kiss. Então eles foram de uma turnê europeia meia-boca que os deixou infelizes e desconfortáveis para uma turnê que *tomou conta* da Austrália.

CAROL KAYE: A turnê australiana foi uma loucura. Era como se os Beatles estivessem lá. O povo foi ao delírio, a mídia ficou em cima deles, os fãs entraram em êxtase. E Eric parecia um garotinho numa loja de doces. Parecia mesmo. É assim que gosto de me lembrar dele.

LORETTA CARAVELLO: Uma das primeiras turnês foi na Austrália. Eles não conheciam Peter Criss lá, então foi como apresentar o primeiro Beatle à Austrália. Ele ligava para mim toda noite e estava muito animado. Ele nos enviou cartões postais. Ele ficou longe por muito tempo – naquela primeira turnê –, mas mantinha contato constante com minha mãe e meu pai e nos telefonava. Ele estava se divertindo bastante. Não conheço todas as histórias do que ele fez por lá. Cabe a outra pessoa contar isso.

Ele usava o nome "Rusty Blades" e tinha apelidos para os outros – "Doctor Van-alguma coisa" para o Gene, "Microphone" para o Paul. Tenho um livro que ele ganhou na Austrália, com mais de 2.000 recortes de jornais, dado para ele e para a banda. São dois livros, na verdade – vermelhos, com capa de couro. Ele guardava todo tipo de coisa.

Foram as turnês favoritas dele, porque ele era como o Ringo Starr por lá. Ele nos contou sobre como os jovens o adoravam e trouxe uma quantidade inacreditável de suvenires. Ele tinha um negócio bem legal feito de metal – era um quebra-cabeça do mapa da Austrália, e as peças eram de metal. Acho que o prefeito de uma das cidades deu aquilo para ele. E ele trouxe um prêmio feito em metal que ganhou em Perth, onde o Kiss foi votado como a banda mais popular em 1980. Ele estava extremamente feliz.

BILL AUCOIN: Chegamos lá e Rupert Murdoch era um dos patrocinadores da turnê, portanto pudemos levar a imprensa por toda parte. Tínhamos nosso próprio 727, limusines e um helicóptero. Então, você pode imaginar como era. Eles tinham massagistas particulares. Recebiam massagens sempre que quisessem. Havia suítes grandes. Cada um tinha sua própria suíte. Eles tinham a melhor comida, as melhores festas. Eu fiz algo que acho que nunca repeti depois – quando não tinha uma festa, eu abria o "Bar do Bill" no hotel e fazia uma festa em todas as noites em que não havia alguma outra. Então a festa foi praticamente constante enquanto estávamos na Austrália. Certamente foi uma das melhores turnês deles até aquele momento.

Elton John foi a uma de nossas festas. Ele também estava fazendo uma turnê pela Austrália. Estávamos em Sydney e ele foi à festa do Kiss – [tem uma foto mostrando] ele e eu juntos em uma churrascaria japonesa. E ele se sentiu sacaneado naquela noite, porque não estavam dando-lhe atenção suficiente. Elton fez uma festa enorme na noite seguinte e se recusou a convidar o Kiss, porque estava com medo de que eles roubariam toda a atenção [risos].

Eles nunca tinham feito nada naquela escala. Nem tem como comparar [a turnê australiana com as anteriores]. Um país inteiro vai te ver e você tem tudo à sua disposição. É uma experiência que a maioria dos artistas nunca terá. Não dá para imaginar como é sair da rua com a habilidade de tocar bem, com ânimo e personalidade para se dar bem com todo mundo. E então poder ir até a Austrália e o país inteiro ir vê-lo e ele ter tudo à mão.

1980

Ele certamente foi o que mais aproveitou. Mas *todos* nós aproveitamos muito. Foi uma daquelas turnês que só acontecem uma vez na vida.

CAROL KAYE: Ainda consigo me lembrar do seu rosto, aquele sorrisinho. Ele estava tão orgulhoso de estar no Kiss. Era um feito enorme para um garoto italiano do Brooklyn, sabe? E esse é o outro motivo pelo qual acho que se encaixou tão bem. Era mais um cara de Nova York. Nascer e crescer em Nova York tem um significado especial. É algo que dá para sentir e deu muito certo. Ele se encaixou tão bem.

LORETTA CARAVELLO: Ele guardava essas coisas para si. Na maior parte do tempo, nem dava para perceber que estava no Kiss, porque ele nunca falava sobre ninguém. Não digo que ele era um anjo. Eu não sei o que ele fazia com outras pessoas. Mas, quando se tratava de família, ele tinha uma certa mentalidade, "Este é o meu trabalho, esse é o teu trabalho, e não vou misturar as coisas em casa". Eu fazia perguntas porque tinha curiosidade. Era tão legal que ele estava nessa banda. Mas eu aprendi a respeitar os limites. Ele lidava com aquilo o dia todo. Para mim, falar sobre o assunto era uma novidade, mas, para ele, era tipo "Meu Deus... quem se importa em saber como o Gene é em pessoa?". Mas, de vez em quando, ele me dava uns detalhes.

Ele estava lidando com aquilo. Mas, se você pensar um pouco a respeito, ele nem podia contar quem era para as pessoas. Isso é uma loucura. Eu ia ao trabalho e dizia, "Meu irmão é famoso... mas não posso te contar quem é". E eles diziam, "Fala sério, por que você está dizendo isso?". Era difícil, mas fazíamos isso porque ele não podia perder sua identidade, porque isso o destruiria logo no começo.

Ele não tinha muita autoconfiança antes de entrar no Kiss. Ele sempre achava que não era bom no que fazia. Ele era muito tímido na infância e na adolescência. Acho que teve sua primeira namorada aos 20 anos. Então, com as mulheres indo atrás dele daquele jeito, ele mal podia acreditar. E ele começou a gostar muito mais de si próprio depois que mudaram o cabelo dele. Começou a sentir orgulho de si. Mas sempre teve aquele tipo de personalidade. Nunca acreditou de verdade que era tão bom quanto as pessoas achavam que era.

1981

BOB GRAW: Então, com aquele baterista novo e poderoso inserido na banda, eu esperava que eles voltassem ao som que tinham no começo, quando eram "assustadores", quando tinham discos como *Rock and Roll Over* e *Love Gun* – seu som mais pesado e sombrio. Rapaz, foi bem isso que eles *não* fizeram.

BILL AUCOIN: *The Elder* só aconteceu porque eles não estavam com vontade de fazer um disco. Precisávamos entregar outro disco e tínhamos um contrato de alto valor, o que significava que, cada vez que entregávamos um disco, ganhávamos dois milhões de dólares. Os gerentes de negócios queriam que fizéssemos o disco, mas os caras não queriam nem um pouco. Estavam esgotados. Ace não tinha vontade de fazer, [e] Gene e Paul tinham ainda menos vontade. Foi por isso que contratei Bob Ezrin. Eu sabia que Bob conseguiria lidar com eles, mesmo naquele "modo de crise", porque ele já tinha trabalhado com eles e obtido sucesso. Então, o que quer que acontecesse, eu sabia que renderia um disco.

BOB EZRIN: Eles me contataram. Vieram até mim, e eu nem me lembro das circunstâncias, como nos reunimos ou quem ligou para quem. Mas, assim

1981

que os reencontrei – e foi assim todas as vezes em que os encontrei, porque consigo superar as coisas com facilidade –, apenas fiquei feliz de vê-los de novo. Era bom poder conversar com eles novamente.

BILL AUCOIN: Eles não queriam fazer "músicas do Kiss". Durante uma reunião, decidimos que faríamos um disco que fosse mais inovador e criativo. Um disco conceitual.

BOB EZRIN: Gravamos um pouco na casa do Ace [em Connecticut]. Foi uma experiência interessante. Era um período ruim para mim. Meu casamento tinha terminado e eu estava com outra pessoa. Eu estava usando drogas, não estava na melhor condição – não foi uma experiência boa. Minha lembrança é que o ambiente era muito claustrofóbico, aquela casa, naquela cidadezinha. As paredes pareciam estar se fechando ao meu redor. Eu me sentia alienado, isolado.

As sessões no Canadá foram mais para overdubs e retoques. Na verdade, trabalhamos com um estúdio que ficava dentro de um caminhão, na minha fazenda, ao norte de Toronto. E isso foi bem melhor para mim, porque, obviamente, eu estava em casa. Mas também era um espaço aberto, com um campo, então sentia que podíamos "respirar" lá. Portanto, foi uma experiência melhor. Acho que não foi tão bom para Ace – acho que Ace não gostou de lá. Da mesma forma que eu não gostei de Connecticut e fiquei mal lá, Ace ficou mal no Canadá.

Acho que, no geral, a experiência de fazer *The Elder*, já que começou com o pé esquerdo, foi desconfortável para todo mundo. Para Eric também, porque ele estava no meio das reclamações do Ace, das opiniões dos outros caras, e da minha loucura na época. Ele fez um bom trabalho, tentou ajudar o máximo possível e nos dar exatamente o que precisávamos, o tempo todo. Ele tocou muito bem no disco. A bateria dele é incrível.

BILL AUCOIN: Eric era um bom baterista. Ele conseguia fazer qualquer coisa. Não se esqueça de que ele estava totalmente dedicado ao projeto. Ele nunca perdeu seu entusiasmo pelo projeto.

BOB EZRIN: Peter era de Canarsie, no Brooklyn. Ele era um cara durão de Nova York, com uma mentalidade "das ruas". E ele tinha aquele senso de humor. Além disso, Peter não teve aulas de bateria. Ele era meio que um baterista natural. Então, essa era a personalidade do Peter. Onde Eric nasceu? [Ezrin é informado que Eric também era do Brooklyn.] Isso é engraçado, porque ele não parecia ser. Eric parecia mais... ele era da classe média? Sinto que Eric não era tanto um cara das ruas, era mais suave, e tinha muito mais habilidade técnica que Peter.

Além disso, Eric chegou como "o novato", então era totalmente respeitoso e cuidadoso com o fato de que tinha recebido uma oportunidade incrível. Enquanto Peter era um dos integrantes que fundaram a banda e, de certa forma, às vezes ficava ofendido de me ver chegando lá e dando ordens nele. Eric, por outro lado, era o novato e estava completamente disposto a fazer qualquer coisa que lhe pedissem. Era muito fácil trabalhar com ele. E, musicalmente, era um baterista fantástico.

LORETTA CARAVELLO: [Eric foi coautor de] "Under the Rose" e "Escape from the Island". Ele estava feliz. Tenho certeza de que ele gostaria de ter feito mais, mas, só de ter a oportunidade de entrar na banda e poder gravar... Acho que ele gostou de como "Under the Rose" ficou, mas não era muito fã do refrão. Ele achava que o vocal parecia demais com um coral.

BOB EZRIN: Allan Schwartzberg era um cara que me socorria bastante. Sinceramente, não lembro por que fizemos aquilo. [Schwartzberg era músico de estúdio e tocou em algumas faixas de *The Elder*.] Eric era perfeitamente capaz de tocar todas as faixas. Sinceramente, não me lembro do motivo.

BILL AUCOIN: Acho que eles estavam se esgotando. Ace estava infeliz, e Gene e Paul também estavam cansados.

BOB EZRIN: Ace deu sua opinião [contrária a gravar *The Elder*]. Acho que Eric estava feliz de fazer qualquer coisa que a banda quisesse. Não me lembro de Eric falar algo contra. Mas Ace não estava feliz com nada daquilo, desde o princípio. E, conforme descobrimos depois, ele estava certo.

1981

LORETTA CARAVELLO: Preciso te contar algo sobre meu irmão. Ele não falava mal das pessoas. Você precisava arrancar as informações dele. Acho que ele contava mais para meus pais, mas ele não chegava em casa dizendo *"Isso aqui* está acontecendo, e Ace fez *tal coisa".* Nada disso. Quero dizer, se algo dava errado, percebíamos na expressão dele, ou que ele não queria falar com ninguém. Nem tudo era bom o tempo todo – quando você trabalha com outras pessoas, não importa onde esteja, sempre haverá alguma briga. Mas ele amava o Ace.

BOB EZRIN: Eu não passava muito tempo com Eric naquela época. Eu ficava mais com Gene e Paul. E, como eu sempre digo, quando você começa algo assim, tem um orçamento limitado e um prazo – basicamente, trabalhávamos 20 horas por dia. Não desperdiçávamos tempo. E, como aconteceu longe de onde eu morava... tenho certeza de que, enquanto gravávamos a bateria com o Eric, trabalhávamos 20 horas por dia, aí eu ia para a cama e era isso. Não tinha folga. Assim que tinha um tempo de folga, eu ia para casa. Então não passei muito tempo conversando com ele. Mas, quando você passa 20 horas por dia em um estúdio e trabalha tão perto da banda, acaba formando um vínculo. Eu tinha grande estima pelo Eric. Ele era o cara mais simpático e gentil e trabalhava com afinco, era criativo. Eu estava feliz demais por trabalhar com ele. Sempre achei que acrescentou muito à banda.

BILL AUCOIN: Acho que Ace decidiu que queria sair da banda. Aquilo foi o princípio da saída de Ace.

CAROL KAYE: Tinha tanta coisa acontecendo nas vidas pessoais deles. Acho que, naquela época, Gene já estava morando na Costa Oeste. Aquilo causou uma grande mudança, Gene morando na Costa Oeste, Paul na Costa Leste, Ace em Connecticut... era difícil.

BOB EZRIN: [A narrativa de *The Elder*] é sobre uma... Não sei se podemos chamar de uma raça, [mas] há guardiões que surgem a cada geração e nos protegem do mal. E eles são distintos do resto da humanidade. São anjos, de certa forma, e estão lá para proteger o mundo dos demônios. E essa classe de pessoas é uma consciência coletiva que não é afetada pelo tempo, não envelhece. Seu coletivo é chamado de "The Elder". E tem um menino, que obviamente é um deles. E tem o gênio do mal, Mr. Blackwell, que foi uma escolha interessante para o nome, porque Chris Blackwell é um bom amigo meu. Não sei como chegamos a isso, mas acho que foi Lou Reed que criou o nome "Blackwell". Por causa de "*black*" ["preto"] e "*the well*" ["o poço"], as profundezas do mal e tal. Enfim, tinha esse garoto, e a ideia era sequestrá-lo e matá-lo. Mas ele prevaleceu, porque é "o garoto" e derrota o maligno Mr. Blackwell e se torna o herói que salva o mundo. Então, é meio que uma fantasia de um menino com poderes especiais, por isso fizeram a música "Just a Boy" ["Apenas um Garoto"].

BOB KULICK: O que aconteceu naquele disco foi que, quando você trabalha com Bob Ezrin, ninguém fala nada negativo, porque Bob Ezrin era uma parte essencial do sucesso deles, do Alice Cooper e do Pink Floyd. Os Beatles fizeram um disco conceitual, Pink Floyd fez um disco conceitual... quem imaginaria que isso não daria certo? "A World Without Heroes", lembro que Paul tocou essa música para mim com o solo de guitarra dele, e eu perguntei, "Nossa, é você tocando?" Ele disse, "Sim, eu tentei tocar o que você tocaria". Pensei, "Nossa, isso é um elogio, vindo de alguém que raramente dá elogios". Mas só me lembro disso. Não me lembro de conversar com o Eric e ele dizer, "Isso é uma droga. Odeio tocar essas coisas. Por que não voltamos a tocar tal e tal?". Não me lembro de nada assim. Não ouvi nada do tipo.

BILL AUCOIN: Realmente, o disco acabou sendo tanto do Bob Ezrin quanto do Kiss. E isso era completamente diferente, é claro. Acho que *The Elder* ficou espetacular, mas certamente não era um disco do Kiss, e fomos penalizados pelo disco quando o entregamos para a gravadora.

BOB EZRIN: Eu achei o disco ótimo. Fiquei tão orgulhoso dele. Todos os efeitos sonoros, a produção insana e as músicas mais longas. E tinha aquela balada ótima, "A World Without Heroes", e o conceito, a capa, a gravação das partes narradas, todas as coisas que fizemos para montar o disco.

Quando concluímos o projeto, sentei-me e ouvi o disco inteiro e fiquei tão orgulhoso. Aí chegou o momento de entregá-lo à gravadora, e fui eleito para ir lá e tocar as músicas para eles, sem a presença da banda. Na época, me senti honrado. Mas logo entendi o motivo... *eles estavam se escondendo*. Acho que, após um certo ponto, todo mundo começou a sentir vergonha do disco. Acho que Gene e eu sentíamos mais orgulho do disco, e Paul ficou orgulhoso, também, porque ele compôs algumas músicas muito diferentes do que estava acostumado a fazer. Então acho que ele também ficou orgulhoso, até certo ponto. Mas também acho que, assim que eles começaram a tocar o disco para outras pessoas, e elas começaram a dizer, "*Hein?*", eles começaram a perder a confiança. Eu me lembro de ir à gravadora – era como uma cena de filme, todo mundo dizendo, "Pode ir, estamos logo atrás de você!". Aí você vai na frente e, quando olha para trás, todo mundo sumiu [risos]. Foi assim quando entreguei o disco, especialmente na Europa. As pessoas tentavam ser educadas e fingiam estar animadas. Eu estava muito animado, nós fazíamos eventos para tocar o disco e tudo mais. Mas nesses eventos eu percebia, claramente, que esse material novo não causava a mesma reação que o antigo.

BILL AUCOIN: Não foi uma decisão ruim fazer aquilo. Achávamos que poderia elevar a banda a outro nível. Mas a gravadora acabou odiando o disco. Eles queriam outro disco básico e direto do Kiss. Então recebemos uma reação negativa desde o princípio. Era difícil superar aquilo quando a gravadora e todo mundo que ouvia o disco nos dizia, "Não gostamos disso. Vocês podem fazer outro. Por favor, não lancem isso". Era muito negativo. Mas não tinha chance alguma de eles voltarem ao estúdio.

BOB EZRIN: Acho que *The Elder* foi vítima da minha "era Pink Floyd" [Ezrin produziu o disco *The Wall*, do Pink Floyd, lançado em 1979], bem como da inquietude de Gene e da vontade que todo mundo tinha de ser levado a sério. Infelizmente, acho que isso quase nos motivou mais que o bom senso. Quando você começa com essa premissa, começa dizendo, "Precisamos fazer algo que seja mais importante"; então, de imediato, você perde a essência do Kiss. E isso foi um erro. Eu assumo a responsabilidade por isso, na mesma medida que qualquer integrante ou até mais. Porque eu meio que os convenci na época, disse que conseguiríamos fazer algo incrível, psicodélico, meio baseado em uma história que poderia render um filme.

Realmente víamos *The Elder* como um projeto multimídia. Faríamos um desenho, um filme, um livro, o que você puder imaginar. E isso, é claro, interessava a Gene, que tinha aquele "espírito das revistas em quadrinhos". Ele era fanático por quadrinhos e estava começando a fazer filmes, então se animava muito com a ideia de trabalhar com outras formas de mídia – e expandir seu perfil e sua carreira. A ideia de fazer algo assim interessava muito para ele. Aí chamamos outras pessoas para nos ajudar com o projeto. Estavam todos animados.

Mas acho que, ao invés de criar um ótimo disco do Kiss, fizemos um disco meticuloso... a coisa que os definia no começo era justamente o fato de não serem meticulosos, e foi isso que tentamos injetar no projeto e foi o que resultou em seu fracasso. Acabamos sendo meticulosos. Mesmo assim, há momentos no disco que são incríveis. Se você ouvisse as músicas em outro contexto, elas teriam uma recepção melhor. E algumas pessoas são fanáticas pelo disco, porque algumas coisas interessam mais para... certas pessoas gostam de fantasia e ficção científica e são fãs do Kiss, então, para elas, é a união perfeita dessas coisas. Mas acho que, para o típico fã do Kiss, que só gosta do "Kiss arroz com feijão", acho que o disco decepcionou.

CHARLIE BENANTE: Eu achei que ele tentou seguir o exemplo de *The Wall*. Mas também tinha umas músicas legais lá, como "The Oath". Eles mudaram a imagem um pouco, estavam tentando ser meio artísticos. Eles queriam fazer sua versão de *The Wall*, e acho que não chegaram lá.

BOB GRAW: Eu me lembro de ver as fotos. As fotos saíram antes do disco. Era tipo "O Novo Visual do Kiss". Eles cortaram os cabelos e estavam usando roupas totalmente diferentes das que usaram em *Dynasty* ou *Unmasked*. Eu pensei, "Nossa, que legal. Eles parecem durões". Só a bandana roxa do Paul Stanley que não era legal. Mas eu lembro que esperei na fila da Modell's para comprar o disco. Cheguei em casa, coloquei o disco e a primeira faixa da edição original de *The Elder* era "The Oath", uma ótima faixa de hard rock. Eu pensei, "Isso aí, eles voltaram!". E, rapaz, onde foi que eles se perderam? Uma música após a outra, eu pensava, "O que é isso? Por que o Kiss está tentando regravar o *Tommy*, do The Who?". Eu não entendi aquilo. Poucas pessoas entenderam. Após 25 anos, comecei a gostar do disco, e agora o amo. Mas, sim, eu não entendi.

EDDIE TRUNK: Após ter visto o show [no Palladium] e ter visto como Eric tocava, estava animado porque aquele integrante novo levaria o Kiss de volta a um som mais hard rock. E eu, assim como muitos outros fãs, fiquei chocado de ver que o resultado de sua entrada na banda foi *The Elder*. Lembro que ouvi "The Oath" e gostei. Fiquei animado, porque ela tinha um ritmo poderoso, meio Zeppelin. Era uma música de hard rock. No entanto, quanto mais eu ouvia do disco e percebia seus estilos diferentes... *The Elder* é um daqueles negócios "ame ou odeie". A banda odeia, alguns fãs odeiam, [e] alguns fãs amam e acham que é uma obra-prima. Eu fico no meio disso. Não odeio, [mas] não amo. É o que é.

Mas fiquei muito curioso para ouvir o disco, porque foi a primeira vez que gravaram música com o Eric na bateria, e eu queria muito descobrir como seria o som com ele no disco. E foi a mesma coisa – tem o bumbo duplo e tem um ritmo e uma pegada diferente do que o Peter fazia. É engraçado, porque, com o passar dos anos, conforme fui conhecendo o Eric, ele me contou muitas histórias de como ele era contra o disco. E aquilo foi na contramão do que ele esperava – entrar numa banda de hard rock tão cheia de energia, ficar animado para entrar no estúdio e detonar, e, de repente, começar a trabalhar com orquestras e maestros e compor uma obra conceitual. Ele ficou pensando, "Espera aí... *isso é o Kiss?* Eu entrei nisso?". Mas é claro que, sendo o cara novo, muito feliz de ter conseguido o trabalho, ele não tinha muito espaço para falar ou opinar. Ele só fazia o melhor possível.

MIKE PORTNOY: É estranho. Eu amo o disco *The Elder*! Sei que é um disco tão controverso para tantas pessoas. É um disco que você ama ou odeia, mas eu sou dos que amam. Acho que é um disco incrível, totalmente subestimado e pouco valorizado. Na época, era difícil ser fã de Kiss e engolir aquilo. Eles tinham cortado o cabelo, o que já foi uma mudança visual difícil de absorver, e a decisão de fazer um disco conceitual foi controversa. E vi muitas entrevistas recentes com Gene em que ele fala mal do disco por ter sido comercialmente malsucedido. No entanto, para mim, a qualidade de um disco não é determinada por seu sucesso comercial. Na verdade, acho que alguns dos melhores discos de todos os tempos foram os mais subestimados na época em que saíram, aqueles considerados fracassos. Então não acredito nessa lógica dele. Para mim, o sucesso não quer dizer que algo é bom ou ruim. Agora, reouvindo o disco, tem coisas ótimas nele. Cerca de um mês atrás, eu estava ouvindo meu iPod no aleatório, e veio uma faixa instrumental desse disco, "Escape from the Island". Fazia tantos anos que não a ouvia. Eu pensei, "Que porra é essa? Isso é legal!". E, para minha surpresa, era de *The Elder*. Acho que é um disco incrivelmente subestimado. Acho que ficou ainda melhor com o tempo. E foi legal que eles estavam dispostos a se arriscar com um disco conceitual e fazer algo fora do comum. É uma pena que o Kiss não tem memórias tão boas desse disco, porque seria ótimo se eles tocassem algumas músicas dele hoje.

TY TABOR: Quando *The Elder* foi lançado, eu não conhecia mais ninguém que estivesse ouvindo o disco. Para mim, fazia bastante tempo que não lançavam um disco que me agradasse tanto. Eu pirei com aquele disco. Amei o disco. O que eu gostava nele era que tinha um ar agourento e sério. E eu não entendia boa parte do que eles estavam cantando ou o tema. Tipo, tem algum filme que eu nunca ouvi falar, ou alguma história que eu desconheço? Fiquei intrigado, porque era diferente de tudo que eles tinham feito antes, em termos de letras e música. Tinha um ar meio medieval e bizarro e eles estavam cantando sobre um assunto que não era mulheres. Para mim, foi, tipo, "Nossa, eles conseguiram mais uma vez!".

BOB GRAW: A banda estava soando boa nele. Foi produzido por Bob Ezrin, e ele sempre conseguia trazer um som bom. Tinha um som ótimo. Mas

1981

não era o Kiss – não sei por que fizeram aquele som. E me lembro de ter lido alguns comentários na época, e o Ace odiou o disco. Ace não queria ser associado a ele. Foi, basicamente, o motivo de sua saída da banda. E o Eric dizia... lembro de ouvir que ele disse, "Por que fizemos isso? Por que não voltamos ao som que vocês faziam antes?". Ele ficou decepcionado que aquele foi seu primeiro disco e foi uma "ópera rock". Muito decepcionante.

CAROL KAYE: Eles não estavam mais trabalhando como uma unidade. Ficou bem fragmentado e acho que isso ficou visível. Apesar de que, anos depois, ouvi pessoas dizendo que era um disco incrível e que, quando saiu, odiavam ele porque não soava como o Kiss e era um trabalho muito mais conceitual. Também vi fãs que disseram, anos depois, "Era um disco muito bom. Só não prestamos atenção suficiente quando ele foi lançado", porque não queriam gostar dele.

LORETTA CARAVELLO: Eric não gostava da direção que estavam tomando naquela época. Ele não gostava porque, quando entrou na banda, era um negócio mais heavy metal. Ele não dava suas opiniões para todo mundo. Eu só sabia de algumas coisas que ouvia, por acaso, ele dizendo para a Debbie. Só depois fui descobrir que ele não estava animado com o visual novo. Quando cortaram o cabelo do Eric, ele enlouqueceu. Ele amava o cabelo comprido – acho que isso o incomodou mais que o próprio disco! Mas, com o passar dos anos, ele começou a gostar de *The Elder*, porque acho que os fãs começaram a apreciar que ele fazia parte da história da banda. Naquela época, quem ouviria um disco daqueles? Mas, se você ouvir com atenção, é um disco bom. No entanto, para os fãs do Kiss, era tão incomum, porque o Peter não estava mais lá. Eles não queriam aceitar isso. As pessoas respeitam *The Elder* agora, e muitos conhecidos meus passaram a colecionar artigos da era *The Elder*, porque é muito difícil encontrar coisas daquela época. Ele guardou um prêmio chamado "The Black Smurf Award", acho que é da Alemanha. Tem muitas fotos em que ele aparece com a banda segurando esse prêmio. Está escrito nele, "The Shrieker of the Year" ["Melhor Berro do Ano"], seja lá o que isso signifique.

BILL AUCOIN: Discutimos [fazer uma turnê para divulgar *The Elder*], mas nunca se concretizou.

LORETTA CARAVELLO: [Um *design* de palco proposto para a turnê *The Elder*] seria mais ou menos como uma peça teatral. Havia conceitos diferentes, em que Ace voaria até o teto com uma mochila nas costas, de onde sairia fumaça. Eles desenharam tanques no projeto. Era como uma fantasia. Eles pegariam alguém da plateia e fariam todo um negócio com a pessoa. E tinha um poço dos desejos. Tinha uns 15 *designs* de palco diferentes.

BILL AUCOIN: Eles achavam que aquilo tinha o potencial de se tornar um filme, o que nunca aconteceu. Nem chegou perto.

BOB EZRIN: Quando você faz algo assim, acaba mergulhando de cabeça no projeto. Você pode ter conversas casuais sobre ideias para o futuro e outras coisas, mas não tem tempo para desenvolvê-las. Tem tanto trabalho a ser feito. Então conversamos sobre o desejo de criar um filme, uma revista em quadrinhos e várias outras coisas. No entanto, quando ficou claro que as pessoas odiavam o disco, acho que todo mundo mudou de opinião sobre o projeto. Depois, acho que a banda se preocupou em desfazer o dano que tinha sido causado, ou se recuperar o mais rápido possível. Então, mais uma vez, eles se afastaram de mim.

1982

BILL AUCOIN: 1982 [foi quando o Kiss e eu nos separamos]. Eu estava indo em outra direção. Eu não gostava do fato de que a banda estava se desmanchando. Eles queriam tirar a maquiagem e não queriam mais fazer os produtos de merchandising. Era completamente o oposto do que eu queria fazer – então, tivemos uma reunião e decidimos nos separar. Foi simples assim. Ace ainda estava na banda, mas, naquela época, Gene e Paul realmente assumiram o controle. Ace não comparecia a muitos compromissos. Eric era um funcionário – ele não participava [dessas reuniões].

CAROL KAYE: Nos bastidores, as coisas estavam diferentes. Faltava alguma coisa. Não quero dizer que era a "diversão", porque não é bem essa a palavra. Você percebia que as coisas tinham mudado. Bill não estava mais lá. Peter não estava mais lá. Era diferente. Era uma nova época para eles.

LYDIA CRISS: Eu não prestei muita atenção no Kiss [durante o começo dos anos 1980]. Eu sentia que eles estavam sumindo aos poucos. Sabe, eu trabalhava com fotos em uma agência e tinha minhas fotos originais do Kiss no Daisy, tudo arquivado, e elas nunca eram usadas. As pessoas simplesmente não pediam para usar fotos do Kiss.

BOB GRAW: Bem, era difícil falar para as pessoas que eu já era fã do Kiss a minha vida toda! O Kiss, na minha escola, *era odiado*. Se você usasse uma camiseta do Kiss, tomava um soco. As pessoas me provocavam, sempre. Em 79, 80, 81, 82, as pessoas diziam, "Eu não acredito que você ainda gosta deles... eles ainda existem?". Porque eles não tinham popularidade alguma neste país. A única forma de vê-los era em alguma rara apresentação na TV, nos programas *Solid Gold* ou *Fridays*. Você nem sabia que eles ainda estavam tocando, porque não faziam turnês. Em 1980, eles só tocaram em outros países e não fizeram turnê em 1981.

LORETTA CARAVELLO: [Nessa época] Eric compôs algo com Bryan Adams. Se você ouvir a música "Don't Leave Me Lonely", do *Cuts Like a Knife* [1983], ela acabou sendo uma das melhores músicas daquele disco. Ele o conhecia graças ao compositor Jim Vallance, e Bryan Adams também compunha música para eles. Eles se conheceram assim. Na época, eu não sabia muito sobre Bryan Adams; só fui descobrir depois.

MICHAEL JAMES JACKSON: [O primeiro encontro entre Kiss e eu] aconteceu por intermédio do meu advogado, que conhecia seu gerente de negócios. Meu advogado representava Diana Ross. Diana Ross também tinha seus negócios gerenciados por Howard Marks, que era gerente de negócios do Kiss. Eles estavam em um momento crucial de sua carreira, em que precisavam fazer uma mudança. Eles precisavam voltar a fazer discos que fossem focados em canções. Foi logo após *The Elder*. De certa forma, *The Elder* marcava um declínio para eles, possivelmente na forma como eram vistos como artistas. Eles eram uma banda que fazia uma performance tremenda e tinham personalidade própria. Mas aqueles discos, naquela época, com *The Elder*, começaram a afastá-los daquela personalidade, e acho que o público ficou um pouco confuso.

Primeiro, me apresentaram a Gene e Paul, e tive uma reunião com eles. Eu não tinha qualquer histórico com o metal ou o rock pesado. Portanto, eu era uma escolha incomum. Eu tinha a reputação de ser um produtor focado em canções. Quando eu conversei com eles, não estava exatamente à procura desse trabalho, porque eles estavam fora da minha área típica, e eu provavelmente estava fora da área deles. Mas houve um certo "bom senso" na nossa conversa e, por algum motivo, eles pareciam estar interessados no que eu dizia. Fazer um disco do Kiss certamente seria uma experiência bem incomum para mim. Então, formamos nossa parceria e seguimos em frente. Logo antes de eu começar a trabalhar com eles, estava terminando um disco com Jesse Colin Young, dos Youngbloods. Então, eu fui de um estúdio perto da floresta em Port Reyes para gravar em Manhattan com Gene, Paul e Eric.

ADAM MITCHELL: Eu conheci um cara no fim dos anos 1960, chamado Michael James Jackson, que depois produziria o Kiss. Eu o conheci em Toronto. Na época, eu estava produzindo uma banda chamada Fludd. Eles estavam no selo A&M, tinham alguns sucessos, e ele estava em Toronto – mas morava em Los Angeles. Não lembro por que ele estava lá. Mas eu o conheci no escritório que gerenciava o Fludd, e nos tornamos bons amigos. Então, quando me mudei para Los Angeles, em 1976 – assinei um contrato com a Warner Brothers Records –, por pura coincidência, quando eu estava gravando um disco no Sunset Sound, ele estava no estúdio ao lado, gravando Pablo Cruise, eu acho. Então, eu e ele voltamos a conversar, e ele veio ouvir as minhas músicas. Eu tinha muitas músicas boas, e boa parte delas estava sendo gravada por outros artistas. Isso foi em 1978, provavelmente. Então, alguns anos depois, quando o Kiss estava saindo do desastre que foi *The Elder*, eles sentiam que precisavam de ajuda para compor músicas. O Michael já estava contratado como produtor deles e ele me chamou. Apesar de eu não ser o que você consideraria um compositor de músicas do Kiss... quero dizer, eu sempre amei rock 'n' roll – AC/DC, Led Zeppelin e assim por diante, e eu toquei com os Paupers, uma banda de rock dos anos 1960. Mas, por algum motivo, ele me chamou. Nós nos entendemos bem.

MICHAEL JAMES JACKSON: *Killers* foi uma coletânea [lançada apenas fora dos EUA, em 1982], e nós queríamos gravar quatro faixas adicionais. Tinha muita pressão nesse projeto, porque tínhamos uma obrigação contratual de entregar o disco rapidamente. Eu gravei as faixas com eles no Record Plant, em Los Angeles, na Third Street. Imagino que meu processo de gravação era diferente do que eles estavam fazendo até então, portanto, foi um período em que aproveitamos para nos conhecer melhor. Rapidamente, assim que terminamos *Killers*, precisamos começar a fazer *Creatures of the Night*. A memória mais marcante que tenho daquela época é da pressão que estava sobre nós.

ADAM MITCHELL: Paul geralmente criava um título e escrevia com base nisso. Naquela época, eu tinha uma casa boa na região de Hollywood Hills e um pequeno estúdio em um dos meus quartos. E meu amigo Roger Linn – que era guitarrista da minha banda – tinha inventado só um ou dois anos antes a bateria eletrônica. Assim que a bateria eletrônica foi inventada – aliás, Herbie Hancock teve a primeira bateria eletrônica e eu tive a segunda –, era possível ter um estúdio em sua casa. Antes disso, a não ser que você fosse Paul McCartney ou alguma estrela dessa magnitude, você precisava ter uma bateria completa, microfones e cabines com isolamento acústico. Você precisava ter um estúdio completo. No entanto, quando a bateria eletrônica ficou disponível, dava para gravar demos caseiras eficazes. Portanto, era isso que Paul e eu fazíamos. Nós compúnhamos na minha casa, aí gravávamos uma demo. O acordo entre Gene e Paul para uma música entrar no disco era que os dois precisavam gostar da música. E acho que aquelas foram as duas únicas músicas que compus com ele ["I'm a Legend Tonight" e "Partners in Crime"], e ambas acabaram entrando no disco. Mas o que eu mais me lembro do disco é que a capa é um tanto infeliz. É meio pretensiosa, tem umas cores esquisitas. Não parecia uma capa do Kiss, de jeito algum.

MICHAEL JAMES JACKSON: Tive a impressão de que Gene era um cara muito esperto. Ele era interessante e claramente estava focado em renovar sua carreira naquele momento. Paul era muito estudioso e acolhedor. Paul e eu nos demos bem. Eric era um cara bem sincero. Ele se importava muito com o trabalho. Não que os outros não se importassem, mas Eric estava *muito* ligado ao seu amor pela música. Ele estava focado em seu amor por tocar, determinado a ser considerado um bom músico e um bom baterista, especialmente no metal, que é um gênero muito competitivo. Especialmente com guitarra e bateria, os guitarristas são muito competitivos uns com os outros, e os bateristas também são. Eric estava dedicado a ser um bom músico e queria ser visto assim.

ADAM MITCHELL: Eric conseguia esconder o efeito do álcool melhor que qualquer um. Quando eu o conheci, fomos a um sushi bar chamado Domo, na Ventura Boulevard. E minha casa, tecnicamente, eu morava no lado da Mulholland mais perto do vale, perto do topo, e minha rua, Berry Drive, ia até a Ventura Boulevard. A saída dela era na Ventura Boulevard, bem perto desse restaurante, Domo. Então eu disse, "Vamos nos encontrar lá". Então fomos e, pelo que lembro, Eric tomou uns 10 saquês e ainda parecia sóbrio! E eu, que não estava acostumado a beber, tentei acompanhá-lo. No meu terceiro saquê – acho que acabei tomando quatro – eu já estava vesgo. Para enxergar direito, eu precisava cobrir um olho. Precisei ficar sentado no estacionamento por quase uma hora para ficar sóbrio a ponto de conseguir andar os 45 metros de volta para minha casa. Mas Eric era uma daquelas pessoas que conseguia beber, e nunca parecia estar bêbado.

Nos encontramos naquele restaurante de sushi, e ele era bem pé no chão, como todo mundo sempre dizia. Muito engraçado. E ele amava Monty Python, assim como eu. Eu já o tinha ouvido tocar e achava que ele era o baterista perfeito para o Kiss. Tecnicamente, era ótimo. Muito, muito melhor que Peter Criss. E os fãs gostavam do Eric. Se você consegue imaginar, preencher aquela vaga... preencher a vaga de um integrante original do Kiss não deve ter sido fácil. E isso teria subido à cabeça de muitas pessoas, mas não aconteceu com o Eric. Ele era pé no chão. Logo nos tornamos amigos. Costumávamos passar muito tempo juntos.

O que eu me lembro de todos eles – mas especialmente do Eric – é como Eric era hilário. Era um dos caras mais engraçados que eu já conheci. Quando finalmente se mudou para Los Angeles, ele tinha um apartamento perto do Whiskey A Go Go. E eu dei uma carona para ele uma noite, o levei até a porta da casa dele, e ele saiu do carro. Ele estava conversando comigo, sem olhar por onde andava... e ele pisou no maior cocô de cachorro que já vi na vida! Eric era cuidadoso com suas roupas e sua aparência. Foi hilário.

Eu me lembro de muitas histórias engraçadas, de coisas que aconteceram. Uma vez, ele e eu... o cabelo do Eric era tão comprido. Era tão comprido que enlouquecia Gene e Paul. Mesmo naquela época de cabelos compridos, Eric tinha o maior cabelo de todos. Gene e Paul sempre tentavam convencê-lo a cortar seu cabelo, mas ele não cortava. Um dia, tinha um restaurante na Sunset Boulevard, atravessando a rua do antigo endereço da Tower Records, chamado Old World Café. Ele e eu estávamos almoçando lá um dia. Estávamos sentados na área externa e duas loiras passaram dirigindo um Camaro. Elas olharam pela janela e nos viram sentados lá. Elas imediatamente fizeram um retorno no meio do trânsito e pararam. E Eric me deu aquela olhada, "Elas me reconheceram". E eram duas loiras bonitas. Elas estacionaram, saíram do carro e uma delas veio até nós, olhou para ele e disse, "Cara... *que cabelo enorme!*". Ela não tinha ideia de quem ele era! Ela voltou ao carro e elas foram embora.

BOB KULICK: Qualquer pessoa que entende de guitarra sabe que não era Ace Frehley – era eu [nas quatro faixas novas de *Killers*]. O disco solo de Paul obviamente demonstrou isso. Eu fui um "músico secreto" da banda quando eles me pediram, por amizade, como aconteceu em *Alive II* e *Killers*. Eu fui integrante da banda de Paul quando ele fez sua turnê [em 1989] e toquei no disco dele e achei outros músicos para ele usar. Basicamente, fui o melhor amigo do Paul por vários anos. Ele até me deixou morar no apartamento dele! Tínhamos um ótimo relacionamento e ainda temos.

MICHAEL JAMES JACKSON: Trabalhar com Bob foi ótimo. Ele é um excelente músico e tem uma energia fantástica, é determinado a fazer a coisa certa. Bob foi incrível. Ele se importava de verdade com o resultado.

BOB KULICK: Eu tinha que lidar com Paul e Gene e era basicamente isso. Naquela época, eles estavam procurando um "Eddie Van Halen". Eles queriam

1982

alguém que pudesse fazer aquele som mágico por eles. E foi daí que veio minha frustração, porque o disco solo do Paul, as músicas do *Alive II*, tudo em que eu toquei, a reação era "Nossa, ficou ótimo". No entanto, quando aconteceram essas sessões do *Killers*, era, tipo, "Hm... não sei", e eu perguntava, "Não sabe o quê?". Me diziam, "Tente de outro jeito", e eu respondia, "Tentar o quê? Eu tentei tudo. Tentei melodias, tentei improvisar, tentei usar a alavanca. Vocês têm alguma ideia? Aceito sugestões". Eric testemunhou como eles conseguiam torturar outra pessoa, porque eles basicamente me torturaram até não dar mais. Antes, quando eu tocava qualquer coisa, diziam, "Ótimo!". Depois, virou, "O que mais você consegue fazer?". Tinha chegado a hora de eles arranjarem alguém. Eles precisavam de um integrante novo, urgentemente. Precisavam parar de fazer aquilo, porque estavam falando com o cara errado.

BOB GRAW: Eu achei que as quatro músicas novas no *Killers* eram um passo na direção certa. Achei que estavam começando a voltar. Eram músicas meio *Unmasked*. Acho que não eram as melhores músicas, mas, pelo menos, estavam indo na direção certa. Uma das músicas teve coautoria do Bryan Adams, não teve? ["Down on Your Knees" foi coescrita por Bryan Adams.] Pelo menos eles tinham voltado a tocar rock, sabe? E acho que "Down on Your Knees" é uma música ótima. Amo ela. E "I'm a Legend Tonight" é boa. Não são a pior coisa que o Kiss poderia ter feito, então, pelo menos, estavam indo na direção certa.

EDDIE TRUNK: Acho que é importante comentar o que veio entre *The Elder* e *Creatures*, porque foi uma "ponte" – o disco importado *Killers*. Ele tinha aquelas quatro músicas novas. Na época, só estava disponível aqui nos EUA como um produto importado, mas eu me lembro de comprar esse disco e ficar muito animado de ouvir que o Kiss estava dando passos para voltar a ser o Kiss. Então, quando ouvi "Partners in Crime", "Nowhere to Run" e as outras músicas, eu pensei, "OK, estou começando a ver o Kiss que amo de novo". Não está totalmente lá, mas está no caminho. Então, acho que foi uma ponte muito importante, entre *The Elder* e *Creatures*.

MICHAEL JAMES JACKSON: Na época, Ace não estava por perto. Era apenas Gene, Paul e Eric. Portanto, as faixas foram gravadas com Eric, Gene e Paul, e minha tendência era focar na bateria – gravar a bateria com uma versão básica da guitarra, depois fazer o restante da música com base nessa gravação da bateria.

BOB KULICK: O que eu presenciei foi o fim de *Killers* e o início de *Creatures of the Night*. Foi nesse momento que eles tentaram achar um guitarrista. Eu estava tocando e outras pessoas também. Robben Ford tocou, o cara do Mr. Mister [Steve Farris] também, Vinnie Cusano estava por lá. E eu estava passando um tempo com Eric, porque eu era o "guitarrista de fato", e Gene e Paul eram *Gene e Paul*. Às vezes, ele me buscava no hotel e me levava ao estúdio. Acredito que era o Record Plant. Depois, tomávamos uns drinks ou jantávamos. Nessa época eu provavelmente fui seu melhor amigo, já que foi o período em que mais nos aproximamos. O papel de guitarrista – era o que eu fazia na época. Ace ainda não tinha saído oficialmente, mas não estava mais tocando. Logo, a piada que faziam comigo era, "Vamos arranjar uma peruca pro Bob". Eles já tinham substituído Peter, e estavam prestes a substituir Ace.

[A possibilidade da minha entrada no Kiss] sempre foi uma piada, porque, nessa época, a piada já era, "Ele levou essa história a sério?". Era tipo, "Vejam só, eu já tenho um contrato, já sou agenciado pela Leber-Krebs. Não preciso de vocês". Não que eu dissesse isso para eles – se me convidassem, eu entraria no Kiss na mesma hora, é claro. Mas a questão era que eu já tinha passado desse ponto. Eu tinha me tornado amigo deles, um confidente da banda, alguém com contrato próprio e agente próprio, um artista com meu próprio mérito. Eu já tinha passado do ponto em que alguém perguntaria, "O que vocês acham? Será que esse cara consegue nos ajudar?". Eu ajudava sempre que possível e tocava com eles, ou, no caso do Gene, compunha algumas músicas com ele. Foi o mesmo com o disco solo do Paul. "Você conhece um baixista?" "Sim, Steve Buslowe. O cara com quem eu trabalhei no Meat Loaf". Ele foi contratado porque eu o recomendei. A situação ficou assim. Eles passaram a me respeitar mais porque eu não era apenas alguém que eles poderiam contratar. Era tipo, "Ah, esse cara já está contratado por alguém". E eles eram fãs. Também tem isso. Eles eram *meus fãs*.

ADAM MITCHELL: Eu conheci Vinnie por meio do Sue Saad and the Next. Eu não lembro quem nos apresentou ou quem me apresentou a Sue Saad. Não tenho certeza de como o conheci... talvez ele estivesse tocando guitarra no Sue Saad and the Next. Eles eram uma das bandas mais horrendas dos anos 80. O Sue Saad and the Next era, infelizmente, uma das bandas de new wave com nomes péssimos que não foram a lugar algum. Meu Deus, todas as músicas eram tocadas em colcheias. Era *tão* sem graça. Enfim, eu conheci o Vinnie por meio do Sue Saad and the Next. E imediatamente fiquei impressionado com o talento musical fenomenal que o Vinnie tinha e provavelmente ainda tem. Ele toca bem mesmo... mas a personalidade vale mais que o talento, sempre. E eu o apresentei a Gene. Gene e eu estávamos compondo um dia e o Vinnie passou na minha casa.

MICHAEL JAMES JACKSON: Vinnie não era um guitarrista de heavy metal. Ele era um guitarrista de rock 'n' roll. Ele tocava melodias, e isso não era necessariamente o que melhor se encaixava com o Kiss. Na época, o que interessava para aquele tipo de metal era a agressão pura e crua. E o problema era que muitos dos guitarristas que tocavam naquele gênero focavam demais na mão esquerda, o que significava que eles tocavam muitas notas, muito rápido, como se dissessem, "Veja como isso é complicado". A maioria dos caras que ficaram famosos por sua destreza com a mão esquerda não eram muito bons em gerar emoções com a música. Porque, para gerar emoções, você precisa ser ótimo com a mão direita. Vinnie Cusano era bom na guitarra base e tinha uma boa noção de como fazer aquele rock 'n' roll robusto. Mas, novamente, ele era ótimo com melodias. Sua noção melódica não teria muito espaço no Kiss, porque não se encaixava no gênero. Mas esses discos, como todos os discos, eram alvos em movimento constante. Quando você está gravando o disco, fica definindo e redefinindo o objetivo, quase como se nunca conseguisse concluir o trabalho. Portanto, o que aconteceu organicamente, o que aconteceu intencionalmente, e o que aconteceu por puro acidente fazem parte do processo. Ele era tranquilo? Ele era complicado? Ele era talentoso? Ele era muito talentoso. Mas nem sempre se encaixava com tranquilidade. Apenas diferenças de estilo. Vinnie, como eu disse, era bom com melodias. Os discos do Kiss têm uma pegada crua e dura. Se você faz algo melódico demais, o som fica frouxo. Não se encaixa. Logo, haveria discussões a respeito disso. E algumas discussões geraram conflitos que precisaram ser resolvidos.

LORETTA CARAVELLO: Ele ficou triste, porque Ace era uma parte muito importante da banda. Ace tinha um relacionamento próximo com ele, eram bons amigos. Dá para ver isso nos vídeos. Meu irmão tendia a buscar Ace e Gene. Dava para ver que meu irmão se apegava às pessoas. Ele admirava pessoas. Eles estavam com medo – todos eles –, porque não tinha como substituir Ace. Aí eles contrataram o Vinnie, e Vinnie era um guitarrista ótimo. Pelo que sei, meu irmão tirou mais fotos dele que de qualquer outro integrante! Então, aparentemente, ele devia gostar do Vinnie.

MICHAEL JAMES JACKSON: Eu vi [Ace nas sessões]. Nós gravamos as faixas de *Killers* e *Creatures* em Los Angeles. Aí voamos de volta para Nova York e gravamos algumas partes com Ace. Mas Ace não estava presente enquanto os outros integrantes gravavam. Ace *tocou*, sim. Sendo bem sincero, faz muito tempo que isso aconteceu, não lembro [em que faixas Ace tocou]. Ace tocou algumas partes naqueles discos. Foi meio fragmentado, porque os caras já tinham passado por muita coisa juntos. Gene e Paul estavam focados em reorganizar o que queriam fazer no lado empresarial e com a banda. E Ace certamente era parte da banda, mas também estava desconectado dela, porque Gene e Paul estavam no controle. Portanto, Ace fez uma contribuição e tocou naqueles dois discos. Mas as performances foram mínimas, de certa forma.

ADAM MITCHELL: Gravamos demos fantásticas no meu estúdio, das músicas "Creatures of the Night" e "Danger". Na verdade, nossa demo de "Danger" era bem melhor [que a versão do disco], e tenho certeza de que Paul te diria a mesma coisa. A batida que eu programei na bateria eletrônica em "Danger" – por conta do andamento – era particularmente difícil de ser tocada. E Eric fez um trabalho fantástico com ela. Na "Creatures", aquele lick que vem na metade da música e no fim, eu criei aquele lick e o toquei na demo. Quando eles começaram a gravar, eu ficava dizendo, "Vocês precisam chamar outra pessoa para tocar isso". Eles chamaram Robben Ford e outros guitarristas incríveis – muito, muito melhores que eu. Mas ninguém conseguia tocar igual a mim, então eu acabei tocando no disco. Então, o que você escuta no disco é a minha guitarra Charvel azul, tocada por mim.

MICHAEL JAMES JACKSON: Ocupamos dois estúdios ao mesmo tempo, no mesmo edifício, e ficávamos indo de um para o outro. Colocamos Eric sozinho em outro ambiente. O objetivo era chegar o mais perto possível... não exatamente copiar John Bonham, mas queríamos um pouco da característica do som da bateria de Bonham. Não tem como duplicar o que outra pessoa já fez, porque não é apenas o eco, não é apenas o lugar, nem a atmosfera – também é o som da bateria, a forma como se bate nela. Tem tantos fatores envolvidos, [como] a umidade do ar. Todos os fatores entram em consideração na hora de criar uma atmosfera e um som. Mas estávamos bem determinados a tentar criar um som que tivesse personalidade, que seguisse aquela linha. Então, Eric foi colocado em um ambiente separado – não era uma cabine acústica, mas uma sala diferente –, e colocamos ambientes próximos e distantes da bateria. Passamos muito tempo – acho que passamos uns dois dias – trabalhando e tentando achar o som, especialmente para a bateria. Porque, nesse disco, a bateria tem personalidade. É isso que dá uma identidade ao disco.

Eric gostou muito disso, porque foi o seu "momento glorioso". Ali, todo o foco estava no Eric. Ele estava disposto a fazer tudo o que fosse necessário para atingir aquele objetivo e estava muito focado na sua forma de tocar. Eu também gostei que ele se importava muito com o que fazia e com o som que sairia de sua bateria. Depois, o disco foi mixado por Bob

Clearmountain. Deixamos claro para Bob que aquele som específico da bateria era um elemento essencial do disco. Então, quando ele o mixou, acrescentou um pouco daquele eco pelo qual o Power Station ficou famoso. Tinha um poço de elevador no estúdio, e ele colocou um microfone lá. Ele conseguia enviar o sinal ao poço de elevador, que ressoava, e o microfone trazia o som de volta. Parte desse som foi mixado junto com a gravação da bateria de *Creatures*. Clearmountain fez um ótimo trabalho, porque uma das principais características dele na época era sua habilidade de colocar mais graves em uma música, de forma que soasse forte no rádio. Muitos engenheiros conseguem colocar graves no disco, mas nunca dá para ouvir no rádio. Bob usava uma metodologia para esculpir esse som de forma que, se a música fosse tocada no rádio, daria para ouvir os graves claramente.

LORETTA CARAVELLO: Era o disco favorito dele. Acho que ele disse que "Saint and Sinner" era sua música favorita de tocar. Pelo que ouvi, a bateria foi gravada em um poço de elevador. E nunca conseguiram duplicar aquele som. Muita gente tentou, e ele também tentou, mas ninguém conseguiu duplicar o som. Era simplesmente perfeito. É como o clima, quando você vê gelo nas árvores, parece perfeito, mas nunca consegue ver da mesma forma outra vez. Ele tinha muito orgulho daquele disco.

MICHAEL JAMES JACKSON: A pegada do disco e a personalidade do som foram construídas com base na bateria de Eric. Portanto, eu diria que a bateria dele certamente teve um papel importante. Mas a outra coisa que eu diria a respeito de Eric, em relação ao seu papel na banda, é que ele ainda era "o novato" – apesar de já estar com a banda havia algum tempo –, ainda não era [um integrante] da banda original. Mas Eric amava muito o Kiss, seus personagens e seu conceito. Então, às vezes, Eric deixava bem claro que ele queria garantir que o Kiss fosse o Kiss. E o que importava nisso era que o som trouxesse um pouco daquela "vida" às músicas gravadas.

BRUCE KULICK: Houve um momento em que, por algum motivo, eu consegui visitar o estúdio enquanto eles gravavam *Creatures*, e foi a primeira vez que vi o Eric. Eu adoro me lembrar que eles estavam trabalhando em

"I Love It Loud". Eles estavam checando a mixagem. Sabe, a mixagem do final, quando a música diminui o volume, depois volta. Eu achei que *Creatures of the Night* foi um disco brilhante do Kiss, porque tinha um som gigantesco, tão Zeppelin/metal. Fiquei muito impressionado com ele. E tenho certeza de que eles tiveram a mesma reação quando fizeram *The Elder*. E lá estava Eric no sofá. Seu cabelo estava enorme. Eu só tinha ouvido falar dele – sabia que era o baterista –, mas ainda não o conhecia. Então eu senti que, devido a suas próprias inseguranças, ele meio que criou uma barreira comigo. Depois de alguns anos, quando o conheci melhor, entendi isso perfeitamente. Então, na época, achei que ele ficou "na defensiva" e não tive a oportunidade de dizer, "Eu conheci o Eric de verdade". A reação dele foi tipo, "O que você está fazendo aqui, guitarrista altão? Está invadindo nosso espaço?". Mas eu mantive uma opinião neutra a respeito dele. Mas fiquei pensando, "Hm, será que ele está fingindo ser um rock star, ou está desconfortável de socializar com outras pessoas?". E Gene sempre foi Gene. Nem me lembro de como fui parar lá, mas, obviamente, fiquei muito animado. E "I Love It Loud" tinha um som incrível!

MICHAEL JAMES JACKSON: "I Love It Loud" traz a personalidade do Gene. Ela é bem típica do Kiss, porque exibe o personagem que Gene criou. "I Still Love You" era uma das favoritas do Paul. Passamos muito tempo tentando transformar a música em algo grandioso. Até mesmo a "Creatures of the Night". Nos esforçamos muito para levar essas músicas para além do que era esperado.

BOB KULICK: Quando Vinnie conseguiu a vaga [substituindo Ace], ele conseguia tocar bem, mas esse não era o problema dele. O problema era outra coisa.

ADAM MITCHELL: Eu sabia que Vinnie era musicalmente perfeito para o Kiss. E falei para Gene, de imediato: "Esse cara toca muito bem. Mas, pessoalmente, vocês podem ter alguns problemas com ele". Vinnie era ótimo na guitarra. A questão era justamente essa. Na vida, pode ser difícil escolher a pessoa mais talentosa, porque, às vezes, essa pessoa pode ter problemas de personalidade. Mas não se deixe enganar. Musicalmente, Vinnie é extremamente talentoso. Eu ouvi o Vinnie tocar versões acústicas de "White Christmas" que partiriam o seu coração. Ele é ótimo na guitarra.

BOB GRAW: Era óbvio. Ace estava mal naquela época. Lembro de ter lido no jornal que ele bateu o carro. Ele estava dirigindo a uns 160 km/h em uma ponte, em algum lugar da cidade. Ele quase morreu. Então eu sabia. E, quando eles disseram que fariam uma turnê sem ele porque estava machucado, já dava para entender o que estava acontecendo, que ele não voltaria.

MICHAEL JAMES JACKSON: Estávamos confiantes de que tínhamos feito a coisa certa, algo genuíno. E o trabalho representava a banda de uma forma apropriada. Tendo em vista os discos que vieram logo antes, acho que todo mundo sentiu que *Creatures of the Night* era um negócio autêntico.

BOB GRAW: O momento definitivo de Eric na banda, a sua "festa de debutante", foi *Creatures of the Night*. O som de sua bateria nesse disco, especialmente no vinil original, é uma explosão sonora. Ele está ótimo em todas as músicas desse disco. É de partir os ouvidos, todas as músicas.

LORETTA CARAVELLO: Foi basicamente isso que trouxe os fãs de volta. Quando ouviram Eric, eles disseram, "Nossa, esse cara sabe tocar! Isso é pesado mesmo". E era isso que o Kiss deveria ser. Peter tinha um estilo diferente. Ele não era tão pesado. Mas o meu irmão tendia a soar mais como John Bonham, que era seu baterista favorito, ao lado de Ringo, quando ele era criança. Para um estilo bem pesado de bateria, ele preferia John Bonham.

EDDIE TRUNK: Quando ouvi *Creatures*, arregalei os olhos. Era *monstruoso*. Um dos disco mais pesados da carreira do Kiss, e um dos motivos para isso, além das composições, era a bateria, obviamente. A bateria tinha um som monstruoso. Eu nunca ouvi baterias tão poderosas quanto nesse disco do Kiss, nem antes, nem depois. Tudo fazia sentido – as músicas e Eric finalmente podendo ser Eric, fazendo o que ele foi contratado para fazer na banda. E o Kiss estava em seu momento mais pesado. A ironia de tudo isso, é claro, é que Ace Frehley estava de saída.

1982

CHARLIE BENANTE: Acho que Eric era muito fã do Led Zeppelin, e sempre gostou daquele "estilo John Bonham". Ele também tocava baterias Ludwig. Acho que ele encontrou o estilo que queria naquele disco. A bateria soa grande e espaçosa. Se você escuta o lado 4 de *Alive II*, o som da bateria dele é ótimo. Eles conseguiram uns tons grandiosos naquele disco. E acho que *Creatures of the Night* também captou esse som. Ele se encaixava com as músicas. Achei que era um disco ótimo do Kiss.

MIKE PORTNOY: *Creatures of the Night* é um disco incrível. Tem uma bateria fantástica. Para começar, ele tocava bumbo duplo, ao contrário de Peter. No começo dos anos 1980, poucos bateristas tocavam bumbo duplo. Naquela época, nos anos 1980, eu só escutava... talvez o Mötley Crüe estivesse começando, mas eu ouvia poucos bateristas com bumbo duplo, e Eric era um deles. E esse era um dos fatores que diferenciava sua forma de tocar, em comparação a Peter. E o disco *Creatures* tem ótimos exemplos de como usar o bumbo duplo e um material bem agressivo que deixava a bateria se destacar.

AJ PERO: O Twisted Sister tinha acabado de fazer um show na França, e eu fiz uma entrevista com o correspondente francês da *Modern Drummer*. Eu fui um dos mentores dele, e passamos por fases diferentes e o nome do Eric Carr foi mencionado. Eu disse que ele era um baterista ótimo. Assim como eu, ele teve a oportunidade de mostrar do que realmente era capaz. Eu disse que um dos meus discos favoritos, até hoje, é *Creatures of the Night*. O som da bateria e o jeito como ele tocava, dava para *sentir* a energia vinda do disco.

JAIME ST. JAMES: Eu gostei do peso do disco. O Kiss teve muitas versões com o passar dos anos, mas eu gostei do peso de *Creatures of the Night*. Ficou ótimo.

BLAS ELIAS: *Creatures of the Night* – isso aí! Aquela pegada bem pesada. A bateria ao estilo anos 70 tinha uma pegada boa, mas não era tão pesada. Ele foi o primeiro baterista que ouvi fazendo uma levada consistente e pesada no contratempo sem muita firula. Só mandando ver, estilo heavy metal. Foi algo que mudou minha vida, porque eu estava estudando jazz no ensino médio, tocava na banda de jazz e vinha desse estilo musical. E aquilo me interessou em tocar rock pesado. Eu amei o som dele. Era maior, tinha mais volume. O bumbo e a caixa tinham um som enorme. Era simplesmente diferente. Não sei o quanto ele teve a ver com o som, mas eu gostei da energia.

BILL AUCOIN: [*Creatures of the Night*] foi um disco muito bom, e acho que Eric ficou ótimo nele. Na época, ele tinha aprendido tanto e passado por tanto, que estava achando seu próprio estilo. Ele estava se tornando um baterista excelente. Acho que esse foi o motivo. Ele era um baterista espetacular mesmo, e ficou cada vez melhor.

AJ PERO: Ele tinha um som ótimo e tocou muito bem no disco. Infelizmente, *Creatures of the Night* e *The Elder* foram os discos menos populares do Kiss. Assim como aconteceu conosco, com *Come Out and Play*, onde eu acho que fiz umas coisas bem complexas, porém não exageradas, que muitos músicos e bateristas elogiaram. Se você pega uma música como "We're Not Gonna Take It", tem uma batida bem simples. No entanto, do jeito que eu a toquei, as pessoas diziam, "Nossa, que legal. Como você teve essa ideia?". E eu respondia, "Bem, me disseram para criar uma introdução ao estilo 'Stargazer' ou 'We're an American Band'", músicas que você reconhece assim que começa a ouvir, antes mesmo do primeiro acorde. Você já sabe que é "We're Not Gonna Take It". É algo que fica na memória das pessoas. Fiquei feliz de conseguir isso.

CHARLIE BENANTE: "I Love It Loud" estava nesse disco e se tornou um clássico. "Creatures of the Night", "War Machine", eu amei. Sempre achei que o Stone Temple Pilots roubou o riff [de "War Machine"] em "Sex Type Thing". "Saint and Sinner" e "I Still Love You" se tornaram típicas "músicas ao vivo" deles, onde ele fazia aquele negócio meio "I Want You". Esse disco tinha umas músicas boas. A bateria ficava bem evidente e alta na mixagem. Ela meio que te abraçava. Quem toca bateria ama esse disco, especialmente o som da bateria.

BOB GRAW: Eu amava o clipe de "I Love It Loud", porque mostrava o Kiss do jeito que deveria ser, do jeito que deveria soar, com aquele fogo. Lembro que a bateria do Eric Carr era simplesmente *gigantesca*. E ficava em cima de um tanque. Era tão legal. Era um clipe ótimo.

NEIL ZLOZOWER: A primeira vez que os fotografei foi no A&M Studios, onde fizeram uma festa para a audição de um disco novo. Eles não tocaram nem nada, mas havia quatro banquinhos no palco e havia pessoas da imprensa lá e elas podiam fazer perguntas à banda. Acho que Ace ainda estava na banda, antes de ser expulso, e antes de Vinnie Vincent entrar. Eram os três integrantes originais e Eric. Eu lembro que foi a primeira vez que fotografei a banda com Eric. No fim, os quatro juntaram suas mãos e acho que lançaram fogos de artifício. Também tenho fotos disso.

BOB GRAW: Ao ouvir *Creatures of the Night*, também dava para perceber que nada ali soava como Ace Frehley. A guitarra de Ace Frehley tem um som bem distinto. E não aparece nesse disco. O rosto dele aparece na capa, mas o nome dele não está nos créditos – nenhuma música e nenhum trecho de guitarra que definitivamente soe como ele. Vinnie Vincent também tinha seu próprio som. Provavelmente, Vinnie Vincent e Eric Carr fizeram a banda *soar* muito melhor. E deram uma roupa e uma maquiagem própria a Vinnie Vincent.

TY TABOR: Para mim, infelizmente, foi uma das épocas em que eu tinha perdido o interesse. Esse disco em particular não foi o meu favorito deles. Eu sentia falta do Ace e prefiro o jeito como ele toca guitarra – sem dúvida. Esse disco, para mim, marcou um dos momentos em que eu estava saindo do meu amor pela banda.

WAYNE SHARP: Eu estava trabalhando para um promotor de eventos na época, em Nova Orleans, onde eu nasci. O gerente na época, Howard Marks, estava trabalhando com Diana Ross e tínhamos promovido alguns shows dela. Chris Lendt estava em turnê com Diana Ross e começamos a conversar com Chris. Eu era muito fã do Kiss e eles estavam se preparando para sair em turnê com o disco *Creatures of the Night* e fiquei intrigado com isso, mas eu era jovem. Eu estava na faculdade. Então, na primeira vez que encontrei Eric, meu chefe e eu estávamos fazendo uma viagem em Dallas, onde eles estavam ensaiando. Eu sabia que Eric estava na banda, mas não sabia que Vinnie Vincent também estava, porque Eric aparecia nas fotos de divulgação do disco. Fomos lá e nos deixaram ver o ensaio da banda. Eu não me lembro de ter conversado com Eric, mas pude assistir ao ensaio e fiquei impressionado.

Depois, promovemos alguns shows dessa turnê, incluindo um show grande em Nova Orleans, uma noite antes do Mardi Gras, no Superdome. Acho que foi a primeira vez que pude conversar com Eric. Fizemos uma coletiva de imprensa com a banda antes de colocarmos os ingressos à venda. Foi a primeira vez que conversei com Eric. O que eu vi do show – e pude ver uma boa parte do show em Nova Orleans – foi ótimo. Em termos de peso, Eric tocava tão melhor que Peter Criss, na minha opinião. Nessa turnê, a bateria dele ficava em cima de um tanque. E Vinnie Vincent era incrível ao vivo. Gene e Paul, acho que foi a última turnê deles com maquiagem. Eles ainda mandavam bem. Achei que foi uma turnê ótima. E aquele disco, tinha umas músicas bem fortes naquele disco e davam certo ao vivo. Achei que foi um show ótimo.

EDDIE TRUNK: Por mais que *Creatures* seja considerado um disco ótimo hoje, naquela época, o Kiss estava em seu pior momento nos EUA. Até hoje, o disco é um dos que menos vendeu na discografia deles e a turnê de divulgação foi uma das que menos vendeu ingressos, chegando a trazer apenas 2.000 pessoas em uma arena para 20.000. Foi uma piada. Ali estava um grupo que foi criativo e fez um disco excelente e cujo novo integrante estava começando a contribuir e fazer uma performance destruidora. Nos EUA, porém, era uma banda que estava só o pó da gaita.

LORETTA CARAVELLO: Ele estava muito triste. Ficou chateado [que o disco *Creatures of the Night* e sua respectiva turnê não obtiveram sucesso]. Se a banda não fosse bem-sucedida, para onde ele iria? Ele sentiu que aquilo afetaria sua reputação.

1982

BOB GRAW: Bem, é uma pena que eles não lançaram o disco em 1979 ou 1980, porque seria, sem dúvida alguma, um dos maiores discos deles. Porque as pessoas já tinham praticamente esquecido da banda quando esse disco saiu. Eu lembro que era meio difícil encontrá-lo quando foi lançado. E não tinha muito a respeito deles nas revistas. Quem sabe uma página na *Hit Parader* ou na *Circus*. Além disso, nem dava para saber que o Kiss ainda estava na ativa. E isso foi o que mais decepcionou. A única forma de saber que eles ainda estavam tocando era se você visse o clipe de "I Love It Loud" na MTV, tarde da noite. Eles só passavam o clipe de vez em quando. Isso foi muito decepcionante, porque deve ser um dos cinco melhores discos do Kiss. Não tem nenhuma música ruim nele. Muitas delas ficaram fixas nos setlists deles. "Creatures of the Night" ficou um bom tempo no set, assim como "I Love It Loud", "I Still Love You" e, minha favorita do disco, "War Machine". Todas as músicas eram ótimas.

MICHAEL JAMES JACKSON: Pode até ter surgido alguma decepção com o disco, mas estávamos orgulhosos demais dele para nos preocuparmos com isso. O que sabíamos era que o Kiss tinha voltado a uma posição em que seria visto da maneira correta. Foi isso que *Creatures* fez. Ele recuperou qualquer credibilidade que estivesse escapando. Foi um disco autêntico do Kiss.

1983

NEIL ZLOZOWER: Eu fotografei aqueles dois shows [quando o Mötley Crüe abriu para o Kiss na Califórnia, nos dias 26 e 27 de março]. Na verdade, foi a primeira vez que fotografei o Mötley ao vivo. Primeiro, eles tocaram no Universal Amphitheater, e o segundo show foi em um lugar que era chamado Irvine Meadows – agora, chama-se Verizon Amphitheater. [Nota: é possível que o show no Irvine Meadows tenha acontecido antes do show no Universal Amphitheater.] Eu estava lá, nos bastidores, e fiquei conversando com o Mötley, porque não tem muito o que fazer se você ficar perto do Kiss. Era o último show deles, e Nikki, como era um espertalhão, disse, "Ei, Zloz, vamos subir no palco e, quando agradecermos o Kiss, vamos dizer, 'E gostaríamos de agradecer à banda favorita de nossos pais, Kiss, por nos deixar abrir o show deles!'". Eu disse, "Nikki, acho que essa ideia não é muito boa. Você não quer cortar relações com o Kiss". Porque o Mötley Crüe, naquela época, ainda nem tinha lançado *Shout at the Devil*. Nikki e eu estávamos ficando amigos naquela época. Ainda era antes de nossa infame ida ao Club Med – acho que Nikki fala sobre isso no livro *The Dirt*.

JAIME ST. JAMES: Eu achei que seria meio estranho – um cara novo com maquiagem nova, um visual diferente. Mas eu vi a turnê *Creatures of the*

Night e pensei, "Meu Deus, esse cara é ótimo!". Eu os vi no Universal Amphitheater com o Mötley Crüe abrindo o show. O *design* de palco era ótimo e a peça central dele era aquela bateria enorme. Eu fiquei impressionado com o show. Eu vi o Mötley Crüe no Troubadour e no Country Club antes do disco deles [*Too Fast For Love*] ser lançado, então vi o Mötley Crüe muitas vezes. O Mötley Crüe tinha uma aparência diferente quando começou a tocar nos clubes de Los Angeles. Eles tinham mais a ver com o que Nikki estava fazendo, um visual meio New York Dolls. Depois, eles foram mais para o "visual Kiss". Era uma combinação perfeita [ver Mötley Crüe abrindo para o Kiss]. Sou muito fã do Mötley Crüe.

NEIL ZLOZOWER: O Mötley Crüe era bem potente na época, e eles eram jovens e ávidos. Fizeram um show bem "*blitzkrieg*", pelo que me lembro. Eu não diria [que o Mötley Crüe arrasou o Kiss], porque os fãs do Kiss são tão fanáticos que, se você está em um show do Kiss, é bem provável que 95% das pessoas foram lá para ver o Kiss. Eu não diria que foram muito melhores que o Kiss, mas era o começo do Mötley Crüe. Foi a primeira vez que os vi. Eles pareciam malvados, maliciosos. Estavam ávidos, eram jovens, e faziam bons shows.

LORETTA CARAVELLO: Foi a maior plateia da carreira deles [quando tocaram três shows gigantescos no Brasil, nos dias 18, 23 e 25 de junho]. Novamente, Eric achou que foi fenomenal. Ele guardou camisetas de lá. Ele tem muitos suvenires e coisas do tipo.

MARK WEISS: Meu primeiro estúdio em Nova York ficava a uma quadra do Garden, e eles foram uma das primeiras bandas a entrar no meu estúdio. Eles chegaram lá sem maquiagem. Eu fiz uma das primeiras sessões fotográficas deles sem maquiagem – estavam brincando e escondendo o rosto um pouco. Antes disso, na revista *Circus*, eu sei que Gene e Paul foram entrevistados por Gerald Rothberg e não estavam com maquiagem, mas esconderam o rosto um pouco. Eles estavam quase prontos para serem desmascarados, mas queriam provocá-lo. Mas eu também os fotografei quando ensaiaram no SIR. Lembro de uma foto específica em que Eric está segurando um bolo de aniversário. Algum fã deu o bolo. Tem um coelho grande no cartão. Dizia algo sobre dar abraços, alguma coisa fofa. Tenho muitas fotos assim – com eles conversando, ensaiando, fazendo poses para gravar clipes. Acho que sou o único fotógrafo que fotografou todas as formações da banda.

MICHAEL JAMES JACKSON: Vinnie tinha ficado mais "Kisstorizado". Ele se adaptou para ser um integrante do Kiss, mas a ideia de poder mudar o estilo musical da banda, que ele ainda via como uma possibilidade na época, já tinha sido descartada. Ele aceitou os fatos – "Este é um disco do Kiss" e "Esta é uma carreira com o Kiss", e ele precisaria se adaptar para se encaixar nesse molde. E ele conseguiu.

Foi o mesmo procedimento [para gravar *Lick It Up*], gravamos a bateria com uma versão básica da guitarra e continuamos a partir da bateria. *Creatures* foi uma experiência única e o som de bateria pelo qual *Creatures* é tão famoso foi uma experiência única. Para tentar replicar isso, precisaríamos voltar ao mesmo lugar e usar os mesmos microfones. Minha tendência era gravar a bateria de um jeito que não tinha sido feito antes. Eu usei microfones Telefunken 251 e os coloquei por toda a bateria. É um tipo de microfone bem raro – deve ter uns 700 deles no mundo, no máximo. Mas eu captei um espectro amplo de sons graves. Fiz a mesma coisa com *Lick It Up*. Era apenas o meu jeito de fazer as coisas. No entanto, para fazer *Lick It Up* ter o mesmo som que *Creatures*, precisaríamos gravar no mesmo estúdio, sob as mesmas circunstâncias. E, mesmo assim, não seria a mesma coisa. Mas ficaria mais parecido. *Lick It Up* foi gravado no Right Track Studios, em Nova York – passamos muito tempo gravando a bateria. Foi um disco divertido de fazer.

LORETTA CARAVELLO: Ele ficou feliz com o disco. Chegou em casa e disse, "Eles vão usar uma música que fiz!". E Gene amou a música ["All Hell's Breakin' Loose", o segundo single e clipe do disco, que foi composto por Eric e os outros três integrantes]. Ela ficou do jeito que ele queria, basicamente.

MICHAEL JAMES JACKSON: Pelo que me lembro, eu estava trabalhando com dois estúdios, mais uma vez. Gravamos no Atlantic e em mais um estúdio, porque estávamos sempre atrasados com o cronograma. Tinha um cronograma contratual que precisávamos seguir e era difícil. Sempre trabalhávamos de 12 a 15 horas por dia, seis dias por semana. Começávamos ao meio-dia e terminávamos às 3h ou 4h da madrugada. Era sempre assim. O terceiro estúdio era um lugar pequeno no centro. Não me lembro do nome dele. Era um estúdio esquisitinho. Gravamos overdubs lá.

LORETTA CARAVELLO: O disco *Creatures of the Night* não fez tanto sucesso, então eles tentaram uma direção nova. Precisavam fazer algo diferente. Decidiram simplesmente esquecer aquela era. Precisavam de algo que os erguesse, então ele nos disse, naquela época, em 1983, que estavam pensando na ideia [de tirar a maquiagem].

CAROL KAYE: Os anos 1980 foram uma época de mudança. Tinha a música new wave, e o Kiss não fazia parte disso. Tinha a MTV, e não passavam seus clipes na MTV... até, é claro, eles revelarem seus rostos.

MICHAEL JAMES JACKSON: Essas conversas provavelmente ocorreram durante as sessões e certamente continuaram depois. Foi uma decisão importantíssima para eles. O Kiss sempre foi uma banda que chocava as pessoas, então, de um ponto de vista estratégico, eles iam jogar aquela carta que sempre ficou na manga deles e aconteceria mais cedo ou mais tarde – fosse naquele momento ou cinco anos depois. Mais cedo ou mais tarde, eles tentariam fazer isso. Mas, por acaso, foi naquele momento da carreira deles, em que eles pensavam, "Chegou a hora. Por que não fazemos isso? Vamos ver no que dá". E você pode ver no que deu. Teve o seu momento. Mas talvez eles tenham se tornado "apenas uma banda".

CHARLIE BENANTE: Acho que, depois disso, eles se conformaram em ser um tipo diferente de banda e simplesmente ficaram assim. Acho que, se eles ficassem com a maquiagem por mais alguns anos, tudo voltaria ao normal. Não sei. Acho que os caras estavam buscando o próximo passo que os colocaria de volta na frente do público.

CAROL KAYE: Eu achei ótimo. Achei que estava na hora de fazerem aquilo. E olha todo o sucesso que eles tiveram, com aqueles discos sem a maquiagem e as turnês com ingressos ainda esgotando. Estava na hora.

TY TABOR: Eu me lembro de pensar que eles precisavam de um empurrãozinho e pensei, "Boa jogada". Parecia que estava na hora de algo acontecer.

BOBBY BLOTZER: Achei que foi uma boa hora para fazer a mudança. No fim das contas, foi como se a Heinz tirasse o seu nome do rótulo de ketchup e usasse o nome "Springfield Ketchup". As pessoas não querem um ketchup chamado Springfield. *Elas querem o Heinz.* O Kiss é inseparável da maquiagem do Kiss e é isso que as pessoas querem.

MARK WEISS: Na minha opinião, o Kiss devia ter continuado com a maquiagem. Quando eles tiraram a maquiagem, fiquei um pouco decepcionado. Achei que Eric ficou com uma aparência melhor sem a maquiagem. Ele tinha mais cara de rock star. Sempre achei que ele parecia um pouco bobo com a maquiagem de raposa. Achava Peter Criss legal com a maquiagem de gato, mas, sei lá... "a raposa" me incomodava um pouco. Era próximo demais do que já tinham feito. Talvez ele não deveria ser um animal.

EDDIE TRUNK: Eu acho que tirar a maquiagem não foi um evento tão grandioso. Quero dizer, eles precisavam de algo. Eles precisavam de um impulso na carreira, sem dúvida. Nesse sentido, foi útil, porque foi o impulso necessário para eles aparecem na imprensa de novo. Mas é importante se situar na época e na circunstância em que isso aconteceu. O Kiss era uma piada e poucas pessoas ligavam para a banda. Lembro que uma das revistas da época até tinha uma foto deles sem maquiagem e a legenda dizia: "Caso alguém ainda se importe, aqui está o Kiss sem a maquiagem". Era assim que a maioria se sentia. Mas eles apareceram na MTV naquele momento e as pessoas ficaram sabendo que eles ainda existiam. E, sejamos sinceros, as pessoas só queriam mesmo ver Gene e Paul, porque o Eric só estava na banda fazia alguns anos e não tinha nenhum mistério ao redor dele. E Vinnie Vincent também estava lá, mas ninguém o conhecia – com ou sem maquiagem. Portanto, revelar Eric e Vinnie não tinha muita importância. No entanto, para os fãs de longa data, ver Gene e Paul era bem significativo.

BOB GRAW: Eu me lembro de ter lido em algum lugar que aquilo passaria na MTV e que eles iam aparecer sem maquiagem. Eu me lembro de passar o dia inteiro esperando para ver o programa, daí eles apareceram. JJ Jackson os colocou sentados atrás de uma mesa e eles mostraram uma foto de cada um com a maquiagem, depois sem. Eu pensei, "Nossa... esses caras *certamente não são* bonitos!". Quero dizer, Eric tinha uma cara de bebê. Ele provavelmente era o único que conseguiria se dar bem com aquilo.

JAIME ST. JAMES: Eu me lembro de ter visto aquilo. Os rostos deles eram basicamente o que eu esperava que fossem, porque, naquela época, eu ainda não os conhecia em pessoa.

NINA BLACKWOOD: O Kiss é o produto com marketing e promoção mais brilhantemente executados de toda a história do rock. Penso neles mais como uma entidade do que uma banda de rock. Tudo que eles faziam era calculado, inclusive o momento que foram "desmascarados". Por algum motivo, essa foi minha era favorita. Eu gostei de ver "os homens atrás da cortina".

MARK WEISS: Eu achei que, quando eles tiraram a maquiagem, ficaram mais musicais. Eles tinham algo a provar e tentaram fazer algo melhor, talvez. Suas músicas ficaram com uma produção mais elaborada. Eles começaram a contratar compositores. Acho que tinham mais a provar. Eles queriam que desse certo, porque estavam seguindo em frente. Estavam tentando ficar na dianteira... mas em outro tipo de corrida.

BOB GRAW: Aquele clipe ["Lick It Up"] passou bastante na TV. Lembro que apareceu no *Friday Night Videos* e naquele programa do Casey Kasem, *America's Top 10*. Passava em todo lugar. Vi aquele clipe um milhão de vezes antes de o disco sair. Lembro que a revista *16* fez uma matéria sobre o Kiss sem maquiagem. Foi um negócio muito importante quando tiraram a maquiagem. Provavelmente foi o que ressuscitou a carreira deles.

NEIL ZLOZOWER: O que eu me lembro é que eles foram a uma estação de rádio em Los Angeles e seria a primeira vez que apareciam sem a maquiagem. Eles foram à estação de rádio e eu fui contratado para fotografar o evento. Eu pude tirar algumas das primeiras fotos deles desmascarados. Uma coisa que ficou na minha memória – o evento era no segundo ou terceiro andar, e Gene estava meio que apoiado numa janela aberta e eu estava a uns 50 metros dele. Tinha uma multidão na rádio, porque os fãs do Kiss são mais fanáticos que os fãs de qualquer outra banda com quem trabalhei. E Gene estava na janela, meio que com o corpo para fora dela, e vi ele jogar algo. Em seguida, algo caiu a menos de um metro de mim, no capô de um carro. Era uma pulseira enorme, de mau gosto; no meio dela tinha uma parte transparente com uma aranha dentro, uma viúva-negra. E eu achei que era a coisa mais legal do mundo. Eu estiquei minha mão e peguei a pulseira, num piscar de olhos. Tinha outras pessoas ao meu redor, mas meus reflexos foram mais rápidos. Eu guardei a pulseira por muitos anos. Um dia, eu pensei, "Quer saber... isso aqui nem é meu. *É do Gene*". Então, um dia, quando eu estava com ele, eu disse, "Ei, Gene, tenho algo seu aqui e acho que talvez você queira de volta". E devolvi a pulseira. Eu mal sabia que, como alguém me contou depois, ele tinha umas 50 ou 100 pulseiras iguais àquela e as distribuía o tempo todo. Mas era bem legal. Era uma viúva-negra dentro de uma bolha de plástico, algo assim.

BOB GRAW: Eu achei *Lick It Up* fantástico. Como eu disse, acho que, com *Creatures of the Night*, eles se dedicaram ao máximo para fazer aquele disco, mas ele não recebeu o reconhecimento que merecia. Mas acho que *Lick It Up* foi tão bom quanto. Não tem nenhuma música fraca nele. Eu não gostei muito do "rap" que Paul Stanley fez em "All Hell's Breakin' Loose". Não fiquei nem um pouco animado quando essa música saiu, mas passei a amá--la. É uma das minhas favoritas do Kiss. O refrão pesado – é uma música inacreditável. Mas, como eu disse, não tem músicas ruins no disco. Muitas das músicas de *Lick It Up* são mais rápidas e pesadas que as de *Creatures of the Night*, como "Exciter" e "Young and Wasted". É mais sujo e cheio de sexo. É um ótimo álbum.

1983

EDDIE TRUNK: Acho que *Lick It Up* não chega nem perto de ser tão bom quanto *Creatures of the Night*. No entanto, tendo em vista que eles tiraram a maquiagem, que "Lick It Up" era uma música pegajosa, e que a MTV tinha começado a concretizar seu formato e ganhar espaço nos lares americanos, tudo conspirou para colocar a banda de volta no mapa. Eu lembro que tinha um anúncio na revista *Billboard* dizendo que *Lick It Up* tinha ganhado o disco de ouro. Foi uma comemoração quando finalmente ganharam o disco de ouro. Eu estava trabalhando em uma loja de discos na época e foi um negócio importante. Mas você ficava pensando que, apenas alguns anos antes, o Kiss ganhava discos de platina – agora, estava comemorando um disco de ouro? Mas isso mostra o quanto eles tinham decaído. Chegar ao disco de ouro foi uma conquista. Tudo se alinhou – o poder da MTV, que tinha despontado na época; o pequeno impulso que veio com a retirada da maquiagem; o fato de que *Lick It Up* era um disco bom e a música era pegajosa. Acho que tudo se alinhou.

MARK ADELMAN: Eu era empresário de algumas bandas em Nova York e um amigo me ligou. O Kiss estava procurando um gerente de turnê. Eu tive uma reunião com o contador ou com os gerentes de negócios, depois com Gene e Paul, e tudo correu bem. Quando percebi, já estava com eles em Portugal, duas semanas depois. Foi a primeira turnê sem maquiagem. [O primeiro show de Mark com o Kiss – que também foi o primeiro da banda sem maquiagem –, em 11 de outubro,] foi empolgante. Foi a primeira vez que eu trabalhei com a banda. Eu me lembro de chegar em Lisboa, e da animação de chegar na cidade com eles e tinha pôsteres pelas ruas, desde o aeroporto até o hotel, mostrando o Kiss sem maquiagem. Era uma loucura.

Eu lembro que Eric logo se tornou um bom amigo meu. Passávamos tempo juntos. Acho que almoçamos juntos no primeiro dia. Não tinha uma separação muito grande da elite – ou seja, Gene e Paul, Eric e Vinnie. Todo mundo se dava bem. Eric tinha um bom senso de humor e uma boa personalidade. Costumávamos fazer piadas sobre ele e todo mundo tinha apelidos uns para os outros. Costumávamos chamá-lo de "Bud Carr Rooney"

– ele era o filho ilegítimo de Mickey Rooney e Buddy Hackett. Sempre fazíamos bobeiras. Nos aeroportos, íamos aos computadores do balcão quando os funcionários não estavam lá, e digitávamos alguma loucura; quando voltavam, era hilário.

Lembro que aquele negócio [o palco com o tanque] era gigante. Era uma bateria enorme. Acho que, no começo da turnê, os caras zoavam ele. Ele fazia o solo de bateria e eles não voltavam na hora certa; ele ficava olhando pra lateral do palco, tipo "Cadê esses caras?". Gene e Paul são caras muito autoconfiantes, e Eric estava lá para trabalhar e era um ótimo baterista. Acho que todo mundo estava animado com o espetáculo todo, incluindo a banda.

BRUCE KULICK: Mais para frente, teve uma ocasião em que eu toquei com eles. Eu estava na lista de guitarristas. Poucas pessoas sabem disso. Uma vez, eu fiz um teste quando eles chamaram mais gente. Imagino, cronologicamente, se esse era o motivo para eles não terem tanta certeza quanto ao Vinnie. [Nota: isso pode ter acontecido entre as datas europeias e americanas da turnê *Lick It Up*, que resultaram na suposta demissão e recontratação de Vinnie pela banda; também pode ter acontecido depois, em 1984.] Não lembro exatamente. Mas foi, tipo, "Venha aqui, toque umas duas músicas o mais alto que puder e saia". Eu não interagi com ninguém, além de ouvir um elogio de Gene, tipo, "Ótimo vibrato". Eu certamente não estava com a atitude correta para ser aceito pela banda naquele momento. E não era uma coisa sobre a qual eu costumava falar.

Eu só me lembro da "história do goulash" [a respeito de ter falado sobre Vinnie com a banda]. Em um país europeu, quando estavam servindo goulash para eles, Vinnie molhava o pão na sopa, mordia o pão, depois molhava o pão de novo. Acho que os caras estavam tentando ensinar bons modos ao Vinnie. Mas preciso dizer que é errado falar sobre isso, porque essa história já é bem antiga. Acho que, de certa forma, como Eric era tão gentil, Vinnie tentava se aproveitar da situação. Primeiro, ele sabia que Eric estava na banda, mas Vinnie não estava, pelo menos oficialmente. "Ei, vamos comer em tal lugar!". Eu ouvia coisas assim, que eles saíam juntos, aí Vinnie dizia, "Eric, você paga a conta, né?". Eu ouvia várias histórias do tipo, que me fazem perceber que, talvez, Vinnie tenha se aproveitado da gentileza de Eric, que era muito generoso.

MARK ADELMAN: Quanto à turnê americana, eu não me lembro dos números exatos, de quantas pessoas foram. Acho que tocamos em lugares parecidos com o Radio City Music Hall – para umas 5.000 pessoas. Alguns com menos, outros com mais. Eu me lembro de uma das primeiras vezes que estive em Los Angeles com eles, e Eric e eu fomos às compras. Compramos blazers e ele usava meu casaco esportivo, e eu dizia, "Vamos lá, eu preciso dele de volta", e ele dizia, "Mas ele fica melhor em mim!". Sempre tínhamos essas brincadeiras. Alugávamos carros e dirigíamos por Los Angeles. Ele tinha duas namoradinhas, eu acho. Éramos caras de trinta e poucos anos nos divertindo, sabe?

BILL AUCOIN: Não, eu nunca vi [um show do Kiss na era sem maquiagem]. Eu nunca acreditei nisso. Eu era uma das pessoas que achava que eles deveriam ter mantido a maquiagem. No entanto, Eric e eu mantivemos contato, principalmente pelo telefone.

1984

BOBBY BLOTZER: Eu os vi uma vez em 1984. Foi em Los Angeles. Achei que foi insano ver o Kiss sem a maquiagem. Achei que tocaram muito bem. Eric era um ótimo baterista, com um ótimo som, e mandava bem com o material antigo. Eu achei que ele era consistente e não dependia de ninguém na banda.

MIKE PORTNOY: Acho que a primeira vez que vi Eric foi na turnê *Creatures of the Night*, depois o vi nas turnês *Lick It Up* e *Animalize*. Eu vi a banda em todas essas turnês e ainda os seguia. Por mais que Peter fosse meu herói no começo – porque foi uma influência enorme para mim –, não havia dúvida de que Eric era o melhor baterista, obviamente. Sua técnica era melhor. Eu fiquei impressionado com o jeito que ele tocava.

MARK SLAUGHTER: Eu conheci os caras quando eles estavam andando pelo Aladdin Hotel na turnê *Lick It Up*. Minha banda estava abrindo para o Stryper e várias outras bandas que passaram por lá na época. Eu dei uma demo da minha banda para Eric Carr. Eis que, anos depois, ele ligou para mim e disse, "Cara, você nem vai acreditar. Eu achei a tua fita demo!". Ele guardava tudo, se apegava às coisas. Ele disse, "Está aqui, bem na minha frente". Minha percepção era que eles faziam um show incrível. Todas as vezes que vi o Kiss, percebi que os caras sabiam animar a plateia.

EDDIE TRUNK: O mais perto que a turnê *Creatures* chegou de Nova York foi em Worcester, Massachussets, que não era muito perto. Fizeram um show no Centrum, em Worcester. Eu tinha planejado ir, mas acabei não indo, porque tive apendicite e fui hospitalizado um dia antes da viagem. No ano seguinte, na turnê *Lick It Up*, eles também tocaram em Worcester [no dia 24 de fevereiro]. Eu fui lá com alguns amigos, porque eu não sabia se eles tocariam em Nova York ou não. Fizemos a viagem e chegamos ao hotel em que nos hospedaríamos. Levamos nosso cooler, umas cervejas e nosso aparelho de som. Chegamos lá por volta das 3h ou 4h e o hotel era logo na frente da casa de shows. Dissemos, "Vamos fazer uma festinha e nos preparar para o show do Kiss". Ficamos todos em um quarto do hotel, com a porta aberta, tocando música e vendo se algum fã passava por lá. E nunca vou me esquecer disso – quem passou por lá foi ninguém mais, ninguém menos que Eric Carr! Todos nós ficamos, tipo, "Puta merda... fala sério!". Como era de costume para Eric, ele foi muito simpático. "Ei, que barulheira é essa? Estou tentando dormir!". Era como se ele fosse um antigo amigo nosso. Mal podíamos acreditar. Ele entrou no quarto, nós estávamos bebendo Michelob e ele tomou uma cerveja conosco. Nós conversamos, tiramos fotos e lá estava ele, algumas horas antes de tocar com a banda, passando um tempo no hotel, porque ele estava hospedado no mesmo hotel. Veio, sentou-se conosco, tomou uma cerveja antes do show e conversou. Isso já diz muito sobre o tipo de pessoa que Eric era. Foi a primeira vez que o encontrei. Não nos tornamos amigos naquele dia, mas foi meu primeiro contato com ele.

BOB GRAW: A primeira vez que vi o Kiss foi na turnê *Lick It Up*, no Radio City Music Hall, em Nova York, e o Accept foi a banda de abertura, em sua turnê *Balls to the Wall*. [O Kiss tocou duas noites, 9 e 10 de março.] Eu fiquei decepcionado de não poder ver o Kiss com a maquiagem, porque sempre tive esse sonho. Mas, toda vez que eu tentava ir a um show deles, algo acontecia. Ainda assim, eu estava animado. Lembro que minha madrasta me levou e nos sentamos na primeira fileira do mezanino, então não tinha ninguém na minha frente. Mas eu me lembro de ver todos aqueles vídeos antigos e de como o palco era grande, com aquelas escadas e o logo enorme do Kiss. E dessa vez o palco era apenas uma versão reduzida. Eles estavam reutilizando o tanque. Mas, além disso, como era no Radio City, não era um palco grande. Eu amei o show. É uma das melhores memórias que tenho, porque foi meu primeiro. Você sempre se lembra da primeira vez. Eric foi ótimo – acho que ele trouxe um som mais pesado ao material antigo. Tipo, quando eles tocaram "Cold Gin", eles aceleraram a música inteira. Ficou mais rápida e pesada e isso certamente foi o que ele acrescentou àquela formação da banda.

LORETTA CARAVELLO: Fomos ao show no Radio City. Primeiro, quando chegamos lá, todo mundo foi muito simpático conosco, e nos levaram aos fundos do Radio City e nos mostraram as passagens secretas. Você nem imagina o que tem lá. Parece *O Fantasma da Ópera*. Os caras nos guiaram e descemos uma escadaria secreta. Foi legal. Éramos uma família enorme – meu pai tem uns 18 irmãos e irmãs e eles tinham filhos, então não era apenas nós, mas a família, fãs e groupies em uma sala enorme. A banda chegou e eles começaram a interagir. Tinha uma mesa de comida enorme no centro. E foi meio cômico. Tinha umas garotas lá... parecia que elas estavam a fim de "se divertir". O que aconteceu foi que elas estavam todas sentadas na frente da comida e, assim que os músicos as viram, eles pediram para [os funcionários do Radio City] jogarem fora toda a comida. Ninguém queria chegar perto daquela mesa [risos]. Você tinha que ver a cara do meu irmão – "Ah, não, elas estão sentadas na mesa, mas tem comida ali". A banda achou hilário. Também tinha alguém lá que sempre achamos parecido com meu irmão – Frankie Banali, o baterista do Quiet Riot. De costas, sempre o confundíamos, toda vez que víamos ele. Nós dávamos um tapinha no ombro dele achando que era meu irmão.

FRANKIE BANALI: Eu cheguei tarde no Radio City e perdi o show, então nunca vi o Kiss ao vivo. Sim, as pessoas vinham até mim e pediam meu autógrafo achando que eu era o Eric. Quando eu dizia quem eu era, felizmente ainda queriam um autógrafo! Eu me lembro vagamente de alguém que foi muito simpático e me abraçou achando que eu era o Eric. Se era alguém da família dele, era muito gentil.

Sinto muito em dizer que só tive uma oportunidade de interagir com Eric. Com o cronograma dele com o Kiss e o meu com o Quiet Riot, nossos caminhos só se cruzaram uma vez. Foi em uma festa de lançamento de um disco do Judas Priest. Aconteceu no navio Queen Mary, que está permanentemente atracado no porto em Long Beach, Califórnia. Eric e eu conversamos sobre bateria. Um fã veio até nós e pediu meu autógrafo. Eu estava me preparando para assinar e escrever "Quiet Riot" quando ele disse, "eu amo o jeito que você toca bateria no Kiss!". Eu olhei para Eric e ele começou a rir. Eu disse ao fã, "Bem, é melhor você pedir um autógrafo para o verdadeiro baterista do Kiss, então", e pisquei para o Eric. Em seguida, Eric disse para mim, "Hoje mesmo, eu dei dois autógrafos para fãs do Quiet Riot antes de eles perceberem que eu não era você". Nós rimos, conversamos um pouco mais, demos um abraço e seguimos com nossas vidas. Mas tenho a memória desse encontro para recordar. E ele era uma pessoa verdadeiramente boa.

LORETTA CARAVELLO: Foi divertidíssimo. Lembro que, quando fomos ao show, o Radio City tinha dàdo uns 30 ou 40 pôsteres para todo mundo e deixamos nossos pertences pessoais lá nos fundos. Quando voltamos, é claro que tudo tinha sumido. Não os pertences, mas os pôsteres – roubaram os nossos pôsteres. Não só da minha família, mas de todo mundo que tinha deixado seus pertences nos bastidores. Eu achei que parecia uma piada de mau gosto, mas vivendo e aprendendo. Existem poucos pôsteres do Radio City no mundo. Acho que só tinha alguns na casa de shows e na vitrine. [Gene e Paul] foram muito respeitosos. Paul era sempre um cavalheiro. Ele falava com meus pais – "Olá, Sr. e Sra. Caravello. Como estão?". Ele tinha uma voz baixinha e suave. E Gene agia como Gene – "Olá", apertava tua mão e falava por uns minutos. No começo, eles socializavam mais, mas, com o passar dos anos, apareciam lá por alguns minutos e iam embora.

CHARLIE BENANTE: A vez seguinte em que os vi foi na turnê *Lick It Up*, no Radio City, com show de abertura do Accept... e eu fui embora no meio. Simplesmente não era o Kiss. Eu apenas não curti.

BOB GRAW: Eu fiquei muito surpreso [quando anunciaram que o Vinnie tinha saído permanentemente do Kiss], porque, como eu disse, ele tinha dado uma vida nova à banda, trazendo um som novo e excitante. Eu fiquei muito triste de vê-lo partir. Na época, eu não entendi. Acho que ouvi a notícia no *Fingers Metal Shop* [um programa de rádio de Nova York], na WBAB. Eu ouvi "Vinnie Vincent saiu do Kiss", ou "Vinnie Vincent foi demitido do Kiss". Eu pensei, "Bem, talvez eles deem sorte e o Ace Frehley volte". Mas isso não aconteceu.

ADAM MITCHELL: Eu sei que eles tiveram muita dificuldade para fazer Vinnie assinar qualquer tipo de contrato com eles. Eu sei que isso durou... na época, parece que durou um ano. Ele não assinava o contrato, mas eu não sabia os detalhes disso. Eles não tinham a união mais harmoniosa do mundo com Vinnie, digamos assim.

BOB KULICK: Se você tem um negócio, como qualquer negócio, e você abre o negócio e o leva ao sucesso, aí contrata alguém para preencher uma vaga, essa pessoa precisa lutar para merecer participar da mesma forma que você, que começou o negócio. Acho que ele começou a pedir demais, cedo demais. E para esses caras que, naquela época, eram mais empresários – ou, pelo menos, empresários e rock stars na mesma medida –, um pedido assim era inaceitável. Não importava o material que ele estava compondo, porque ainda não era aceitável. Portanto, ele precisava ir embora. Foi aí que Gene me telefonou e perguntou, "Você conhece algum guitarrista?". Eu sabia o que *isso* significava [risos].

ADAM MITCHELL: Analisando apenas a sua forma de tocar, Vinnie se encaixava perfeitamente. De verdade. Vinnie tinha tocado com um cara... quando eu estava fazendo meu disco solo, meu baterista, Art Wood, tinha tocado com Dan Hartman. Ele teve um grande sucesso com James Brown, "Living in

America". Vinnie tinha tocado na banda dele e me contava... certa noite, nós estávamos jantando na casa de Art Wood e começamos a falar sobre Vinnie. E ele disse, "Nós estávamos fazendo algum show na Itália, e eu estava no meio da segunda estrofe e Vinnie começou a querer aparecer mais que eu! Ele ficou lá, fazendo algum solo... no meio da segunda estrofe!". O problema de Vinnie... ele não se encaixava com o Kiss. Eu já tinha ouvido histórias sobre Vinnie antes de começar a compor com ele. Não consigo criticar o talento musical inegável dele. Musicalmente, ele é extremamente talentoso. De verdade. Mas pessoalmente... não posso comentar muito a respeito disso, porque eu não o vejo desde aquela época. Eu só compus duas ou três músicas com Vinnie. Musicalmente, ele tinha um talento fenomenal. Paul Stanley te diria a mesma coisa. Mas eles tinham dificuldades significativas com ele enquanto pessoa. Mas, musicalmente, Vinnie é muito talentoso.

LORETTA CARAVELLO: Eric gostava de Vinnie. Dá para perceber nas fotos que ele tirava deles. Ele achava que Vinnie era um ótimo guitarrista. Porém, ele precisava guardar suas opiniões para si, porque ele não podia tomar essa decisão. Mas era necessário fazer o que fosse melhor para a banda. Se Gene e Paul não o queriam lá, era assim que tinha que ser. Ele apenas mencionou que Vinnie estava saindo da banda. Mas, sendo bem sincera, ele não me contou muito – ele tentava não trazer essas coisas para dentro de casa.

BOB GRAW: Faz uns vinte e poucos anos desde a última vez que ouvi esse disco [*WOW*, de Wendy O. Williams, produzido por Gene, contando com participações de Eric, Gene, Paul e até Ace]. Eu me lembro de ter visto o clipe de "It's My Life" no programa *Night Flight*, no USA Network e nem sabia que tinha integrantes do Kiss no disco, até eu visitar uma loja de discos e ver um adesivo na capa que dizia, "Convidado especial: Ace Frehley; participações especiais de Paul Stanley, Eric Carr, Reginald Van Helsing [pseudônimo de Gene]". Eu achei que o disco não era muito bom, mas amei aquela música, "It's My Life".

LORETTA CARAVELLO: "Ain't None of Your Business" não é das minhas favoritas, mas "Legends Never Die" é uma música que eu poderia ouvir 10 vezes seguidas. Acho que é ótima. Acho meio triste, mas é bem tocada. A outra, eu não ligo muito, sinceramente. Ele gostava da Wendy. Tenho um livro de turnê que ela autografou para ele dizendo: *"F'n'roll, Eric, Let's rock! Wendy O"*. Típico da Wendy O. Só acho triste o que ela acabou fazendo – não consigo compreender. [Wendy cometeu suicídio em 1998.] Ela faria sucesso hoje. Acho que esta época seria o momento dela. As pessoas a amariam. Tudo que é velho é novo agora.

BOB GRAW: Acho que eu estava lendo a *Hit Parader* ou a *Circus*, e eles tinham uma citação de alguém dizendo que Vinnie Vincent tinha saído do Kiss e Mark St. John entraria na banda. Na verdade, eles disseram que "Mark Norton" era o novo guitarrista do Kiss. Eu nunca tinha ouvido falar dele. Não sabia quem era, então pensei, "Vamos esperar para ver".

MICHAEL JAMES JACKSON: Nessa época [do *Animalize*], já tínhamos consolidado uma boa noção de trabalho em equipe. Foi nosso quarto disco juntos e eles já estavam acostumados ao meu método de gravação. Eu fazia tudo de forma muito organizada. Portanto, gravamos tudo da forma que normalmente fazíamos. Novamente, tudo foi feito com base na bateria – tudo construído ao redor de Eric. A coisa mais importante que eu sempre dizia sobre Eric é que ele se importava de verdade. Ele amava o Kiss intensamente. Era uma daquelas pessoas que, se pudesse escolher um sonho para realizar, seria exatamente o que ele estava fazendo com o Kiss. Poucas pessoas têm esse luxo. Eu respeitava sua dedicação. Eu respeitava como ele protegia ferrenhamente a percepção que ele tinha do Kiss e acho que era um cara muito bondoso.

BRUCE KULICK: Eu passei por lá [durante a gravação de *Animalize*], e só Paul e eu estávamos no estúdio. A única coisa que eu ouvi foi, "Não estou contente com o que Mark fez nisso aqui. Você tem uma guitarra com uma [alavanca] Floyd Rose?". Eu disse que sim. Em vez de convidarem meu irmão, eles me chamaram, o que foi ótimo. Mas eu não interagi com ninguém além de Paul. *Animalize* foi parecido com o disco *Sonic Boom* [2009], no sentido de que Paul estava no comando. A sessão foi boa, e eu fiquei feliz por finalmente fazer algo como o que meu irmão fazia. Antes de eu sair, Paul me disse, "Não corte o cabelo". Eu *não tinha a mínima ideia* de por que ele disse isso, porque ainda estava na altura do ombro. Mas, obviamente, Paul já estava pensando no futuro.

MICHAEL JAMES JACKSON: Passei algum tempo com Mark St. John, mas não me lembro de muito. Lembro que era um cara legal.

BRUCE KULICK: "Lonely is the Hunter" e um trechinho de outra música ["Murder in High Heels"], mas ele só precisava de uns dois riffs.

MICHAEL JAMES JACKSON: Eu gravei e editei as faixas [de *Animalize*], porque eles já estavam acostumados com o meu jeito de trabalhar. Eu tinha uma forma específica de editar as músicas. Eu fazia muitos recortes e encaixes. Portanto, garanti que todas as faixas ficassem do jeito certo. Mas não terminei o disco. Na época, tínhamos alguns desentendimentos que precisavam ser resolvidos e não se sabia ao certo quando isso aconteceria. Alguém me ofereceu outro projeto e aceitei esse outro projeto. Mas os desentendimentos que tivemos foram tão significativos que a minha saída foi a decisão mais apropriada. Então Paul e Gene terminaram o disco. Digamos que foi uma questão contratual. Eu mantive uma amizade próxima com Paul e certamente continuei amigo de Gene. Tivemos uma boa sequência de discos, e foi uma experiência ótima. Se a oportunidade [de trabalhar novamente com o Kiss] surgisse, seria perfeitamente aceitável. [Eric] me ligava de vez em quando e nós conversávamos. Continuamos nos falando.

BOB GRAW: Eu amo *Animalize* porque é rápido e pesado. Mark St. John era quase como um clone de Vinnie Vincent. Ele tocava de forma rápida e técnica. Mas aquele disco tinha algumas das melhores músicas do Kiss dos anos 1980 – "Heaven's on Fire", "Under the Gun", "Thrills in the Night".

"Under the Gun" [faixa em que Eric teve coautoria com Paul e Desmond Child] é pesada e rápida. Como faixa de rock, ela detona e Eric toca com tudo nela. É uma ótima faixa de heavy metal. A bateria de Eric em seus três primeiros discos com o Kiss – esqueça *The Elder*, nem precisa contar –, que foram *Creatures*, *Lick It Up* e *Animalize*, tem um som fantástico. Não sei quem foi responsável por configurar os microfones da bateria dele, mas o som da bateria fica bem na tua cara nesses três discos. São meus três discos favoritos da era Eric Carr.

O clipe de "Heaven's On Fire"... com Paul pulando por aquele aro? A banda dubla a música no palco e o clipe fica mostrando imagens deles em um quarto de hotel com um monte de mulheres lindas. Lembro que o Eric aparece debaixo de uma mesa nesse vídeo, beijando uma garota. Ele olha para a câmera e canta a letra da música. Em um certo ponto, ele sai de trás da bateria, pula nas costas do Paul e canta mais um trecho. É um clipe bom para a época. E o Eric está usando um macacão com estampa de oncinha no clipe!

BRUCE KULICK: Paul certamente ficou animado que o novo disco teve um sucesso – "Heaven's on Fire". Acho que *Lick It Up* foi um bom ponto de partida para o retorno deles. Parecia que o momento era certo para eles começarem a se reestabelecer. Mas, novamente, tinha toda a atenção gerada pelo fato de eles se tornarem uma "*hair band*", em combinação com o que estava acontecendo na MTV. Eles fizeram clipes ótimos. A oportunidade estava lá para as pessoas começarem a gostar do Kiss sem maquiagem, apesar de ser difícil para alguns fãs novos do Kiss imaginarem isso agora – talvez se eles tivessem sido expostos à banda uns 10 ou 15 anos antes. Se você é um dos fãs novos, talvez não entenda o quão importante foi o Kiss sem maquiagem. Foi uma oportunidade de crescimento, e, sim, teve aquele momento em que Gene tentou trabalhar em Hollywood e Paul sempre garantiu, "Estou de olho na estrada, tudo vai dar certo. Eu dirijo". E foi o que ele fez. Paul certamente tinha uma visão forte para a banda. Ambos trabalharam bastante, então era um negócio, tipo, "OK, quem que vai assumir o comando?". Apesar de nem sempre eles concordarem, é claro, mas sabiam como trabalhar com afinco. Aprendi muito com eles.

NEIL ZLOZOWER: Eu fui contratado para fazer o principal ensaio fotográfico deles com Mark St. John. Depois, eles gravaram um clipe em algum lugar com Mark St. John. O curioso é que, pelo que eu lembro, Mark já exibia sinais de sua doença. Ele só conseguia ficar de pé ou fazer qualquer coisa por curtos períodos. Lembro que fui até Paul e disse, "Paul, não se ofenda, mas você vai levar esse cara na turnê? Como isso vai funcionar? Ele mal consegue gravar um clipe, que dirá fazer shows". Então eu meio que duvidei da decisão deles.

LORETTA CARAVELLO: Eu só me lembro dele dizendo como as mãos [do Mark] estavam inchadas e que tinham que se livrar dele. Sabe-se lá o que aconteceu com ele, coitado. Na verdade, no CD que estou lançando, tem uma música que Mark me deu, composta pelo meu irmão, que ele deu a todos os integrantes do Kiss, mas nunca foi gravada. Então pegamos essa música e estamos juntando faixas assim. Mark ia tocar nessa música, mas ele faleceu [em 5 de abril de 2007, de hemorragia cerebral]. Ele era um cara legal.

BOB KULICK: Paul ligou para mim em Londres, enquanto eu trabalhava com o Meat Loaf. Ele perguntou, "Você tem o número do Bruce?", "É claro. O que está acontecendo?", "Então... Mark St. John tem um problema". Aí meu irmão me telefonou e disse, "Paul acabou de me ligar. Você sabe o que está acontecendo, né?". Cerca de seis semanas depois, ainda estava em Londres com o Meat Loaf e eles estavam vindo para tocar! Eu pude ver os primeiros shows que meu irmão tocou com a banda, naquela turnê pela Inglaterra.

MARK ADELMAN: Foi bem constrangedor. Acho que Bruce estava lá como músico de reserva e Mark ficava assistindo ao show enquanto Bruce tocava. Foi a coisa mais bizarra que eu vi.

BRUCE KULICK: Foi fácil tocar com eles em 1984, quando perguntaram, "Você pode ser o substituto?". Na época, eu já estava mais experiente. Eu tinha mais confiança e eles precisavam de mim [risos]. Então, além daqueles dois breves encontros – tocar em duas músicas e ver ele no sofá –, eu não conhecia Eric tão bem. Então, em questão de três meses, eu fui de "músico fantasma" no disco *Animalize*, com Paul me pedindo, "Não corte seu cabelo", e eu imaginando, "O que ele quer dizer com isso?", para aquela ligação, "Precisamos que você venha para a Europa por pelo menos duas semanas, talvez mais". Eles me explicaram o esquema e obviamente fiquei em êxtase, porque, mesmo que colocasse apenas "duas semanas com o Kiss" no meu currículo, já seria a maior coisa do mundo para mim. Eu não sabia que essas duas semanas virariam *12 anos*, mas foi o que rolou.

Eu lembro que perdi alguns dos ensaios porque machuquei meu braço. Quando fiquei pronto para ensaiar, já estava quase na hora de começarmos os shows, acho que faltavam uns 10 dias. Mas eu já conhecia as músicas muito bem. Não me lembro bem de como era ensaiar com Eric nessa época. Quando começamos a turnê, aí sim o conheci de verdade. Era nessas horas que andávamos de limusine, viajávamos juntos e conversávamos. Mas lá estava eu, levado à Inglaterra às pressas, na primeira classe, viajando com o Kiss. No primeiro show, minhas pernas estavam tremendo, eu estava tão nervoso. Mas eu fui até o fim e toquei bem. Achei que tudo estava um pouco rápido, mas era um indício daquela época, não sei bem o porquê. Mas eu claramente entendia a hierarquia da banda, onde Gene e Paul – e sua natureza competitiva – ficavam acima de Eric. Talvez Eric ficasse um pouco acima de mim, mas ele ainda era um "músico contratado". E eu era um "músico contratado temporário" [risos], mas estava realizando um sonho.

Nessa turnê, Gene e Paul sempre pegavam uma limusine juntos após o show. Eu ficava com Eric e, muitas vezes, ouvia ele reclamando. E eu fiquei meio decepcionado com isso. Ele provavelmente tinha razão de reclamar sobre como a banda estava sendo gerenciada, ou seja lá o que o estivesse incomodando na época. Mas, fala sério, *estávamos no Kiss*. Tínhamos acabado de tocar um show esgotado, estávamos andando de limusine e íamos para o melhor hotel da cidade. E, modéstia à parte, tocávamos bem. Então, relaxe. Era como se ele jogasse um balde de água fria em mim. Agora, anos depois, conforme eu fui passando por essas coisas que acontecem quando você já conhece a situação mas não se sente incluído e não sabe bem o que pode ou não pode dizer... mas, de novo, todas essas situações no Kiss se resumiam a, "Como você vai lidar com isso? De acordo com sua personalidade, como deve reagir?". Claramente, você está trabalhando para alguém. E, de certa forma, isso é saudável para a banda, porque, se todo mundo se achasse igual, isso poderia causar muitos problemas. Quando há uma hierarquia natural, todo mundo faz seu trabalho. Ou você faz o trabalho, ou não faz.

Portanto, eu tive um pouco de dificuldade para me aproximar de Eric, porque o via como alguém negativo. Mais uma vez, eu sei muito bem – e entendi, anos depois – o que o incomodava tanto. Mas é uma coisa da vida – e eu sou tão culpado de fazer isso quanto qualquer outra pessoa –, às vezes você não consegue evitar e vê o copo meio vazio ao invés do meio cheio. E ele escolheu fazer isso. E dava para ver que eu estava entrando nessa situação, mesmo que temporariamente, dizendo, "Eu queria que ele parasse. Isso é ridículo". Após um tempo, ainda naquela turnê, no banco de trás de uma bela limusine na Inglaterra, sei que eu disse, "Você sabe quantos caras dariam um rim para estar nessa banda? Pare com isso!". Não lembro se ele respondeu, ou sequer entendeu. Não lembro [exatamente o que o estava irritando naquele dia]. Era o drama típico de quando você sente que sua opinião não importa. E eu pude sentir isso na pele, por exemplo, quando me deram um retorno sem fio para usar no palco, mas era velho e ficava falhando no meio do show, era muito frustrante. Aí a banda de abertura era o Bon Jovi e ninguém os conhecia na época, mas o equipamento deles era novinho em folha. E eu ia nos bastidores e reclamava do meu equipamento pro Gene e ele não ligava. Ele certamente me ouviu, "Por que a banda de abertura tem equipamento melhor que o nosso? *Nós somos o Kiss*". Mesmo assim, ele não ligava. Então, pode registrar isso na coluna, "OK, eu entendo". Gene tinha seu ponto de vista, e eu tinha meu ponto de vista, mas Eric talvez precisasse de algumas coisas para ficar em sua zona de conforto, e Gene não estava disposto a dar isso para ele.

MARK ADELMAN: Bon Jovi era nossa banda de abertura. Lembro que eles eram uma banda bem pequena e era óbvio que eles fariam muito sucesso. Lembro que eles estavam na Noruega, passando na frente de um McDonald's, e batiam na janela, porque não tinham dinheiro para pagar por seus hambúrgueres e batatas fritas. Então entrei lá e comprei os lanches para eles. Eu deveria ligar para eles agora e perguntar se topariam comprar hambúrguer e batata frita *para mim*. Mas era divertido passar tempo com o Bon Jovi. Eric era amigo de todo mundo. Sei que ele e Tico [Torres] tinham uma amizade próxima, porque os dois eram bateristas. Era uma época bem gostosa. Ninguém tinha o ego inflado. Gene e Paul, apesar de serem grandes astros do rock, eram bem acessíveis.

BRUCE KULICK: Eu ainda era o cara tirado da obscuridade, apesar de já ter tocado com Meat Loaf, Michael Bolton e Billy Squier, e lá estava eu, tocando guitarra solo no Kiss... por isso, eu não queria que ele jogasse aquele balde de água fria em mim. E o engraçado era que ele gostava de fazer aquele papel de "pirralho" da banda. E Gene e Paul certamente são os "pais" da banda, porque eles *são* o Kiss. Tudo que dá certo no Kiss, de uma forma ou de outra, é um reflexo deles. E, quando não dá certo, é um reflexo deles, não de outras pessoas. Então eles são bem "paternais" e ficam no controle da situação. Naquela época, apesar de eles ainda terem muito a aprender em termos de negócios – eles passaram por muita loucura nos anos 1980, foram gerenciados por outra empresa... bem, teve um ponto em que eles se livraram da empresa que cuidava deles na época em que entrei na banda. Eric tinha suas necessidades específicas, mas não acho que ele estava infeliz o tempo todo. Só que meu ouvido era muito bom para ouvir reclamações! E Eric era o melhor com os fãs, e tocava com tudo. Mas essas reclamações durante a minha primeira turnê meio que me incomodaram. Após um tempo, ele percebeu que eu não estava tentando defender Gene e Paul, apesar de ele me acusar de fazer isso, alguns anos depois, quando eu estava apenas "defendendo" a ideia de não querer ficar chateado com uma coisa que eu não podia mudar.

E é importante que todo mundo entenda isso. As reclamações podiam ser importantes para ele, mas não eram realistas. A única escolha que ele

1984

tinha era dizer, "Não estou feliz. Não quero mais tocar nesta banda". Às vezes, quando você diz isso para alguém que é seu chefe, eles melhoram a sua situação. Ou não. Mas, até você estar pronto para dizer isso, ou você está nessa situação, ou não está. E não acho que preciso defender o fato de Eric não estar feliz. Quero dizer, alguma vez o Peter foi feliz? Ace foi feliz? Tenho que admitir que, na maior parte do tempo, eu estava feliz, apesar de ter minhas dificuldades e frustrações. Mas não acho que fiquei tão infeliz quanto os outros três integrantes que acabei de mencionar. Mas, pensando bem, acho que minha personalidade era mais compreensiva, tipo, "As coisas são assim. Veja como a banda tem obtido sucesso desse jeito. Quem sou eu para reinventá-la? Não sou o fundador desta banda".

Mas teve um fato crucial que aconteceu durante aquela turnê, uma coisa doida. E sei que deve estar gravado em algum lugar. Mas, como eu disse, ele queria ser o "pirralho" da banda, sabe, e Gene e Paul sempre são cuidadosos quanto ao que dizer para jornalistas. Apesar de que, hoje em dia, Gene usa Twitter, então, o quão cuidadoso eles podem ser? Também teve o reality show [*Gene Simmons: Joias de Família*], que era uma forma de entretenimento, é claro, mas ele mostrou lados dele que ninguém conhecia. Mas naquela época, os jornalistas não eram amigos deles, no geral. Tinha uma garota muito bonita que trabalhava para a *Melody Maker* e foi esperta o suficiente para entrar no quarto de Eric e conseguir uma entrevista com ele. Aí ela o convenceu a entrar na banheira, num banho de espuma, com uma taça de champanhe, algo assim, e ela tirou fotos dele. Só que a *Melody Maker* não é exatamente uma *Kerrang!*, e publicaram um artigo tirando sarro dele. Tinha a foto dele seminu na banheira. E a garota nem dormiu com ele. Acho que ele entrou na banheira para ser engraçado, excêntrico, fofo... e, quem sabe, para transar com ela. Quero dizer, Eric certamente era capaz de se esforçar para receber atenção, especialmente em uma situação com uma garota bonita. Por que não? É rock 'n' roll. Qual é o problema? Ele estava lá, fazendo turnê na Inglaterra, se divertindo.

Quando a matéria saiu na revista, Gene e Paul ficaram *muito* putos com ele. E eu só fiquei observando. Fazer aquilo na frente de uma garota era uma coisa, mas fazer pose para a foto era pedir para se dar mal. E foi um momento que demonstrou aquela atitude, "Vou ser o garoto mal-educado". Foi tão ruim quanto algumas das situações constrangedoras que outros integrantes causaram para Gene e Paul? Não. Ainda assim, eles provavelmente ficaram em uma situação em que tinham o poder de deixá-lo se sentindo mal, e ele voltou a ficar infeliz. "Ah, agora eles ficaram putos comigo." Mas veja como ele criou essa situação. Eu achei hilário, mas era inacreditável. Adorei a história toda. Sejamos sinceros – toda banda tem seus dramas. Você nem precisa procurar. Eu tenho aquela foto em algum lugar – apareceu no documentário *Kisstory*.

BOB KULICK: A tensão – ou a *frustração*, para usar um termo mais apropriado – era que ele queria contribuir mais do que podia. Era uma frustração constante para ele, como seria para qualquer pessoa. E como foi para meu irmão, porém um pouco menos, porque, por algum motivo, ele não era tão sensível. Tipo, Eric aparecia com alguma coisa – "Tenho uma ideia para uma música". Mas esses caras que tocam em bandas – não apenas Gene e Paul, mas todo mundo –, a pressão disso tudo e o senso de humor que você precisa para não enlouquecer, se alguém diz, na brincadeira, "Isso é uma merda", pode ferir os sentimentos de alguém. Infelizmente, acho que Eric levou muitos desses "comentários na brincadeira" a sério, ao invés de apenas dizer, "Seus filhos da puta, será que não podem ser mais legais? Se não gostam, podem dizer que não gostam. Não precisam me insultar". Mas é assim que as coisas são. Você critica, [então] tem que aguentar as críticas. E ele sabia criticar muito bem, pode acreditar. Às vezes ele tirava sarro de mim. Eu respondia, "Saia daqui, você e esse cabelo aí". Fazia parte do negócio.

MARK ADELMAN: Era divertido. As pessoas os viam [sem maquiagem], não tinha mais aquele mistério deles entrando e saindo dos lugares com maquiagem. Eles podiam apenas sair do quarto do hotel e tinha fãs lá. Era diferente e aceitaram o fato, "Isso pode dar certo". Quero dizer, 15 anos depois eles já estavam com a maquiagem de novo.

1984

JACK SAWYERS: Eu cresci em South Jersey e nossa casa de shows principal era o Spectrum, na Filadélfia. De vez em quando, o Kiss passava pela cidade. Às vezes, era numa quinta-feira ou sexta-feira. Mas eu lembro que, nas noites em que eles tocavam, alguns de nós faltávamos na aula e pegávamos o ônibus até a Filadélfia, de manhã, e ficávamos esperando o dia inteiro, porque geralmente ficávamos na pista. Eu acho que o primeiro show do Kiss que eu vi com Eric foi na turnê *Animalize* [em 25 de novembro] e foi lá que minha história com Eric começou. Na época, eles tinham aquela situação louca, com Mark St. John assistindo na lateral do palco e Bruce tocando. Era meio esquisito. Acho que foi a primeira vez que vi Bruce Kulick tocando.

Mas o legal foi que, antes do show – chegamos lá bem cedo –, percebi que os ônibus deles tinham chegado. Os letreiros eletrônicos dos ônibus diziam "Procuram-se Mulheres". Acho que era o lema deles na época. Em vez de dizer "Toledo, Ohio", ou o lugar para onde iam, o letreiro dizia "Procuram-se Mulheres". Mas eu conheci Eric perto desses ônibus, nos fundos da casa de shows. Ele sempre foi tão educado. Lembro que estava um pouco frio naquele dia. Então conversamos com Eric umas duas vezes e ele ia e voltava, entre o ônibus e a casa. Ele aparecia, nos via e dizia, "Ah... vocês de novo!". Porque ainda não tinha muita gente lá. Então ele parava, conversava conosco de novo e autografava coisas para outras pessoas que estavam esperando. E o dia foi passando. Acho que ele nos viu tantas vezes antes do show que, quando ele acabou, imediatamente fomos ao local onde estavam chamando algumas pessoas para ir aos bastidores. Ficamos lá, esperando, e Eric passou por nós. Ele era o único que aparecia de vez em quando para autografar coisas para as pessoas. Ele me viu com meus amigos e disse, "Ei... vocês de novo! Vocês ainda estão aqui?". E fez um sinal para o segurança nos deixar passar. Fomos aos bastidores, onde estava rolando uma festa pós-show. Foi legal, porque passamos um tempo lá e conversamos um pouco com ele. Aí chegou a hora de ir embora e todo mundo foi para casa.

BOB GRAW: Eu lembro que fui ao Nassau Coliseum [em 21 de novembro] e uma placa dizia, "O show desta noite foi cancelado. Ligue para a Ticketron para reembolsos e trocas". E lembro que fomos buscar informações no dia seguinte, no Walt Whitman Mall, e nos disseram, "Não, foi remarcado [para 26 de novembro]. Paul Stanley está com laringite". E eu perguntei, "Por que não ouvimos falar disso no rádio?". Mas nunca falavam sobre o Kiss no rádio. Nunca tocavam Kiss no rádio. Ninguém recebia notícias sobre o Kiss. Não é como hoje, que você pode usar a internet e ir direto ao site deles. Mas, sim, eu lembro que precisamos dirigir até o Nassau Coliseum. Meu pai e minha madrasta me levaram ao show. Queensrÿche abriu o show. De novo, finalmente, eu os estava vendo em um palco grande. E eles tinham as explosões. Tinham o logo grande do Kiss no palco. Foi muito bom. Mas ainda era um show reduzido. Eles não tinham muitos efeitos especiais no palco. Mas ainda era legal vê-los em um palco grande. Lembro que estavam vestindo roupas com estampa de animal. Mark St. John não tocou nesse show. Ele estava com problemas nas mãos, e Bruce Kulick acabou tocando.

BRUCE KULICK: Minhas duas semanas viraram seis semanas e eu comecei a achar um ritmo com os caras. Lembro que a única vez que fiquei extremamente nervoso foi quando toquei em Wembley, que era um grande negócio para mim. Eu sei que Gene e Paul estavam felizes comigo e me sentia ótimo com isso. Os fãs na Inglaterra sabiam quem eu era, porque a *Kerrang!* saía com mais frequência, enquanto as revistas americanas estavam dois ou três meses atrasados com as notícias. De repente, estávamos de volta aos EUA, ensaiando em Allentown, Pensilvânia, com o show grande da turnê *Animalize*. O álbum já tinha ganhado o disco de ouro. Tudo estava dando certo para nós. Mas... como eles lidariam com Mark St. John? Eu ainda era apenas o "músico substituto". Bem, ele aparecia nas fotos do livro da turnê e não sei se isso era uma questão contratual ou não. A mão de Mark tinha se curado, e eles queriam que ele visse o show. Mas eu estava em vantagem, porque já tinha feito uma turnê com eles. Lembro que ouvi, por acaso, Gene na limusine comentando sobre uma gravação da banda – ele estava ouvindo para ver como estávamos –, e ele ficou muito satisfeito e me elogiou. Eu fiquei muito animado. Quero dizer, eles nunca faziam questão de elogiar ninguém, mas eu me senti no direito de pensar, "Vamos ver no que dá". Mas eu tinha uma atitude bem saudável enquanto Mark ainda viajava conosco, porque eu sabia que a situação estava fora do meu controle. Eu não ia fazer como aquela patinadora de gelo que mandou quebrar os joelhos de outra patinadora [risos]. Aquela situação entre Nancy Kerrigan e Tonya Harding. Mas, potencialmente, poderia ter sido uma coisa terrível e competitiva. Eu até costumava fazer umas jams com Mark, porque era um comportamento saudável. Mas não demorou muito até eles perceberem que estava na hora de mandar Mark para casa.

Eu estava no meu quarto de hotel e Paul me ligou de seu quarto, informando que eu era o novo guitarrista. Já era previsto. Não precisava ser um médium para saber que aconteceria. Eu sabia que eles não ficaram felizes na principal oportunidade que lhe deram, acho que ele tentou ofuscá-los um pouco. Sempre achei que Mark era um guitarrista muito talentoso, mas que não era o cara certo para a banda e que foi contratado pelos motivos errados. Eric nunca teve opinião sobre ele. Eric costumava falar muito sobre Vinnie, na verdade. Porque Vinnie o seguia e pedia para ele pagar suas contas em restaurantes e acabou virando amigo dele. Bem, eles eram os italianos da banda. Eric me contou muitas histórias engraçadas sobre Vinnie, coisas engraçadas que faziam na turnê. Mas Eric não tinha quase nenhum relacionamento com Mark. Era meio esquisito. Mark certamente era o que não pertencia ali, e era uma situação muito incomum. Mas eu não sei se era por motivos contratuais ou se era, "Ei, contratamos esse cara, falamos tão bem dele... e nem vamos dar uma chance?". Mas não teve nenhum anúncio da troca, do mesmo jeito que quando Tommy [Thayer] entrou no Kiss não houve anúncio. Seja cuidadoso quando anunciar um novo integrante. Se o cara cair, o cara que vier em seguida não vai receber *nenhum* anúncio [risos].

LORETTA CARAVELLO: Além de Gene, Bruce também era um bom amigo dele.

MARK ADELMAN: Bruce também era muito simpático. Éramos um bom grupo – eu, Bruce, Eric, Gene, Paul e nosso contador, Chris Lendt. [Lendt] fazia os cálculos e eu gerenciava a turnê.

BRUCE KULICK: Eu não tinha um contrato de verdade até eles me pedirem para assumir a vaga de vez. Antes, eu era apenas um funcionário, tinha um acordo com eles. E Eric sempre teve um contrato. Eles queriam que eu nunca soubesse o que estava no contrato do Eric e que ele não soubesse o que estava no meu. Uma decisão sábia da parte deles.

BOB GRAW: Sendo bem sincero, nas duas primeiras vezes que vi Bruce, não me apaixonei pelo jeito como ele tocava. Vinnie Vincent, ao vivo, tocava o material do Ace de uma forma completamente diferente. Acho que Bruce tentava tocar as coisas do Ace quase exatamente da mesma forma que ele, mas não conseguia fazer aquele som "sujo". O som do Bruce é muito polido – ele é um músico polido. Tudo o que ele faz é muito técnico, enquanto Ace só fazia bagunça com a guitarra. E é por isso que ele era tão bom. Mas Bruce trouxe um som muito mais técnico, enquanto não tocava um milhão de notas como Vinnie Vincent ou Mark St. John. Era muito técnico e preciso. Durante os três discos seguintes do Kiss, se encaixou perfeitamente com a direção da banda, porque eles queriam um som muito mais polido, parecido com a maioria do rock dos anos 1980. Os primeiros discos com Eric foram mais metal, mas eles seguiram o caminho de muitas bandas dos anos 1980, um som polido, pronto para a MTV, nada assustador.

NINA BLACKWOOD: Particularmente, eu gostava muito da musicalidade inspirada e habilidosa de Bruce, que era mais bem apreciada sem os efeitos e as acrobacias exageradas no palco.

BRUCE KULICK: Eu me lembro de ouvir que Eric conhecia Diana Ross, da época em que ela fazia parte da família Kiss, porque ela namorava com Gene. E ele me contou que ela o convidava para festas na casa dela e ele dizia, "Não tenho certeza se quero ir". E eu ouvia isso e dizia, *Fala sério!* Você tem que pensar se quer ir na casa da Diana Ross em Beverly Hills?".

Era com esse tipo de atitude que Eric mais me impressionava. No entanto, quando você o conhece melhor, entende perfeitamente. Mas, na primeira vez que escuta algo assim, você pensa, "Como assim?". E não vou me lembrar de todas as vezes em que ele viu Diana Ross, mas ele tinha umas histórias engraçadas. Não me lembro exatamente, mas, certa vez, ele estava tentando ser educado com ela e acabou derramando sua bebida nela. Ou não. Só me lembro que ele fez algo e me contou a história depois.

Eu fiquei muito animado [com a gravação do show no Cobo Hall, em 12 de dezembro, que seria lançada como o vídeo *Animalize Live Uncensored*], porque eu não tinha conhecido Diana Ross até então. Eu só tinha ouvido falar da fama dela e tal. Anos antes disso, meu irmão chegou a trabalhar com ela, por causa do Gene, na verdade. Mas lá estava ela, nos bastidores do show em Detroit. Ela me ajudou a colocar as "polainas" nas minhas botas. Eu fiquei pensando, "Meu Deus... Diana Ross está me ajudando. Que loucura!". Mas ela foi legal. Ela é profissional, uma ótima artista e sabia o que estávamos fazendo. Pouco tempo após minha entrada na banda, Gene começou a namorar Shannon [Tweed]. Então eu passei 12 anos com Shannon por perto, o que foi legal; graças ao programa *Gene Simmons: Joias de Família*, estou revendo muitos vídeos antigos, sabe? Eu nem sabia [se Diana Ross gostava da música do Kiss], mas ela nos apoiava demais e era maravilhosa nos bastidores. Eu fiquei surpreso, porque meu irmão tinha tanto histórias boas quanto ruins com ela, mas ele trabalhava para ela. Minha situação era um pouco diferente. Ela namorava com Gene. E era incrível conosco.

BOB KULICK: A única coisa que lembro é o quão empolgados eles estavam com a "novidade", e é por isso que meu irmão, que conseguia tocar o material novo enquanto mantinha um som blues-rock parecido com o do Ace, ficou com a vaga. Enquanto Mark St. John era mais "Eddie Van Halen" e menos "Ace Frehley" e tinha seu problema.

[Bruce trouxe] uma estabilidade que eles nunca tiveram antes, porque, infelizmente, Ace tinha chegado ao ponto em que "a empolgação tinha acabado", digamos assim, apesar de ser fácil dizer, "Como a empolgação pode acabar? Não é ótimo ir lá e fazer aquilo toda noite?". Às vezes, a resposta é "não". Portanto, meu irmão trouxe um entusiasmo e uma atmosfera positiva, enquanto aqueles caras – Gene e Paul – podiam se sentir confortáveis e Eric podia ter um amigo. Como eu te disse, sobre serem farinha do mesmo saco, aquilo nunca mudou. Seja lá quem estivesse no outro saco – fosse Eric Singer e meu irmão, ou Eric Carr e meu irmão –, eram farinha do mesmo saco, e Gene e Paul eram farinha de outro saco.

Quando Bruce entrou na banda, acho que ajudou muito Eric, porque eles formaram uma amizade bem próxima. Acho que Eric conseguiu lidar com a diferença entre o "querer" e o "poder". Quando você quer algo, você idealiza a coisa. Mas, depois que a tem, começa a achar os defeitos. Você já ouviu alguém dizer, "Cuidado com o que deseja". Sabe o episódio de *Além da Imaginação* em que o cara deseja o amor de uma garota, aí ela não o deixa em paz? Depois, o cara quer se matar [risos].

MARK ADELMAN: Lembro que foi muito mais calmo do que eu imaginava que uma turnê com eles seria. Tipo, ao invés de voltarmos ao hotel no fim da noite e ficarmos bêbados, tentávamos descobrir que tipo de sopa eles serviam e se a cozinha ainda estava funcionando. Parecia mais um grupo de vendedores itinerantes que de rock stars.

Quando eu estava lá, não era [tão selvagem quanto uma turnê com o Kiss geralmente é retratada]. Sempre tinha garotas, mas era outra questão se você queria ou não passar tempo com elas. Quero dizer, tinha um integrante da banda – não mencionarei o nome dele, [porque] tenho certeza de que todo mundo sabe quem é – que sempre demonstrava mais interesse pelas garotas grandes, gordas e feias. Mas era um negócio tranquilo. Todos nós tínhamos namoradas em casa. Era um negócio.

Lembro que, quando não estávamos em turnê, Eric ia até minha casa e passávamos um tempo juntos no Village. Bebíamos um pouco demais. Era só diversão, mas, nesse ponto, o Kiss estava sendo revitalizado e ele estava aproveitando aquela "adoração de rock star". Era uma forma de revitalização da banda.

1984

BOB KULICK: A diferença entre uma banda fazendo o show com maquiagem e uma banda sem maquiagem tentando parecer mais musical é como comparar alhos e bugalhos. Dizer, "Bem, meu irmão é um guitarrista melhor que Ace", tudo bem. Mas nunca foi um concurso de quem era melhor ou pior. Era um concurso de quem conseguia entreter mais. Cada banda tinha o seu jeito. Obviamente, a banda original com a maquiagem e aquela pirotecnia toda, o que mais preciso dizer? Como espetáculo, poucos conseguiam fazer melhor que aquilo. Já como banda – fosse com Eric Carr e meu irmão ou Eric Singer –, era uma banda que *tocava* melhor, uma banda *musicalmente* superior. Era uma banda que podia competir melhor com outros artistas da época. É como quando alguém pergunta, "Quem é melhor, você ou seu irmão?". Não tem um "melhor". Somos "diferentes". Eu nunca vi um melhor ou um pior. Você pode fazer isso com um jogador de baseball – "Bem, as estatísticas dele são melhores". É difícil fazer o mesmo com um guitarrista. "O que você tocou afetou aquela pessoa?" "Sim, ela ficou emocionada." "Bem, não foi diferente do que o outro tocou." "Certo. Então, qual a diferença?"

1985

AJ PERO: Eu fui amigo do Eric por anos. Na primeira vez em que o vi, nós olhamos um para o outro e tínhamos uma semelhança. Nós nos demos bem, e as pessoas vinham falar conosco, olhavam para o Eric, olhavam para mim e, às vezes, brincávamos, "Não, *ele* é Eric Carr!". E eu dizia, "Não, *eu* sou Eric Carr!". Fazíamos esse tipo de piada e as pessoas acreditavam. Acho que era no começo dos anos 80. Eu era patrocinado pela Ludwig, assim como ele. Nós nos encontramos algumas vezes em eventos e viramos amigos em 1985, eu acho. Eu estava fazendo uma demonstração para a Ludwig na NAMM Show e o Eric apareceu. Um detalhe sobre Eric, não sei se ele era tímido, mas não era agressivo. Tipo, eu era muito agressivo – eu era bocudo. Nós saíamos, jantávamos junto, íamos a casas noturnas juntos. Sempre fomos próximos.

Às vezes, você encontra pessoas que tocam em bandas grandes e elas se acham mais do que realmente são. Eu? Sim, toco no Twisted Sister e sempre fui respeitado, mas nunca deixei isso subir à minha cabeça. E Eric tinha a mesma mentalidade. Ele tocava no Kiss, mas nunca diria, "*Você sabe quem eu sou?*". Muitos grupos assim chegam nos lugares e dizem, "Vocês sabem quem nós somos? Podemos fazer o que quisermos!". Eric e eu sempre ten-

1985

távamos manter um clima descontraído, sem alarde. Queríamos passar um tempo junto e nos divertir; se alguém chegava para falar conosco, sempre dávamos atenção. Mantivemos contato e sempre falávamos sobre bateria. Ele me perguntava sobre algumas coisas que eu fazia, tipo, "Como diabos você consegue fazer isso?". E eu respondia, "É só você fazer assim".

Eu sempre perguntava para ele, "Quando você toca com esses caras, eles te deixam brilhar ou te seguram um pouco?". E ele não queria falar muito sobre o assunto, mas eu percebia que talvez eles o segurassem. Era como no Twisted Sister – eu fui contratado para fazer um trabalho específico. Eu cresci com os estilos jazz e big band e tocava metal progressivo. Com 14 ou 15 anos de idade, eu tocava Emerson, Lake & Palmer, Rush, Yes. Mas, quando entrei no Twisted, eu tinha que fazer o "negócio AC/DC". O que não era ruim, mas o negócio é que, muitas vezes, os bateristas não veem o talento de outros bateristas, porque eles não têm a oportunidade de mostrar do que são capazes. Nos workshops de bateria, eu podia mostrar isso e o Eric me viu tocando. Ele veio até mim e disse, "Cara... *nossa!* Eu sei que você precisa tocar de um certo jeito nos discos, mas, caralho, você é um monstro!". Era o respeito mútuo que sempre tivemos. E, como pessoa, era um cara muito legal. Ele te daria a camiseta que estava vestindo, se precisasse. Ele daria o mundo para as pessoas que amava. Ele ligava para mim, e conversávamos sobre qualquer coisa. Era legal ter um amigo como Eric Carr.

Estávamos fazendo uma espécie de debate [na NAMM Show]. Ele elogiou meus tênis – eu estava usando Converse. Eu estava falando sem prestar atenção e ele colocou fósforos nos ilhós dos meus tênis, os acendeu e, de repente, eu gritei "*WOOOOW!*". Eu achei que ele ia se mijar de tanto rir. Mas eu me vinguei mais tarde. Ele tinha uma jaqueta de couro bem fina. Na época, eu era bem maior. Eu estava malhando, tinha músculos. Eu vesti a jaqueta e disse, "Nossa, que jaqueta legal, Eric". Ele disse, "Ela serviu em você?". E eu disse, "Não muito". Flexionei meus músculos e rasguei as costas da jaqueta inteira! Ele disse, "Essa jaqueta custou 500 dólares!". Eu respondi, "Bem... *me manda a conta*".

Estávamos na NAMM Show, então a Ludwig nos hospedou em um hotel e nos disse que, no último andar, no restaurante, fariam uma grande confraternização. Eric me encontrou no lobby e nós dois estávamos com aquele visual "rock 'n' roll". Meu cabelo ia até minha bunda e o dele também. Eu estava com minha jaqueta sem manga do Twisted Sister. Entramos no elevador, tinha dois tipos "surfistas" no elevador, dando risadinhas de nós. Eu perguntei para um deles, "Algum problema?". O cara disse, "Já te vi em algum lugar", e o Eric disse, "Sim, sou AJ Pero, do Twisted Sister". "Ah, caralho... Twisted Sister!". E eu disse, "Sou Eric Carr, do Kiss". Eles saíram, fomos até o último andar, saímos do elevador, olhamos um para o outro e gargalhamos.

NEIL ZLOZOWER: Acho que eu fotografei a capa do relançamento de *Creatures of the Night*. Foi no meu estúdio. Bruce já estava na banda nessa época.

BRUCE KULICK: A gravadora queria ganhar dinheiro com o fato de que, de repente, a banda estava vendendo muitos discos. E fazia sentido se livrar da capa com maquiagem e mostrar a "nova banda". Eu não tive participação na decisão e sabia que alguns fãs veriam isso como uma desfeita, mas era uma jogada de marketing. É como nos casos em que alguém faz sucesso com uma música, mas ela não é do disco mais recente – porque apareceu em uma trilha sonora ou algo assim – e, de repente, as vendas disparam. Você coloca uma versão no disco mais recente, para que ele venda mais cópias.

NEIL ZLOZOWER: Eu lembro que eles foram ao meu estúdio [para o ensaio fotográfico do relançamento de *Creatures of the Night*] e, se a memória não me falha, bateristas são sempre os primeiros a chegar nos ensaios. Os bateristas geralmente são os menos importantes da banda. No palco, eles sempre ficam ao fundo – não dá para ver muito deles. Quando você está fotografando uma banda do fosso na frente do palco, com o ângulo da câmera, o baterista fica tão alto que, às vezes, nem dá para ver a cabeça dele. Isso porque, daquele ângulo, dá para ver o bumbo e os pratos, mas, especialmente com o Kiss, o baterista fica tão alto que nem dá para vê-lo.

1985

Pelo que me lembro, Eric foi o primeiro a chegar, e, geralmente, os bateristas são... você não precisa de tantas fotos do baterista quanto do vocalista ou do guitarrista. Especialmente com o Kiss, porque eles têm Gene e Paul e o guitarrista é o próximo. Bruce ficava um pouco abaixo na hierarquia, apesar de eu adorar o Bruce e ele ser um bom amigo meu. Então, os bateristas sempre chegam cedo, mas você não precisa de muitas fotos do baterista. Mas, quando você termina de fotografar, eles começam a perguntar, "Ei, Neil, será que dá para fazer isso? Que tal fazer de tal jeito?". E acho que Eric era do mesmo jeito. Ele meio que esperava que eu tirasse mais fotos dele do que eu precisava. E eu tentei ser gentil. Gene e Paul são muito simpáticos. Eu gosto de tirar sarro deles – é muito fácil tirar sarro deles, porque eles conseguem ser tão arrogantes. É desse tipo de gente que eu mais gosto de tirar sarro. Eu era muito bom em tirar sarro deles, com certeza.

BRUCE KULICK: Só consigo me lembrar do quão empolgante era [gravar o disco *Asylum*]. Alguns anos antes, eu tinha trabalhado em um disco do Michael Bolton no Electric Lady. É um lugar tão mágico, apesar de Jimi Hendrix ter gravado pouco lá. Mas o que importava era que ele tinha construído o lugar. Era especial estar lá. Trabalhamos muito. Era ótimo estar na Eighth Street naquela época. Tinha uma atmosfera legal. Lembro que ainda era um lugar meio "rock 'n' roll". Acho que não é mais. Tinha muitas lojas de roupas legais, e era o Village, que é um lugar icônico. Era ótimo. Eric ficou por lá durante toda a gravação do disco, apesar de a bateria geralmente ser a primeira coisa que é gravada. Tenho umas fotos legais dessa época. Para mim, era esquisito, porque Gene e Paul nem sempre precisavam estar lá ao mesmo tempo, então não sabiam o tanto que eu estava trabalhando. Às vezes, eu acabava trabalhando três semanas seguidas. Mas, ao mesmo tempo, por que eu reclamaria? Eu estava no Kiss, fazendo o que amava – tocando guitarra.

LORETTA CARAVELLO: "King of the Mountain" era uma das músicas favoritas do Eric. Em "King of the Mountain", ele se superou. O som que ele conseguiu nessa música, ele achou parecido com o que fez em *Creatures*.

MARK SLAUGHTER: Quando Bruce Kulick estava na banda, eu amava o som da bateria [naqueles discos]. Eu diria que *Asylum* provavelmente é o que mais gosto, por que tem um jeito mais agressivo. Eric fazia um negócio, ele também tocava um contratempo. Ele tocava um compasso quaternário simples. A melhor forma de descrever é comparando com Charlie Watts e o jeito como ele pulava o um/dois. No dois e no quatro, ele abria o chimbal, e isso fazia parte do seu estilo de tocar. Já o Eric tocava o um/dois e, no dois e no quatro, ele dobrava com o surdo. E era muito legal, porque dava um grave imenso. Ele era um dos únicos bateristas que eu vi que fazia isso conscientemente, durante o show inteiro, para dar um som maior.

BOB GRAW: Produção excessiva. Eu sei que Paul Stanley e Gene Simmons produziram aquele disco e acho que Gene não estava bem concentrado no que fazia. Ele estava gravando um filme na época. Seja como for, até hoje acho o som daquele disco horrível. Conseguiram limpar um pouco quando foi remasterizado. Mas era muito polido e pop. O destaque principal daquele disco é a faixa de abertura, com o solo de bateria de Eric Carr que abre a faixa e inicia "King of the Mountain". É o destaque do disco. Todo mundo diz, "'Tears Are Falling' é o destaque daquele disco", porque tocaram a música na MTV até não dar mais. Ótima música, mas tinha um som muito polido e pop. É um disco aceitável do Kiss, mas não é o melhor deles, nem de longe.

BRUCE KULICK: Bem, quando ficou pronta a arte do disco, que eu achei meio parecida com pop art, acho que nem todo mundo gostou. Mas eu gostei do disco. Achei que tinha umas músicas muito boas. Mas, por algum motivo, não tinha nenhum sucesso que fizesse o mesmo que "Heaven's on Fire" ou "Lick It Up" fizeram pela banda.

CHRISTINA HARRISON: Ainda não temos certeza se Bruce e eu nos conhecemos em 1984 ou 1985. Eu era modelo na época e outra modelo me convidou para ir a uma festa na casa de Peppy Castro. Ele compunha jingles. Conheci Bruce na festa... mas eu não gostava de caras de cabelo comprido, de jeito nenhum – mas isso é outra história. Mas logo começamos a namorar. Depois, sei que Bruce me levou ao SIR Studios e eles estavam ensaiando para uma turnê. Acho que era do disco *Asylum*. Então, ele me levou ao SIR, e me apresentou para todo mundo. E me lembro claramente, como se fosse ontem. Ele disse, "Este é o Eric". Eric estava de pé; ele se virou e estava literalmente – enquanto me cumprimentava – passando laquê no cabelo. E ficou passando aquilo, espalhando em círculos, ao redor da cabeça. Achei que era o cara mais fofo e divertido que já tinha conhecido e era o mais simpático da banda. Ele era muito amigável comigo. Dava vontade de abraçá-lo.

WAYNE SHARP: Eu ainda estava na faculdade e trabalhava ao mesmo tempo. Eu conheci a banda durante aqueles shows [da turnê *Creatures*] e pude trabalhar com o escritório de Howard. Não interagi muito com Howard. Mas a Roseanne Shelnutt, que trabalhava com marketing, eu pude conhecer bem. Aí eles começaram a me contar sobre a outra banda de pop que eles estavam agenciando, uma banda de Los Angeles chamada Candy. Eu também me apaixonei por essa banda e fizemos um acordo com Howard para trazê-la a Nova York por um mês, para tirá-los de Los Angeles, antes de lançarem seu disco, para terem mais experiência em outra cidade. E o que aconteceu foi que eu concluí a faculdade, me formei... nessa época, pude passar mais tempo com Howard, especialmente lidando com o Candy. Ele sempre me disse, "Quando você concluir seus estudos, se quiser um emprego, ligue para mim". Portanto, assim que me formei, liguei para ele. Vi um anúncio que ocupava uma página inteira na *Billboard*, divulgando a turnê que estavam se preparando para fazer. Liguei para Howard e disse, "Vi que você está fazendo uma turnê com o Kiss. Eu me formei. Adoraria saber se você estava falando sério quando me ofereceu um trabalho". E ele respondeu, "Certamente. Vou te colocar na turnê do Kiss". Era a turnê do disco *Asylum*. "Depois, quando terminar, o disco do Candy já estará pronto e você pode ser o gerente de turnê deles." Foi praticamente isso. A turnê começou em Little Rock, mas tocaram em Nova York uma semana antes. Eles ainda estavam fazendo ensaios fotográficos e outras coisas. Nós nos encontramos com a banda no LaGuardia e voamos até Little Rock, e eles fizeram alguns ensaios gerais para a turnê.

BRUCE KULICK: Geralmente, as bandas daquela era pensavam no que queriam fazer [em termos de moda], mas tínhamos ajuda de um *designer* de moda e de alguém que conseguia contratar as pessoas para fazer certas roupas. Então, quando você vê alguma coisa absurda que o Paul está vestindo, ele não comprou aquilo em uma loja local!

WAYNE SHARP: [As roupas] eram bem ridículas. Mas eu tinha 21 anos e era minha primeira vez gerenciando uma banda e saindo em turnê. Além disso, eu era muito fã do Kiss, então qualquer coisa que eles fizessem já bastaria para mim. Mas as roupas... lembro que, em Little Rock, uma das coisas que eu precisava fazer era encomendar uma capa que Gene usaria nos solos de baixo da turnê, algo que mandaram costurar em Los Angeles. E a capa chegou em uma caixa gigantesca. Era *enorme*. Era uma capa prateada enorme que tinha luzes costuradas, umas luzes loucas que piscavam em ritmos diferentes. Ela precisava de tanta energia que não funcionava com baterias. Ela precisava ser ligada na tomada! E devia pesar, pelo menos, uns 20 quilos. Nunca esquecerei de quando ele colocou aquela capa, as luzes do palco estavam apagadas e as luzes da capa começaram a acender e apagar. Aí, quando as luzes do palco se acenderam, Gene estava lá com seus braços cruzados – sabe, aquele olhar que ele faz –, olhando ao seu redor e começou a rir. Ele gargalhou. Aí ele arrancou a capa, fez seu solo e pronto. Foi a única vez que ele usou aquele negócio em um show.

Mas as roupas eram tão ruins. Não tenho certeza se eles sabiam que eram ruins ou não. Quero dizer, a do Paul não era tão ruim, pelo menos para a época. A do Gene era horrível e tenho certeza de que ele seria o primeiro a admitir isso. Nós nos divertíamos muito no camarim antes do show, especialmente com Eric. Eles diziam que Gene parecia Kazan e ele colocava sua "fantasia de Lainie Kazan". E Eric tinha uns *collants* malucos, com cores neon, que eram pintados e tal. Ele só usava isso. Acho que ele também usava shorts de boxeador para tocar... e tinha aquele cabelo enorme. Mas algumas das melhores coisas que aconteceram na turnê, pelo menos para mim, além dos shows, foram os momentos em que eles se preparavam, porque ficavam no camarim fazendo piadas hilárias entre si. Aqueles caras têm um ótimo senso de humor. E Eric era... Gene costumava chamá-lo de "amiguinho". E seu outro apelido era "Bud Carr Rooney". Era tipo seu *alter ego*.

Naquela turnê, quando íamos a cidades onde poucos ingressos eram vendidos, Gene e Paul começavam a provocar Eric. Em uma cidade, estávamos no hotel Fairmount, ou algum parecido, e o salão de eventos do hotel estava recebendo os Platters, mas eles foram anunciados como "Buck Ram's Platters". Eu nem sei se Buck Ram era um integrante original dos Platters ou não, mas ele era o único restante, e todos os outros eram músicos contratados, e ele cantava músicas dos Platters. Então, quando estávamos em alguma cidade com pouca gente na plateia, a piada era, "Eric, daqui a alguns anos, vai ser, 'Uma apresentação especial no Holiday Inn... *Eric Carr's Kiss!*".

MARK ADELMAN: Certamente houve uma queda nas vendas de discos [e] houve uma queda nas vendas de ingressos. Naquela época, o negócio estava mudando e a música daquele estilo não era mais tão popular. Tínhamos a grande atração que era o Kiss desmascarado [nas duas turnês anteriores], então muitas pessoas queriam ver isso. Mas foi um pouco mais difícil na turnê seguinte, o que era esperado de uma banda que já estava na ativa havia 20 anos naquela época.

BRUCE KULICK: As plateias diminuíram e isso foi muito decepcionante para os caras. E, quando eles estão decepcionados, todo mundo sofre. Então, de repente, a equipe diminuía, ou tentávamos achar formas de reduzir o custo da turnê. Tínhamos um ônibus, em vez de viajar de avião. Eu ainda sabia que, por mais que não fosse a notícia que queríamos ouvir, ainda estávamos tocando em arenas, fazendo rock, e os fãs estavam curtindo. E minha atitude era que eu não sabia por quanto tempo eu continuaria no Kiss. Eu pensava, "Talvez a banda dure uns cinco anos". Não pensava que eu ficaria lá por 12 anos e que eles ainda continuariam por mais um milhão de anos. É uma loucura. Impressionante.

SCOTT DAGGETT: Eu estava morando em Chicago na época e recebi uma ligação de uma empresa chamada DV Sound, que trabalha com som para shows. E um amigo meu estava com o Kiss, já trabalhava com eles havia algum um tempo, e eles tinham perdido ou demitido seu técnico de bateria. Na época, acho que eu tinha 19 ou 20 anos. Eles me ligaram e era a primeira banda nacional com quem tive a chance de trabalhar, então, é claro, eu aproveitei a oportunidade. Na época, eu não sabia muito a respeito do Kiss e não sabia nada a respeito do Eric. Eu vi aquela bateria e, até hoje – acabei de fazer uma turnê com o Limp Bizkit –, nunca vi uma bateria tão grande. *Nunca.* Após esse tempo todo, percebo que foi uma ótima forma de entrar no "clube", mas, cara, aquela bateria era enorme. No começo, fiquei bem nervoso. Mas Eric me acalmou. Logo nos tornamos amigos. A primeira impressão foi que eu fiquei intimidado pelo tamanho da banda, pelas arenas e coisas do tipo. Mas me adaptei rapidamente. Os caras da equipe eram fantásticos. Era um grupo incrível.

Os que eu conheci melhor foram Bruce e Eric. Eric tinha um humor inacreditável, era um filho da puta engraçado mesmo. Além do tamanho da bateria, todos os tambores tinham sensores. Então eu passava boa parte do dia apenas montando a bateria. Até a hora do show, literalmente, eu estava configurando a parte eletrônica da bateria. Nosso relacionamento, provavelmente após os dois primeiros meses da turnê *Asylum*, já era uma amizade. Passamos uma eternidade falando sobre o solo dele e como ele seria mudado [nas turnês futuras]. Fomos à fábrica da Ludwig. Ele pagava para eu ir com ele à fábrica e falávamos sobre baterias diferentes lá. A bateria do Eric, para cada bumbo, eles usavam dois bumbos normais, então você pode imaginar, com três bumbos, precisavam usar seis bumbos. Ele era um cliente importante para eles. Era uma bateria absurdamente grande.

JAIME ST. JAMES: Não lembro qual agência cuidava dos nossos shows na época, mas eles nos disseram, "Vocês vão tocar nessa turnê do Kiss. Vamos tentar conseguir isso para vocês". Um ano antes, estávamos em turnê com o Aerosmith e foi ótimo. Eu pensei, "Se conseguir uma turnê com o Kiss logo em seguida, ficarei muito feliz". Tive a sorte de conseguirmos metade da turnê. Acho que o W.A.S.P. fez a segunda metade e nós fizemos a primeira. Para mim, foi um momento brilhante da minha vida – "Acabei de abrir para o Aerosmith... e agora o Kiss? Que doideira!". Foi muito divertido, especialmente para mim porque eu ficava na arena, vendo o Kiss fazer a passagem de som durante a tarde. Paul sempre pegava o microfone e perguntava, "OK, Jaime, o que você quer ouvir?". E eu podia falar *qualquer* música do Kiss que eu quisesse. Eu dizia, "Got to Choose", e eles tocavam, pelo menos o tanto que eles lembravam. Lembro que Eric sempre dizia, "Eu não sei essa!". Aí, na última noite da turnê em que tocamos com eles, Paul disse, "Ei, Jaime, aqui vai uma para você!", e eles começaram a tocar uma música do Black N' Blue chamada "Rockin' on Heaven's Door".

SCOTT DAGGETT: Algumas vezes tivemos discussões, geralmente por causa de problemas com a bateria. Uma noite, quando eu tinha começado a trabalhar com a banda, Eric tinha uns... na esquerda e na direita do palco, acima da bateria, tínhamos uns pedestais para pratos, feitos especialmente para segurar uns... eles eram chamados de pads Simmons na época. Eram baterias eletrônicas, aí, no meio do solo de bateria, tinha uns power chords nelas e ele tocava uma música e tocava a bateria para aquela música. De qualquer forma, elas tinham mais peso na parte de cima que na de baixo. Se você já viu alguma foto daquela bateria, elas eram um pé no saco e eu sempre me preocupava com elas.

Naquela época, antes de existirem aquelas plataformas de metal, em que dava para soldar a própria bateria na plataforma, eu costumava prender a bateria com pregos. Eu era tão paranoico, tinha medo de que as coisas começassem a se mexer e caíssem. Tendo isso em mente, uns caras da equipe me sabotaram uma noite. Não lembro em qual arena foi – mas era um show grande –, e o Eric chegou lá... foi muito dramático. Ele tinha uma caixa que fabricaram especificamente para se encaixar ao lado do pedal do bumbo direito. Provavelmente tinha uns 30 centímetros de altura. Então, após o solo, Eric subia nos dois bumbos, ficava de pé e erguia as baquetas. Mas ele usava essa caixa como um degrau para subir nos bumbos.

Naquela noite, chegamos ao solo de bateria e lá estavam os três pedestais que seguravam os seis pads de bateria eletrônica. E ele começou no lado direito – *bum!* Para a minha surpresa, bem no suporte em que os pads ficavam, eles se desprenderam e caíram. Aí entrei em pânico. Os pads seguintes, assim que Eric bateu neles, também caíram. Os dois últimos pads, Eric bateu e eles caíram. Tenho certeza de que o carpinteiro [da turnê] – depois eu descobri que foi ele o responsável – devia estar se mijando de tanto rir. Mas certamente não foi engraçado para quem estava no palco, especialmente para Eric. Ele ficou muito puto com aquilo. Ele sabia que era alguém da equipe, só pelo jeito que tudo aconteceu. Não foi um acidente. Na noite seguinte e uns cinco ou seis shows depois disso, ele chamava o chefe da segurança da turnê, que era empregado da banda, e mandava dois seguranças ficarem ao lado da bateria antes do show, para todo mundo saber que ele estava puto com o que tinha acontecido.

JAIME ST. JAMES: Foi uma época incrível da minha vida. Nosso disco *Without Love* foi fantástico. É um disco que muitos fãs adoram. O que me leva a uma história sobre o Eric Carr. Nem lembro em que cidade estávamos, mas era durante o dia, nos bastidores de uma daquelas arenas grandes. Eu estava só conversando com Eric e ensinando-o a girar as baquetas com os dedos, porque ele não sabia fazer isso! Ele disse, "Não sei fazer isso. Nunca tentei". Então eu disse, "Bem, deixa eu te mostrar". Eu estava ensinando-o a girar as baquetas e um garotinho chegou com sua mãe. Eles disseram, "Vocês podem tirar uma foto conosco?". E Eric disse, "Deixa eu ver sua câmera". Ele pegou a câmera do menino e a arremessou no chão – destruiu a câmera! Eu perguntei, "O que é isso? O que aconteceu?". Eric disse, "Essa câmera é uma porcaria", daí tirou sua própria câmera da mala e a deu de presente para o garoto. Ele disse, "*Isso sim é uma câmera!*". Ele literalmente deu pro garoto uma câmera que provavelmente era dez vezes mais cara que a outra. Ele era assim, um cara muito legal.

CHRISTINA HARRISON: Eu não era fã de rock'n'roll. Eu gostava mais do Sting. Mas era empolgante para mim, uma garota de Michigan. Lembro que, na primeira vez em que fui ao Madison Square Garden [para ver o Kiss, em 16 de dezembro], eu estava sentada na mesma área de todos os pais e namoradas. Esse grupo geralmente ficava à direita do palco. Eu estava sozinha e um dos seguranças veio me buscar dizendo, "Bruce quer te ver". Estávamos apenas namorando na época. Aí eles me levaram até os bastidores e foi superempolgante. Eu estava pensando, "Meu Deus... o que pode ter acontecido para Bruce precisar me ver antes do show?". E Bruce só queria que eu o ajudasse com seu cabelo [risos]. Eu ajudei a pentear o cabelo dele para dar mais volume atrás, e Eric provavelmente estava aplicando mais laquê no cabelo dele... ou estava no banheiro, uma dessas duas opções, porque ele geralmente ficava com dor de barriga antes do show. Mas ele estava animado e feliz o tempo todo. Eu apenas pensava, "Ah, meu Deus, estou nos bastidores e eles estão se preparando para esse show grande". Não tem show maior que no Madison Square Garden. Foi tão legal. Gene e Paul sempre estavam em seu "momento zen". Eles eram mais sérios e Eric era divertido e amigável o tempo todo.

BOB GRAW: Dezembro de 1985 – Kiss no Madison Square Garden, com Black N' Blue abrindo o show. Eu fiquei feliz porque era o maior show do Kiss que já tinha visto, em termos de pirotecnia e do letreiro com o logo da banda, que parecia ser do tamanho de uma cidade. O logo mudava de cores a cada música. Era enorme. Mas lembro que as roupas deles eram uma atrocidade. Parecia que eles deveriam estar tocando em um bar em Las Vegas. Tudo tinha brilho. E lembro que Gene usava uma peruca nessa turnê. Era horrível. Ouvi ele dizer que "parecia com a irmã de Phyllis Diller" em algumas entrevistas. E lembro que Paul Stanley tinha aqueles paetês... *meu Deus*. Não era o melhor momento deles. Como eu disse, fico feliz que eles se mantiveram relevantes e atuais, e "Uh! All Night" também foi um sucesso daquele disco. Eles fizeram o que precisava ser feito. Aqueles discos provavelmente poderiam ser discos solo do Paul Stanley, porque ele fez a maioria do trabalho.

JAIME ST. JAMES: [O show no Madison Square Garden] foi *enorme*. Eu conheci as mães de Gene e Paul no show. Sempre lembro que a mãe de Gene olhou para mim e perguntou, "Qual de vocês é o 'Black' e qual é o 'Blue'?". Gene disse, "Não é assim que funciona, mãe". Mas tocar no Madison Square Garden foi o máximo, especialmente porque um jornal nova-iorquino saiu no dia seguinte, ou naquele fim de semana, e eu apareci na capa dele. Era uma foto minha e ficou ótima. Não tenho uma cópia disso – bem que eu queria ter, porque foi muito legal. Mas, então, Madison Square Garden... fala sério, foi um grande negócio, abrir para o Kiss. Lembro de ouvir Gene dizendo, "Ei, ninguém arremessou cadeiras na sua banda. Vocês até que tocaram bem!".

JACK SAWYERS: A segunda vez [que falei com Eric] foi na turnê *Asylum*. Quando os ônibus chegaram ao local do show, nós já estávamos lá, então ficamos por perto, matando tempo, e Eric, Bruce e uns outros caras saíram do ônibus. Eric me viu e me reconheceu na hora. Ele reconhecia muitas pessoas de muitos lugares diferentes. Ele se lembrava dos rostos e dos nomes. Dessa vez, ele disse, "Podem entrar", então fomos lá antes do show e ele nos mostrou como montavam o palco. Ele nos deu adesivos para colocarmos nas nossas roupas e andamos pelo lugar por cerca de uma hora. Foi bem legal. Aí ele tinha que voltar e nós voltamos até a frente da casa de shows. Vimos o show e, depois, fomos aos bastidores com os passes que ele tinha nos dado. Fomos lá, conversamos com todo mundo, conhecemos a banda. Acho que foi a primeira vez que encontrei Bruce, nesse show.

CARMINE APPICE: Eu conheci Eric durante uma turnê, quando o King Kobra abriu para o Kiss. Mas acho que o conheci antes dessa turnê. Eu estava envolvido com a Aucoin Management. Tinha um cara, Alan Miller, que era presidente da Aucoin Management na Costa Oeste, e ele foi meu empresário por vários anos. Ele tinha boas relações com Aucoin e com o Kiss. Foi assim que conseguimos fazer a turnê com o Kiss em 1986. Como eu morava em Los Angeles e o Kiss estava na cidade, eu encontrava os integrantes da banda. Tenho certeza de que vi Eric em algum lugar, talvez em um evento da Ludwig. Mas eu me lembro de ter passado tempo com ele na turnê que o King Kobra fez com o Kiss. Ele usava baterias Ludwig na época e eu usava Pearl. Fui fã da Ludwig por muito tempo. Ele era um cara muito legal e simpático. Um bom baterista. Eu gostava muito do jeito que ele tocava. O Kiss parecia estar bem com Eric.

SCOTT DAGGETT: Eric foi o primeiro baterista do heavy metal a incorporar uma bateria eletrônica em seu solo ao vivo. E isso era fruto da criatividade dele. Ele começou a ter essa ideia no disco anterior [*Animalize*], se não me engano. De qualquer forma, ele começou a curtir isso – a tecnologia – por influência de alguém que ele conheceu no estúdio Electric Lady, em Nova York. Na época em que fazíamos aquilo, era tão novo que tinha todo tipo de problema e coisas que precisávamos consertar, tipo os sensores dos pads. O que não é nada de mais hoje, mas tínhamos problemas com esses sensores, e tinha shows em que ele batia neles, mas nada acontecia. Mas, sim, ele certamente foi [o primeiro]. E, se você parar para pensar, tantos bateristas vieram depois disso e até hoje usam essa ideia de tocar alguns tons, alguns acordes, aí tocam uma bateria que fica atrás. É muito frequente e certamente se originou com Eric Carr. Ele era um cara muito criativo.

BRUCE KULICK: Ele certamente foi um dos primeiros [bateristas de heavy metal a usar uma bateria eletrônica em seu solo]. Ele abraçou a ideia e a incorporou ao seu solo, com lasers e tudo mais. E era excitante. Eu achava aquilo muito musical. Ele perguntava, "E se fizermos um sample disso? E usarmos o ativador para aquilo?". Eu amava que ele estava tentando ser criativo e elevar o solo a outro nível. Quero dizer, o Kiss gastaria o mesmo dinheiro que o Mötley Crüe gastou com o Tommy Lee e seu sistema hidráulico? Não, e isso já tinha sido feito. Mas eu achava ótimo.

ADAM MITCHELL: Como você deve imaginar, eu vi incontáveis shows do Kiss. Para mim, o solo de bateria do Eric era, sem dúvida, o destaque do show. De muitas formas, Eric Carr marcou o ápice dos bateristas do Kiss.

MARK ADELMAN: Ele tinha um ótimo solo de bateria. Lembro de vê-lo e pensar, "Como que ele faz isso?". Eu nem tinha certeza do que acontecia com a parte eletrônica, porque sempre tinha sons acontecendo quando ele não estava batendo em nada. Era meio que o começo da incorporação de baterias eletrônicas aos shows. Ele era um mestre. Tocava muito bem.

CARMINE APPICE: Eu lembro que era um solo bom e ele tinha muitos tambores. Quanto aos pads eletrônicos, não tenho certeza [se Eric foi o primeiro baterista do heavy metal a usar uma bateria eletrônica em seu solo], porque eu já usava algo chamado Synsonic desde 1978. Era como uma bateria sintetizada.

MIKE PORTNOY: O solo de bateria dele era muito diferente do que Peter fazia, porque ele tocava melhor. Enquanto Peter se exibia muito e tinha apenas um bumbo, Eric era tecnicamente mais avançado e não precisava se exibir em momento algum. Ele dependia apenas de sua habilidade na bateria. Ele tinha uns bumbos enormes, compridos, e tocava uns padrões de bumbo duplo que eu não tinha visto muitos bateristas tocando até então. Ele era um "baterista para os bateristas" no Kiss. Peter era um personagem – e digo isso com todo o respeito, porque cresci com aquela era do Kiss –, mas Eric era mais baterista que personagem.

MARK SLAUGHTER: O solo de bateria do Eric Carr era um dos melhores solos de bateria, porque ele integrava melodias às batidas. E ele fazia isso com os samples dos pads Simmons no começo e mudou o sistema com o passar dos anos. Era muito legal, porque ele tocava como se fizesse aqueles power chords com o solo. Era legal, porque eu já via o Eric Carr como "aquele baterista" desde o começo.

BOBBY BLOTZER: Eu o encontrei diversas vezes. Ele era um cara muito legal. O respeito era mútuo entre nós. A primeira vez que o encontrei foi no Limelight, em Nova York. Foi engraçado, porque ele fez um comentário para mim que achei particularmente esquisito. Ele disse, "Nem acredito que estou em uma festa com o baterista do Ratt". Eu disse, "Cara, eu estava pensando a mesma coisa. Nem acredito que estou em uma festa com o baterista do Kiss!".

1985

GERRI MILLER: A primeira vez [que encontrei Eric] deve ter sido em um dos shows. Mas eu vi tantos, não consigo ter certeza. Provavelmente foi na região de Nova York. Ele sempre era simpático, divertido, estava de bom humor na maior parte do tempo. Acho que nunca o vi de cara feia ou algo assim. Sempre estava sorridente, sempre amigável. E elogiava todo mundo. Eu o via nos bastidores, ou após um show, nesse tipo de situação. De vez em quando, o via no estúdio, quando eles estavam gravando ou ensaiando. Não saímos para jantar juntos, nada do tipo, mas às vezes conversávamos no telefone, só nós dois.

O Kiss apareceu na capa [da revista *Metal Edge*] mais que qualquer outra banda naquele período. Sempre que havia um novo disco ou uma turnê estava começando, tinha alguma matéria. E frequentemente fazíamos edições especiais focando nos bateristas ou guitarristas, coisas assim, então ele sempre aparecia nas edições de bateristas. Acho que fiz seis [edições especiais da *Metal Edge* sobre o Kiss], mas nem todas foram nos anos 1980. Sempre fazíamos uma para a turnê. Eles cooperavam muito conosco, em termos de acesso. Podíamos ir às filmagens de clipe, aos bastidores, fazíamos entrevistas pelo telefone para receber atualizações e eles nos davam itens para fazer promoções. Era um bom relacionamento. Eles tinham uma boa relação com nossa editora – era muito benéfico para ambas as partes.

WAYNE SHARP: Acho que o outro motivo para Gene às vezes chamá-lo de "amiguinho" – você se lembra daqueles bonecos My Buddy? O Eric comprou um e o levava na turnê com ele, só por diversão. E acho que isso era parte do motivo para Gene chamá-lo de "amiguinho" [*little buddy*], porque ele tinha um boneco My Buddy. Lembro que, em outra situação, Eric comprou umas pantufas ridículas em um aeroporto, eram como pés de dinossauro gigantes e elas faziam barulho, também. Ele ficava andando pelo camarim com elas.

JAIME ST. JAMES: Eles não são uma banda de festa. Isso não acontece. Paul talvez colocasse um pouco de uísque no café dele após o show, ou algo assim, mas era o mais longe que isso ia. Nós éramos "os festeiros". Nós nos divertíamos. Basicamente, o Kiss era como o Elvis. Após o show, eles sumiam. *Bum*, pronto, acabou. Entram em um carro, desaparecem e você nunca os vê.

WAYNE SHARP: Costumávamos jogar boliche em muitas das noites de folga da turnê. Lembro do quanto ele gostava de rir e de fazer o Gene rir.

NEIL ZLOZOWER: Quanto ao comportamento selvagem fora dos palcos, eu diria que as outras bandas eram mil vezes mais selvagens que o Kiss. Quero dizer, o Kiss não usa drogas. Gene nunca tomou um gole de álcool em sua vida; ele tem seus *próprios* vícios. Assim que a banda saía do palco, ninguém me dizia, "Ei, Zloz, vamos tomar um drink! Vamos pegar umas drogas! Ei, Zloz, tem cinco gostosas ali. Vá buscá-las, aí vamos transar com elas!". Não era assim com o Kiss, de jeito nenhum. Mas era assim com as outras bandas, como Van Halen, Mötley Crüe, Poison, Ratt e Guns N' Roses. Era um jeito diferente. A plateia obviamente enlouquecia pelo Kiss, mas não tinha muitas festas pós-show, depravação ou degradação humana. Era uma atmosfera totalmente diferente.

Naquela época, quando você fazia uma turnê com o Kiss, era meio como fazer uma turnê com o Michael Jackson. Você precisava saber o que fazer, o que não fazer, o que dizer, o que não dizer. Mesmo assim, eles me conhecem, então, se eles me veem trazendo cinco garotas ao meu quarto de hotel, ou bêbado após um show, eles sabem o que esperar do Zloz. Eu tenho um relacionamento de 35 anos com aqueles caras. Eu não tenho mais essa necessidade de me cuidar perto deles, e eles sabem o que vou dizer. Eu precisei criticar um ou dois integrantes da banda algumas vezes, mas eu gosto muito deles. Gene é um dos ídolos da minha vida. Às vezes, eu o odeio, e outras, eu o amo, da mesma forma que pessoas como Carroll Shelby, Howard Hughes ou Stirling Moss, pessoas que significam muito para mim. Às vezes, eu o vejo com Shannon e ele me diz, "Neil, você se casou de novo?", aí eu brinco, "Sim, me casei duas semanas atrás". "Neil, 50%, *não faça isso!*". Então eu olho para Shannon e digo, "Shannon, qual é o problema desse cara?". Ele é engraçado. Eu amo o Gene e amo o Paul.

1985

SCOTT DAGGETT: Eles gostavam de festejar. O engraçado dessa banda é que Gene e Paul nunca usavam drogas. Mas eles adoravam boceta. Uma noite, acho que estávamos em Pittsburgh. Durante a passagem de som, a banda – literalmente – acabou com a eletricidade de cerca de um quarto da área central. Um dos transformadores da arena explodiu. O show acabou sendo cancelado, então todo mundo ficou feliz de não precisar trabalhar naquela noite. Na época, minha rotina típica era montar a bateria e ir ao hotel do Eric, porque a equipe ficava em um hotel diferente. Então eu fui até lá, liguei para Eric e ele me disse para subir até seu quarto. Eu entrei no quarto e Eric estava com o assistente de Chris Lendt, Bruce, o gerente de turnê, uns dois desconhecidos se aproveitando da situação e uma garota.

Era uma garota da revista *Hustler* – ela era a "Hustler Pin-Up of the Year". Maravilhosa. Enfim, ela estava deitada e rindo e os caras estavam tirando fotos dela. Ela não estava nua. Ela estava seguindo a banda havia cerca de um mês e meio, indo literalmente a todos os shows. Ela era fã. Eu disse, "Eric, faça ela transar comigo". Ele disse, "Não, cara! Você precisa fazer isso aí por conta própria. Não vou fazer isso por você". Eu deixei aquilo de lado e não dei em cima dela. As pessoas começaram a ir embora do quarto e Kulick veio até mim e disse, "Scott, essa aqui é pra você... você me deve uma". Eu ia sair, mas a garota veio até mim e deu um tapinha no meu ombro, dizendo, "*Você fica*". Bem, você pode imaginar o resto. Mas, quanto a fazer festas com garotas, Eric... se alguém deixaria de fazer essas coisas, seria o Eric, porque ele estava namorando uma garota na época. Ele meio que já tinha enjoado daquele estilo de vida. Ele estava procurando uma direção nova para sua vida.

WAYNE SHARP: Teresa namorava Eric durante a turnê em que trabalhei com eles. Ela sempre estava com ele durante a turnê e ele estava perdidamente apaixonado por ela. Ela partiu o coração dele, com certeza, porque terminou com ele para namorar Steven Adler. Ela se casou com Dave Gahan do Depeche Mode. Ela virou coach e trabalha em Los Angeles. Também tem isso, Eric era tão romântico. Quando ele se apaixonava, cara, ele ficou *caidinho* por Teresa, era louco por ela.

AJ PERO: Conversávamos sobre a situação dele com o Kiss, como ele sempre era tratado como um cidadão de segunda classe. E eu sempre falava sobre o Twisted; quando eu entrei na banda, eu já era o quinto baterista. Sempre fui aceito, mas havia aquela sensação de que eles estavam juntos e eu entrei no meio. Tínhamos isso em comum e fazíamos muitas piadas a respeito.

CHRISTINA HARRISON: Eric e Bruce eram mais como "empregados" da banda. Tenho certeza de que você conhece essa história. Eric estava na banda havia mais tempo, mas acho que ainda estavam no "período de experiência". Sei que Bruce amava seu trabalho. Que eu saiba, Bruce nunca reclamou por causa de dinheiro nos primeiros anos, especialmente quando estavam ganhando bastante. Eles tiveram seus altos e baixos. Às vezes, eles esgotavam o Madison Square Garden; alguns anos depois, faziam shows para apenas 3.000 pessoas lá. Sei que teve um ano em que Gene e Paul educadamente informaram Bruce, "Vamos baixar seu salário por um ano, para economizarmos agora, mas prometemos que vamos compensar no ano seguinte". Bruce não ficou feliz com isso, mas ele queria fazer o melhor pelo grupo e disse, "Tudo bem". Sem falta, 365 dias depois, eles mantiveram sua palavra e voltaram seu salário ao que era antes – acho que até deram um aumento. Mas, naquela época, Bruce ficava feliz só de fazer parte da banda, e tenho certeza de que Eric também, porque acho que, na cabeça dele, Eric ainda se enxergava como um "técnico de fogão". Sei que ele valorizava seu emprego. Fala sério, *ele está no Kiss* e tocou no Madison Square Garden. Em 1985 e 1986, ele era um rapaz muito alegre.

Gene e Paul eram como "o rei e a rainha" [risos]. E Eric e Bruce certamente eram seus "súditos leais". Eram empregados assalariados. E quer saber? Sou uma empresária e acho que, se eu fosse Gene e Paul – após toda aquela balbúrdia com Ace e Peter, seus problemas com álcool e drogas, e Gene e Paul sendo tão certinhos –, se eu fosse eles, teria feito o mesmo. E, quando Bruce dizia, "O gato subiu no telhado, o gato subiu no telhado. Um dia, não estarei mais no Kiss". E eu falava para ele, "Sim, *isso mesmo*. Um

1985

dia, você não estará. Mas, enquanto isso... é um trabalho incrível". Se eu tivesse uma banda com quatro integrantes iguais e dois deles fossem Ace e Peter, dois drogados, aí eu finalmente conseguisse me livrar deles, eu também contrataria funcionários para a banda.

E, acredite em mim, eu também enxergava o lado do Bruce. Ajudaria na parceria se todos fossem integrantes iguais, mas eles ganhariam menos, é claro. Então, para que lado você vai? Eu entendo os dois lados. É claro que, como fiquei 12 anos com Bruce, entendo melhor o lado dele, porque era muito desigual. Ele ganhava bem, morávamos em um apartamento lindo. Mas é engraçado, me lembro de uma conversa que tive com a Shannon – não sei como chegamos nesse assunto –, mas ela achava que o Bruce era milionário. Eu perguntei, "Por que você acha que o Bruce é milionário?". E ela disse, "Mas ele não é?". Eu respondi, "Não, nem de longe". É claro que ela não fala sobre dinheiro com o Gene. Por seis anos, nós dividimos um Honda – não que não tivéssemos dinheiro para comprar outro carro, mas éramos contidos com nossos gastos, tipo, "Para que precisamos de outro carro se não estou trabalhando e você está sempre viajando?". Mas às vezes eu ia à casa nova do Paul e ela tinha cinco andares e um elevador. Eu tinha um pouco de inveja, sendo bem sincera. Mas as coisas são assim mesmo. Eu tentava ver pelo lado positivo, "Vocês têm um bom emprego".

1986

JAIME ST. JAMES: Tocamos com o Kiss em Las Vegas [em 2 de janeiro]. O W.A.S.P. estava fazendo a turnê na época, mas, por algum motivo, baniram o W.A.S.P. de Las Vegas. Portanto, pediram que fôssemos até lá para abrir o show deles. No show, lembro que falei com Tommy e disse, "Vamos conversar com Gene sobre a produção do próximo disco". Na época, queríamos ter mais controle que a gravadora. Achávamos que Gene estava do nosso lado, que ele entendia nosso ponto de vista, então seria uma boa aliança. Pedimos para Gene nos produzir e ele disse, "Sim, seria um erro se eu não aceitasse. Vamos lá".

WAYNE SHARP: Após a turnê *Asylum*, eu me mudei para Los Angeles, e Bruce e eu dividíamos o antigo apartamento de Shannon. Foi quando Shannon começou a morar com Gene – ele comprou uma casa na época e eles moraram lá por mais de 30 anos. Nós alugamos a antiga casa de Shannon. Eric estava procurando um lugar por lá, mas ele acabou se mudando para um apartamento em Nova York. E, quando eu ia a Nova York, almoçávamos ou jantávamos com ele.

1986

ADAM MITCHELL: Nos anos 1980, Paul e eu éramos solteiros e costumávamos sair muito. Inclusive, teve uma época em que namoramos colegas de quarto. Eric estava em Nova York na maior parte do tempo, mas ele ia a Los Angeles e, sempre que estava lá, ou que eu estava em Nova York, passávamos um tempo juntos. O que eu mais me lembro é do quanto nos divertíamos, de como dávamos risada. Porque tinha vezes que estávamos gravando sons de fundo no estúdio, ou demos, e era difícil concluir o trabalho, porque alguém fazia uma piada e começávamos a rir.

JAIME ST. JAMES: Teve uma vez em que eu estava na casa de Gene Simmons compondo músicas e Eric foi até lá. Eu sei que Gene o amava. Amava mesmo. Ele passou um tempo conosco e, quando Eric saiu, ele disse, "Amo esse cara". Era como o irmão caçula deles, isso que eu sentia no Gene. Era um cara muito gentil. Basicamente, sempre estive em contato com Gene – fizemos muitas coisas juntos. Sempre tive uma amizade próxima com Gene. E Eric estava por perto, mas eu não saía só com ele. Eu o via quando ele estava na casa do Gene.

[Gene] era um excelente produtor. Era divertido. Ríamos muito no estúdio. Nós nos divertíamos. Ele nos deixava fazer praticamente o que quiséssemos. Mas boa parte da pré-produção com Gene e muitas das músicas, quando as escuto agora, têm o jeito do Gene, o som típico dele. Mas tem coisas boas ali. E todo mundo acha que copiamos "Domino" na música "Nasty Nasty". Mas "Nasty Nasty" veio antes. Gene *nos copiou* e ele não tem problema em admitir isso! Tocamos "Nasty Nasty" ao vivo e sempre tem algum babaca na plateia gritando, "Isso aí é 'Domino'!". Nós fizemos primeiro, seu idiota! A memória que mais se destaca para mim é de quando queríamos gravar órgão em uma música. Toda vez que alguém tocava órgão, Gene fingia que estava patinando no gelo. Era a coisa mais engraçada do mundo. Ele dizia, "Combina tão bem com órgão. Preciso patinar no gelo". Então ele fazia uma dancinha e fingia patinar no gelo.

SCOTT DAGGETT: Teve um dia que liguei pro Eric e Steve Riley – o baterista do W.A.S.P. –, eles tinham acabado de lançar um disco importante, *Inside the*

Electric Circus. Ele me ligou e tinham tocado alguns shows de abertura para o Kiss. Eu conhecia o Steve de Indiana – ele tocava em uma banda chamada Roadmaster. Resumindo, ele me ligou e queria que eu fizesse a turnê. Liguei para Eric e ele pirou. Ele disse, "Não, não posso deixar você ir para o outro lado". Eu expliquei, "Após o fim da turnê, eu preciso continuar ganhando dinheiro". E foi ali que começaram os adiantamentos. Ele me pagava para eu não fazer turnês com outras bandas. Ele me pagava pessoalmente, não a banda. Eu passava duas ou três semanas na minha casa, em Nova York, e ele me visitava em Chicago, onde eu estava com minha esposa, com frequência. Ele queria que eu me envolvesse. Agora percebo que ele falava com minha esposa e ela pedia para eu largar a estrada. Ele tinha uma empresa e me pagava por meio dela – ele me segurava com os adiantamentos – e queria financiar um negócio para mim, para que eu me tornasse um assistente pessoal para outros artistas de rock. Eu faria esse trabalho de casa.

LORETTA CARAVELLO: Ele foi ouvir [o grupo Hari Kari] tocar e agenciou eles com sua empresa, Street Gang, que também agenciava [o grupo] New York. Ele também tinha [o desenho] *Rockheads*. Foi assim que a Street Gang começou, aí ele pegou projetos diferentes e agenciou o Hari Kari, que era uma banda de punk rock só de garotas. Charisse [baixista do Hari Kari] era sua namorada. Acho que ele começou a Street Gang em 1986.

BRUCE KULICK: Não me lembro do nome dela – Bambi, algo assim? Se não era a Bambi, era alguma outra guria com quem ele ficou por um tempo. Só lembro que ele queria se envolver com o Hari Kari e tentou fazer umas coisas com elas. Mas tinha vezes em que ele encontrava empecilhos e as coisas simplesmente não davam certo para ele. Lembro que, quando ele começou sua própria empresa, Street Gang Productions, ele mandou fazer papel timbrado, mas imprimiram o endereço errado e ele ficou muito chateado com isso. Eu também ficaria chateado... mas mandaria consertarem. Eu sei como essas coisas são. Já estragaram produtos meus, mas mandei fazerem de novo. Mas acho que Eric apenas pensava, "Que pena. Isso sempre acontece comigo". Era assim.

1986

LORETTA CARAVELLO: *Rockheads* era um desenho animado criado por Eric. Ele começou no ensino médio e, com o passar dos anos, o projeto progrediu. Em 1986, tudo estava melhorando e ele tinha seu portfólio. Foi então que ele apresentou o projeto, com Gene, para a Landmark e a Hanna-Barbera, que demonstrou interesse. Mas queriam assumir controle demais, sendo que era um negócio pessoal dele. Tínhamos várias histórias e desenhos. Já era um conceito completo. Não estava pela metade. Tudo, incluindo material para divulgação, já estava no portfólio dele. E ele já estava conversando com pessoas de empresas de brinquedos.

ADAM MITCHELL: Trabalhamos em *Rockheads*, que era uma baita ideia, e quase conseguimos realizá-la. A Hanna-Barbera demonstrou interesse por um tempo e uma empresa enorme em Toronto estava interessada. Nós quase, quase conseguimos realizar o projeto, porque era uma ideia muito boa. Ele, Bruce e eu compusemos todas as músicas. Por algum motivo, não deu certo. Mas foi muito divertido trabalhar naquilo. Eu, particularmente, gostei do trabalho porque era o projeto pessoal do Eric. Ele estava no controle e não tinha nada a ver com Gene e Paul. Era um negócio dele mesmo. Ele tinha desenhado os personagens e criado a ideia toda. Portanto, fiquei muito feliz por Eric, porque achava que ele merecia aquilo. Infelizmente, nunca aconteceu. Mas compusemos umas quatro, cinco ou seis músicas. Não lembro direito.

BRUCE KULICK: Eu achei que *Rockheads* era brilhante. Ele tinha uma ideia fantástica, extremamente criativa. Era difícil propor algo que exigiria um investimento de, pelo menos, 100.000 dólares para realizar o projeto. Hoje, custaria mais que o dobro disso. E Gene o ajudou. Gene ficou bem próximo de um contato bom para ele. Lembro que a Hanna-Barbera estava interessada. Aí tinha uma empresa chamada Landmark Entertainment – nem sei se eles ainda existem. E acho que o negócio que eles ofereceram a Eric era o típico para um desenho animado para a TV. E ele não gostou da proposta. Eu não tinha experiência com TV – agora entendo um pouco disso, porque tenho amigos que estão nesse ramo. Mas eu não tinha como ajudá-lo na época.

Acho que ele cometeu um grande erro ao não tentar aceitar aquela proposta. Talvez ele sentisse que estaria abrindo mão de muita coisa com a oferta; se ele soubesse do que Mike Judge teve que abrir mão para conseguir fazer *Beavis and Butthead*, pensaria melhor. Portanto, foi meio decepcionante... mas, novamente, talvez fosse uma característica dele, ter tanto medo do fracasso que era mais fácil não assinar o contrato. Não sei. Mas sei que foi muito frustrante, porque todos nós o apoiamos bastante. Eu dediquei tempo e energia ao projeto. Eu amava Eric, então não me importei em fazer isso. Na verdade, eu sempre queria me ocupar com outras coisas que não fossem o Kiss. Quando você está na banda, não tem a liberdade de fazer qualquer coisa que queira. Portanto, foi um escape divertido para mim e Eric. Gravei as demos dele. Achei que tinha umas músicas bem contagiantes.

ADAM MITCHELL: Eric e eu tínhamos uma química vocal fantástica. Minha voz, como a voz de qualquer pessoa, não vai necessariamente se misturar com a de outro cantor. Mas Eric e eu tínhamos uma ótima química entre nossas vozes. Quando gravamos o material para *Rockheads*, ele e eu cantamos todos os backing vocals.

BOB KULICK: É uma daquelas coisas que não consigo entender por que não deu certo, mas acho que era mais uma daquelas frustrações. Pelo menos ele experimentou outras coisas, outras vertentes para usar o que ele tinha, para tentar criar algo diferente. Porque o cara sabia cantar e compor, apesar de que, na estrutura da banda, todo mundo tinha a sua "posição" e a posição dele não era de compositor principal.

BRUCE KULICK: Eric amava algumas bandas e sempre recorria a elas. Uma era o Van Halen, que eu também amava, é claro. Ele considerava Alex um ótimo baterista e Eddie um ótimo guitarrista. Ele também amava o Metallica, que, na época, eu não curtia muito. Era antes do *Black Album*. Mas ele tinha muita paixão pelas coisas que ele curtia e ouvia. Fomos a alguns shows [do Van Halen] e tínhamos "carta branca" nos bastidores. Eles gostavam muito do Eric. Era legal – sabiam que ele era fã de verdade. Não era tipo, "Você só quer pegar mulher aqui". Eric era muito respeitado pelos outros grupos. Eles sabiam que ele era sincero e honesto quanto a quem era. Eric nunca fingia. Ele tinha aquele cabelo gigante e icônico, mas não era por aparência. Eu sei que os caras do Van Halen gostavam bastante dele.

CHRISTINA HARRISON: Eu me lembro de ter encontrado o vocalista do Guns N' Roses. Foi antes de eles serem famosos. Estávamos em Los Angeles, andando pelos bastidores, mas era no andar de cima. Lembro que ouvi Axl Rose dizendo, "Isso aí, cara, vamos fazer muito sucesso!". Sua calça jeans estava desabotoada, quase mostrando os pelos pubianos, e eu lembro que pensei, "*Ah, tá...* Que idiota!". Um ano depois, eles eram superestrelas, esgotando estádios, e pensei, "Meu Deus, é aquela mesma banda?".

EDDIE TRUNK: Eu comecei no rádio assim que concluí o ensino médio. Trabalhava em uma loja de discos que ficava na frente da estação local de rock que cresci ouvindo, a WDHA, em Jersey. De vez em quando, eu encontrava os proprietários da estação – eles iam à loja de discos – e comecei a encher o saco deles para colocarem músicas que eu não os ouvia tocar. Eles me deram uma oportunidade e comecei a fazer um programa de rádio lá. E isso se encaixou com meu emprego na gravadora, porque eu estava realizando o que muitos consideram ser um dos primeiros – ou o primeiro – programa dedicado ao rock e metal, um programa específico para isso, na rádio comercial. Eu fui contatado por um cara chamado Jonny Z, proprietário da Megaforce Records. Na minha infância, eu ia ao seu sebo para comprar discos e Jonny tinha uma banda que ninguém tocava no rádio. Uma noite, ele trouxe o disco para a estação, bateu na porta e disse, "Ei, cara, eu não consigo nem ser preso com esta banda. Preciso colocá-los no rádio. Você pode me ajudar, por favor? Por favor, pode tocar este disco?". E eu perguntei, "Bem, o que é?". E era *Kill 'Em All*, do Metallica. Eu coloquei o disco e dei a ele uma oportunidade de tocá-lo e deixar as pessoas ouvirem. E ele disse, "Cara, nem sei como te agradecer. Se eu conseguir fazer essa banda ter sucesso e fazer essa gravadora ter sucesso, quero um cara com um ouvido tão bom quanto o teu trabalhando para mim". Eu disse, "Tudo bem, OK, que seja". Foi isso. Depois, obviamente, o Metallica fez sucesso e Jonny expandiu a empresa. Ele também manteve sua palavra, pois me ligou e disse, "Vamos achar um jeito de colocar você para trabalhar comigo". Depois, na indústria fonográfica, eu comecei a ter uma reputação, tanto com as gravadoras quanto com as estações de rádio. Então, tudo deu certo.

Eu sempre trabalhei com rádio, desde que concluí o ensino médio. Sempre tive programas de rádio e tenho até hoje, mas, naquela época, em Nova Jersey, era na estação local. Eric conhecia muitas das mesmas pessoas que eu, e acho que, quando assinei o contrato do Ace com a Megaforce – o que deve ter sido em 1986 ou 1987 –, Eric e Ace tinham uma amizade muito boa. Eles passaram pouco tempo juntos na banda, mas acho que Eric, por ser jovem e novo na banda, se aproximou mais de Ace, que era mais o "festeiro" do grupo, obviamente. Sabe, procurando encrenca, tentando ser o "Sr. Rock 'n' roll" – muito mais que Gene e Paul, que só se interessavam pelos negócios. A única coisa que eu sabia é que Ace amava Eric de verdade e vice-versa. E acho que conheci Eric graças a Ace. Na verdade, ele ia aos ensaios. Ele queria tocar na banda solo de Ace, mas Gene e Paul obviamente não permitiriam isso. Mas teve um dia em que Ace estava testando guitarristas base para sua banda e seu baterista não estava disponível, então Eric foi ao estúdio onde estavam ensaiando e tocou bateria, só para dar uma mão.

LORETTA CARAVELLO: Ele ainda estava trabalhando com Ace em algumas coisas [após Ace sair do Kiss]. Eu sei que ele foi ao estúdio e gravou algumas coisas. Se isso existe em algum lugar, espero que seja lançado, algum dia. Ace sempre o encorajou e foi bom com ele. Até Peter – Eric costumava conversar bastante com Peter. Não quero dizer que eram melhores amigos, mas havia um respeito mútuo.

EDDIE TRUNK: Eu o conheci na indústria. Nós nos encontramos em diversas ocasiões. Só que o Eric nunca teve a chance de fazer muitas entrevistas. Geralmente entrevistavam Gene e Paul, Gene e Paul, Gene e Paul. E, sempre que eu ia no rádio, estava aberto e encorajava quem ia me entrevistar a também entrevistar o Eric. Eu amaria ouvir as histórias de Eric. E ele valorizava isso. Ele amava a oportunidade de ter uma voz mais ativa na banda. Então ele participava do meu programa de rádio em Jersey, na WDHA. Ele deve ter ido lá umas quatro ou cinco vezes – ele ia de carro, dirigindo. Uma ou duas vezes, ele veio com Gary Corbett [que viria a ser o tecladista em shows do Kiss]. Ele é italiano, minha mãe é italiana, e eu estava morando com meus pais na época. Ele passava lá, minha mãe cozinhava uma comida italiana, nos divertíamos e fazíamos o programa de rádio à noite.

Isso que era interessante – Eric era modesto. Ele tocava no Kiss, mas nunca agia como se fosse melhor que os outros. Falar com ele era tranquilo. Construímos um bom relacionamento, porque ele começou a me conhecer pelo programa de rádio. Ele sabia que eu era muito fã do Kiss. Ele sabia que podia confiar em mim e falar honestamente sobre como ele se sentia a respeito do que estava acontecendo. De certa forma, eu era um aliado dele no lado empresarial, porque ele podia mandar ideias para mim e eu dizia minha opinião, ou o que achava que estava acontecendo. E ele era fã de algumas das bandas com quem eu trabalhava na Megaforce – obviamente, Ace, mas também o King's X. Fomos juntos a um show do King's X em Los Angeles. Construímos uma amizade e um relacionamento por meio das entrevistas que eu fazia com ele e porque ele confiava em mim e me conheceu na indústria. Chegou ao ponto em que conversávamos com frequência no telefone.

Eu lembro das noites que passava fazendo o programa de rádio, quando estava congelando lá fora, e nós saíamos e havia fãs no gramado da frente da estação, porque era numa área suburbana. E ele dava autógrafos, tomava drinks e se sentava no gramado, no meio do inverno, para passar um tempo com os fãs. Nunca esquecerei uma ocasião em que fizemos isso depois do programa, e um cara com um *monster truck* enorme desceu a rua a toda velocidade. Ele estava tão determinado a chegar ao estúdio para conhecer Eric antes de ele terminar a entrevista e ir embora, que foi direto da rua – com aqueles pneus gigantes – para o gramado, sem perceber que tinha um monte de gente sentada lá. Ele quase matou todo mundo! Nós estávamos sentados lá e Eric gritou, "*Corram!*". Vimos aqueles faróis enormes vindo em nossa direção e saímos correndo. O cara parou no meio do gramado e disse, "Eu só quero um autógrafo, cara!". Eric respondeu, "Tudo bem, cara... você não precisa matar todo mundo". Era o jeito do Eric. Ele ficava lá, dando autógrafos para os fãs, conversando com as pessoas, conhecendo todo mundo. Era o estilo dele.

BOBBY ROCK: Eu estava fazendo uma turnê pelo sul e pelo centro-oeste dos EUA com uma banda chamada Diamond Romeo. E uma outra banda do circuito, Sweet Savage, estava indo à costa oeste e trabalhando com Dana Strum em seu EP de estreia. Após um tempo, a banda em que eu estava se separou e eu estava ansioso para ir à costa oeste e tentar minha sorte lá. Eu contatei Joey C. Jones, o vocalista do Sweet Savage, para ver se ele tinha algum contato ou sugestão, e ele me disse que Dana estava trabalhando com Vinnie Vincent, que estava montando uma banda, que viria a se chamar Vinnie Vincent Invasion. Ele disse que eu deveria ligar para Dana e ver se poderia fazer um teste. Então, basicamente, saí de onde estava morando na época – em Houston, no Texas – e enviei um recado arrogante a Dana Strum sobre como eu era "o melhor baterista possível para a banda", concluindo com, "Me diga onde e quando e estarei lá" [risos]. Ele e Vinnie decidiram me dar uma chance, então dirigi até Los Angeles com minha bateria na van e fiz o teste com Vinnie, Dana e Robert Fleischman. Tudo deu certo e fui praticamente contratado na hora.

No geral, Vinnie parecia ser um cara bem equilibrado. Eu tinha ouvido algumas histórias sobre os seus problemas. Naquela época, havia uma controvérsia sobre como ele saiu do Kiss, e por quê. Mas, novamente, ele parecia muito equilibrado e amigável. Tinha um bom relacionamento com ele. Achei que era um cara legal. Ele não tinha muitas coisas negativas para dizer sobre o Kiss. Ele apenas dizia que não era o que ele queria fazer. Ele tinha uma visão diferente da deles. Já estavam em uma situação bem cordial.

O ponto negativo daquele primeiro disco [*Vinnie Vincent Invasion*] foi que tive as sessões mais difíceis e exigentes da minha vida. O jeito como tudo aconteceu, a pressão e a loucura que estavam sempre presentes. Mas esse também foi o ponto positivo, porque nunca, em nenhum outro momento da minha carreira, tive que lidar com algo tão desagradável [risos]. E nem digo isso como uma crítica, não necessariamente. A forma como o disco foi feito, por um lado, eles queriam aquela bateria "inovadora, estilo Mutt Lange, mecânica, tipo *Pyromania*". Era o som que eles queriam, só que feito por um baterista [em vez de uma bateria eletrônica]. Acho que o que aconteceu foi que, enquanto trabalhávamos no disco, eu tocava junto com uma bateria eletrônica e eles colocavam a minha bateria à direita e a eletrônica à esquerda, e tudo o que eu tocava era comparado com a versão eletrônica, cada nota.

Portanto, nas sessões da primeira ou segunda vez que gravei aquele disco – porque eu acabei gravando o mesmo disco umas três vezes, sem exagero –, o que importava era a precisão. O quão *mecânico* eu conseguia soar. Nas duas primeiras tentativas, imitamos aquele som mecânico e era muito trabalhoso. Foi minha primeira gravação para uma grande gravadora e isso mexeu comigo, porque eu sentia como se os estivesse decepcionando. No fim das contas, quando os "chefões" ouviram – o empresário, a gravadora –, eles perguntaram, "Por que vocês usaram uma bateria eletrônica? Achei que iam usar uma bateria de verdade". Depois, quando eles descobriram o que tinha sido feito, nos mandaram voltar à estaca zero, para fazer o disco da forma como ele deveria ser desde o princípio, com um metrônomo ou uma bateria eletrônica – mas com um clima de música ao vivo, como acabou sendo. Com Vinnie e Dana produzindo, foi o caos. Não quero criar uma imagem muito negativa, porque acho que ninguém tinha más intenções ali. Mas era uma banda disfuncional, desde o princípio, e aguentar um disco daqueles foi sofrido. Porém, fico feliz de ter passado por aquela experiência já no começo.

MARK SLAUGHTER: Uma namorada não colocou o número de telefone na fita demo [que eu tinha entregado a Vinnie alguns anos antes]. Era a voz que Vinnie tinha gostado e, inevitavelmente, ele pediu para Robert cantar no disco e, inevitavelmente, eu acabei fazendo aquela turnê [após eu voltar a falar com Vinnie, após o lançamento do disco]. O resultado foi ótimo.

BOBBY ROCK: Eu sempre gostei do Robert. Acho que Robert era um dos melhores cantores de rock na cena. Sempre nos demos bem, mas nunca deu certo. Havia problemas com contratos e negócios que nunca me contaram direito. Mas, além das primeiras sessões que fizemos com Robert, decidiram que ele não faria nada conosco além de gravar. Portanto, quando Mark entrou na banda, foi ótimo para mim, porque Mark e eu éramos os "jovens" ali e logo fizemos amizade. Éramos como irmãos. Compartilhamos quartos de hotel durante toda aquela primeira turnê. E ele se apresentava com uma exuberância jovial, uma presença de palco bem espontânea e fluida, sem falar de sua voz. Podemos dizer que era um cara destemido. Foi o começo de uma amizade que duraria uma vida toda.

MARK SLAUGHTER: Vinnie queria um certo tipo de cantor. Acho que Robert Fleischman cantava bem, mas não estava pensando em fazer turnês extensas, mesmo quando gravamos o disco. Dana me contatou em Las Vegas, quando eu estava trabalhando em uma loja de instrumentos musicais como professor de guitarra, e disse, "Vinnie está pronto, vamos em frente". Basicamente, eu larguei a guitarra e virei cantor. Um dia, eu estava dando aula; no dia seguinte, era o vocalista da banda do Vinnie Vincent, que, obviamente, tinha tocado no Kiss. Realizei um sonho. Fizemos turnê com Alice Cooper e Iron Maiden.

ADAM MITCHELL: Mark Slaughter e eu ainda somos amigos. E Mark fazia parte daquela versão do Vinnie Vincent Invasion. Se você ouvir o disco *Vinnie Vincent Invasion*, ele é *terrível*. E não demonstra a habilidade real de Vinnie. Ele estava inseguro, tentando mostrar para todo mundo como conseguia tocar rápido. Mas é terrível, de verdade. Mas Vinnie Vincent é – ou era – um guitarrista excelente. Um cara bem musical. Eu via essa característica nele e contei para Gene sobre isso... e não fiquei surpreso quando eles não se deram bem.

Vinnie é um exemplo perfeito de... é meio como John Waite, que gravou uma música que Vinnie e eu compusemos ["Tears"] e se tornou um grande sucesso e ganhamos muito dinheiro. John Waite é um cantor fenomenal... mas a personalidade fala mais alto que o talento, sempre. John Waite é o que eu chamaria de "cantor natural". Ele tem o tom certo, tem tudo. Mas ele não tinha a carreira. Mark Slaughter me disse que, um dia desses, viu John Waite tocando em um barzinho a umas quatro ruas da Strip, em Las Vegas. O cara deveria ter uma carreira de verdade, como Rod Stewart.

BOBBY ROCK: [O visual glam exagerado do grupo Vinnie Vincent Invasion] é o tipo de coisa que, caso o disco tivesse vendido 2 milhões cópias, faria as pessoas nos considerarem gênios, porque o conceito básico era de criar uma banda razoavelmente séria. Todo mundo tocava bem ali. Vinnie queria músicos bons em sua banda. Meu primeiro teste foi baseado em um solo de bateria absurdo que eu estava fazendo. E, obviamente, Vinnie é incrivelmente técnico, Robert era um vocalista fenomenal e Dana tocava baixo muito bem. Portanto, acho que a ideia era, "Temos aqui uma banda séria, feita para tocar em grandes arenas, com um som que interessaria a todos os fãs de metal que gostassem de música bem executada, com músicos habilidosos, tudo o que é necessário para tocar em lugares assim. Agora, vamos combinar isso com o que está acontecendo em Los Angeles, com bandas como Poison, Mötley Crüe, todo o negócio glam". O conceito era, "Vamos combinar essas duas coisas. Em teoria, chamará a atenção tanto do fã do Poison quanto do Iron Maiden". Mas acho que, no fim das contas, era um pouco pesado demais para os fãs do Poison e para o mercado mais comercial, enquanto as pessoas que gostavam de música boa acabaram se incomodando com o "visual travesti". Acho que ficamos num meio-termo esquisito, alienando muitas pessoas que poderiam ter gostado do som. Outro fato interessante era que Robert Fleischman não conseguia aceitar o visual travesti. Ele dizia, "Por que temos que fazer essa merda? Sabemos tocar e cantar de verdade. Não somos um bando de posers". Talvez ele tivesse razão [risos]. É fácil pensar nisso agora, sabendo o que sabemos, mas provavelmente não devíamos ter ido a um nível tão extremo.

ADAM MITCHELL: Péssimo. Não refletia o talento das pessoas na banda, de maneira alguma. Disco péssimo. Veja só, eu conhecia todas as pessoas envolvidas. Mark é uma das pessoas mais simpáticas e inteligentes que já conheci. Mark Slaughter tem talento de verdade. E Vinnie também tem talento. Mas o primeiro disco foi péssimo. Quero dizer, eu sabia que Vinnie conseguia tocar bem. Eu toquei com ele. Mas era péssimo. O disco é quase insuportável. Eu pensei, "Vinnie está fazendo seu próprio disco... OK, já passamos por algumas coisas, mas vou escutar o disco", e comprei o disco. *É insuportável.* Ele decidiu mostrar a todo mundo que conseguia tocar rápido. Era como um adolescente de 13 anos batendo punheta. Ficou tão abaixo do nível de habilidade dele. Vinnie era um guitarrista excelente. Mas, como ser humano... as pessoas têm dúvidas, né [risos]? Mas, como guitarrista, Vinnie tinha um talento real. Se você analisar a história da vida dele, seu histórico com o Kiss e tudo mais, a personalidade fala mais alto que o talento. Mas, como guitarrista, Vinnie era um dos melhores? Com certeza. Era um talento fenomenal. Mas a personalidade fala mais alto que o talento, sempre.

BOBBY ROCK: Uma das coisas que eu gosto de comentar sobre [o fim do Vinnie Vincent Invasion após seu segundo disco, *All Systems Go*, lançado em 1988] é que parece aquela parábola dos homens cegos ao redor do elefante, em que pedem para eles tocarem e descreverem o animal. O cara que pega a tromba diz, "Um elefante é comprido e grosso, como uma cobra". O cara que pega as presas diz, "Um elefante é afiado e liso como uma lança". O homem que encosta em sua barriga diz, "Um elefante é grande e duro como uma parede". E o homem que encosta em sua perna diz, "Um elefante é como uma árvore". Ou seja, a análise limitada que cada homem fazia do elefante era baseada apenas na parte que ele podia tocar e era assim que seria sua imagem de um elefante.

O fato é que não há uma resposta pronta. Se você falar comigo, com Mark, Vinnie ou Dana, todos teremos nossas perspectivas diferentes sobre o que aconteceu e os problemas que ocorreram. Porque houve muitos

1986

problemas. Já tínhamos passados por três anos de total disfunção entre os integrantes, os empresários, a gravadora e coisas que estavam acontecendo dentro da banda. De verdade, tinha uns problemas sérios. A resposta curta é que, pela minha perspectiva, foi uma disfunção que se acumulou com o passar dos anos, levando ao inevitável. Vinnie via as coisas de uma forma e pensava que uma coisa estava acontecendo, mas, talvez, eu visse de uma forma diferente dos outros. Virou uma bagunça. Só tínhamos como culpar a disfunção que foi se acumulando durante três anos, finalmente nos levando a desistir.

Eu diria que, sim, é difícil trabalhar com o Vinnie, até certo ponto. Mas acho que tendem a criticá-lo demais. Muitas coisas que ele fazia e a forma como as fazia eram desagradáveis. Na minha opinião, acho que ele carecia do tipo de diplomacia que um bom produtor normalmente tem. O elemento principal de um bom produtor – ou de um bom líder de banda – é que, se você está no comando, tem que extrair boas performances de seus músicos. Criar um ambiente em que todo mundo se sinta encorajado, em que você possa comentar se algo não está dando certo, ou dizer o que precisa, mas tem um jeito certo de fazer isso. Eu acho que Dana tinha habilidade para fazer isso quando expressava algo no estúdio. Tem o jeito certo de falar as coisas. Não que você precise falar com carinho, mas há maneiras de manter todo mundo motivado e conseguir atingir um objetivo. E acho que Vinnie não tinha esse "filtro". Acho que ele apenas falava o que achava, sem se importar se ofenderia alguém. Muitas vezes, isso pode te deixar excessivamente inseguro ou piorar o problema que já estava lá. Mas não acho que ele fazia isso intencionalmente. Acho que eram apenas características de sua personalidade.

Na minha experiência com Vinnie, ele nunca agiu intencionalmente como uma "pessoa ruim". Ele certamente é excêntrico, ninguém duvida disso. E, na maior parte, ele e eu temos um bom relacionamento. Eu nunca tive problemas pessoais com ele. Acho que, no fundo, era um cara legal. Era um bom pai. Sempre gostei dele como pessoa. Eu só achava que, profissionalmente, Vinnie precisava de um empresário bom; ou, caso George

Sewitt fosse um empresário bom, ele precisaria confiar mais nele. Acho que Vinnie era o tipo de músico que precisava muito de um empresário, porque se encaixava naquele clichê de "artista". Mas ele não teve isso e, como resultado, as coisas podiam sair de controle.

Acho que foi no começo dos anos 1990 [a última vez em que falei com Vinnie]. Aquele filho da puta simplesmente *desapareceu*. Nunca vi nada igual. Não ouvi qualquer relato de alguém que o tenha encontrado desde meados ou do fim dos anos 1990. Passei dez anos, ou mais, sem qualquer evidência confiável de sua existência. Acho que ele foi a algumas convenções do Kiss no fim dos anos 1990. Mas, basicamente, por uma década, fiquei sem ter qualquer notícia dele [risos]. Espero que ainda esteja vivo. Presumo que esteja. Mas é impressionante, ficar tão recluso assim. Quero dizer, como você consegue fazer isso hoje em dia, com celulares e Twitter?

O jovem Paul Caravello [Foto por Loretta Caravello]

Paul Caravello em sua adolescência [Foto por Loretta Caravello]

Paul Caravello mantendo o ritmo
[Foto por Loretta Caravello]

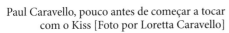

Paul Caravello, pouco antes de começar a tocar
com o Kiss [Foto por Loretta Caravello]

Kiss nos anos 1970: da esquerda para a direita, Gene Simmons, Paul Stanley e Ace Frehley [Foto por Richard Galbraith]

O baterista original do Kiss, Peter Criss
[Foto por Richard Galbraith]

A estreia de Eric com o Kiss, no Palladium, em Nova York, 1980
[Foto por Lydia Criss, do livro *Sealed with a Kiss*]

"E-ric! E-ric!" [Foto por Lydia Criss, do livro *Sealed with a Kiss*]

Eric, Paul e Gene encontram fãs, 1983
[Foto por Donn Young]

Kiss leva o rock a Oklahoma, na turnê *Creatures of the Night*, 1983 [Foto por Richard Galbraith]

Vinnie Vincent, o primeiro substituto de Ace
[Foto por Richard Galbraith]

Eric nas alturas [Foto por Richard Galbraith]

Um tanque e tanto [Foto por Richard Galbraith]

"QUEREMOS O KISS! QUEREMOS O KISS!"
[Foto por Richard Galbraith]

Finalmente, desmascarado. Eric tira uma foto de Vinnie, Paul e Gene no Radio City Music Hall, 1984
[Foto de Loretta Caravello]

Kiss na turnê *Animalize*, 1985: da esquerda para a direita, Eric, Gene, o novo guitarrista Bruce Kulick e Paul [Foto por Bev Davies]

Gene e sua língua [Foto por Bev Davies]

Paul apontando [Foto por Bev Davies]

Eric volta para mais uma rodada [Foto por Loretta Caravello]

Gene e sua roupa cheia de brilho, na turnê *Asylum*, 1986, com Eric ao fundo [Foto por Richard Galbraith]

A bateria gigantesca de Eric [Foto por Richard Galbraith]

Bruuuce
[Foto por Richard Galbraith]

Paul fazendo beiço
[Foto por Richard Galbraith]

Paul e Bruce compartilham o microfone
[Foto por Richard Galbraith]

A banda Black N' Blue: Tommy Thayer
(futuro guitarrista do Kiss) e o vocalista Jaime St. James
[Foto por Richard Galbraith]

Eric e Carrie Stevens, pouco após se conhecerem, em 1987
[Foto de Carrie Stevens]

Eric se prepara para o rock, 1988 [Foto por Carrie Stevens]

Bruce e Eric, 1990 [Foto por Carrie Stevens]

Carrie e Christina Harrison, esposa de Bruce à época
[Foto de Carrie Stevens]

A mãe de Carrie, Eric e Carrie nos bastidores
[Foto de Carrie Stevens]

Blas Elias, do Slaughter, com Carrie e Eric
[Foto de Carrie Stevens]

```
1. SLOW FLOOR TOMS  w/ SMALL TOMS
2. HAND + FOOT AROUND KIT
3. TIME w/ FILLS
4. LEFT KICKS w/ COWBELL
5. LONG ROLL DOWN TOMS
6. DOUBLE KICK w/ FILLS
7. STOP
8. SINGLE FOOT w/ TOM ROLLS
9. SLOW DOWN
10. VOICES  w/ KICKS ON 4ᵗ OR TIME FILLS
11. AUDIENCE CHANT / "É-RIC", "E-RIC"
12. SPEED UP
13. CHORD END
14. JUMP BOW
15. SEQUENCER JUMP DOWN
16. "WHO ARE YOU" DRUM RIFFS
17. SNARE ROLL
18. DOUBLE KICK END w/ CHORDS
```

As anotações de Eric para seu solo de bateria na turnê *Hot in the Shade*
[Foto por Greg Prato]

Eric e Carrie em Massachusetts [Foto de Carrie Stevens]

Eric no set de filmagem de um clipe
[Foto por Carrie Stevens]

Eric com seu pai, Albert Caravello,
e sua mãe, Connie Caravello
[Foto por Loretta Caravello]

Eric nos bastidores com sua
sobrinha, Sara-Jean, e sua mãe
[Foto por Carrie Stevens]

Bob Graw, fã nº 1 do Kiss
[Foto por Greg Prato]

John Walsh, técnico de bateria de Eric, mostrando a roupa que Eric usava na turnê *Hot in the Shade* e as baquetas que usava em seu solo de bateria, 2010
[Foto por Greg Prato]

Paul Charles Caravello/Eric Carr: 1950-1991
[Foto por Angela Simon]

1987

MARKY RAMONE: Eric Carr foi ao meu show em Nova York – ele foi aos bastidores. Ele era meu fã, de quando eu tocava em uma banda chamada Dust, minha primeira banda, de heavy metal. E ele queria ver o tamanho das baquetas que eu usava, porque ele estava me observando da plateia. Então, por algum motivo, ele achou que eram baquetas feitas sob medida, mas não eram. Eram baquetas da banda marcial do exército, que eu costumava usar, mas não uso mais. Mas, para aquele tipo de música, era o que usava. Não foi em um show dos Ramones [que Eric me conheceu], foi em uma banda que eu tive por pouco tempo com o guitarrista dos Plasmatics, Richie Stotts, chamada King Flux. Dois dos caras eram irmãos do Tommy Hilfiger. Acho que tocamos no Irving Plaza ou no Cat Club, em Nova York, e Eric foi aos bastidores com Little Steve Van Zandt e Michael Monroe. Ele chegou lá e perguntou, "Como que você toca com esses negócios?". Eu disse, "Toma", e ele as experimentou. Ele disse, "Eu nunca conseguiria tocar com isso". Eu falei, "Exercício. É tipo um exercício". Ele ficou intrigado.

BRUCE KULICK: Lá vamos nós de novo [com a coletânea em vídeo *Exposed*, lançada em 1987]. Eu não estava na banda havia tempo suficiente para achar que apareceria tanto quanto Gene e Paul. É importante ter em mente que fitas de vídeo, esses projetos mais extensos, ainda eram uma forma nova de uma banda divulgar seu trabalho. Mas não aparecemos muito no roteiro. Foi bem patético. Novamente, eu não esperava muito, mas Eric certamente pensava, "Ei, eu já tenho um pouco de estabilidade aqui. Eu não vou aparecer? Ah, o macaco tem que aparecer... certo". Foi engraçado? Sim, nos divertimos muito. Estávamos em Beverly Hills com um monte de mulheres peladas correndo pra lá e pra cá. Não digo que estávamos nos aproveitando disso, mas você sabe o que quero dizer. Porque era como uma comédia insana ao estilo reality show, antes dos reality shows existirem.

Mas fico feliz que estava com minha câmera. Consegui aquela imagem de Eric e eu com o macaco. Algumas das filmagens que vi, as que aparecem em *Kisstory*, vieram da minha câmera. Aproveitamos ao máximo, e tive minha cena bobinha e Eric teve umas cenas engraçadas. Eric conseguia ser muito engraçado na frente das câmeras. Mas um bom tanto do material continha "piadas internas" da banda, não necessariamente algo que os fãs gostariam de ver. Quando Gene e Paul apresentam algo aos fãs, eles são muito espertos, sabem o que fazer, como se apresentar como os rock stars que são. Com Eric, acontecia por meio do humor e situações absurdas. Portanto, nem sempre o recado era captado. Mas tem umas coisas no YouTube. Recentemente, vi um vídeo de nós ensaiando para uma turnê europeia, e um canal francês nos visitou durante o ensaio e Eric aparece nesse vídeo sendo muito engraçado. Eu toco um trecho de "Forever" no violão, mas todo mundo aparece fazendo graça. A forma como fazíamos piadas era típica da banda. Bons tempos.

Com [*Exposed*], fizeram um teste com um monte de gente, as gostosas que ficariam andando por lá. Mas éramos uma banda de rock e esse era o tipo de coisa que estava à nossa disposição. Na época em que estava casado, eu não "me servia no bufê". Mas quando estava solteiro... todos nós podíamos ter o que quiséssemos, o quanto quiséssemos. Faz parte. Tipo, é bom ser o rei!

1987

RON NEVISON: Eu estava em alta. Em 1987, eu já tinha feito dois discos gigantescos, com o Heart [*Heart*, de 1985] e com Ozzy [*The Ultimate Sin*, de 1986]. Eles contrataram meu empresário. Eu já tinha um histórico, porque eu tinha conversado com Paul sobre fazer o disco solo que eles fizeram nos anos 1970. No fim das contas, acabou não dando certo, por um motivo ou outro – não me lembro se eu não podia fazer ou se ele queria outra pessoa. Mas nos conhecemos por conta disso. Aliás, no fim de 1986, eu aluguei uma casa em Aspen por duas semanas, durante o Natal. Eu tinha terminado com minha namorada perto do Halloween, então perguntei ao Paul se ele toparia dividir a casa comigo. Passamos duas ótimas semanas em Aspen.

BRUCE KULICK: Com *Crazy Nights*, Ron Nevison estava na produção e eu sabia que ele era o "produtor/engenheiro dos sucessos". Ele sabia como escolher músicas. Ele teve um certo sucesso com o Heart, Ozzy e algumas outras pessoas. Lembro que esse disco foi feito aqui em Los Angeles e não me lembro muito do que Eric fez nas sessões. Acho que foi minha primeira oportunidade de ver a banda ser produzida por um produtor popular – alguém de fora, que já tinha uma carreira notável –, o que significava que Gene, Paul e eu respeitaríamos e observaríamos sua forma de trabalhar. Para mim, era uma oportunidade de aprender. Só sei que ele acabou fazendo um disco pop com a gente.

RON NEVISON: Eu nunca fui fã do Kiss, jamais. Acho que fiz um trabalho muito bom com o disco, mas não preciso ser fã da banda para fazer um disco. Eu preciso ser fã da música que estou fazendo. Então nunca fui um "devoto", digamos assim. Estou mais velho – tenho 65 anos agora, então já estava com meus 40 anos. Tinha 42 quando fiz o disco. Trabalhei nos estúdios One on One, Can Am e Rumbo. O tempo que passei com Eric foi no One on One. De 1986 a 1990, usei muitos lugares diferentes para gravar faixas de rock – usei o Record Plant, o A&M e o One on One. Usei o Can Am e o Rumbo para fazer overdubs e mixagem. O Can Am principalmente para overdubs, acho que não mixei muitas coisas no Can Am. Lembro que trabalhei com Paul e Bruce, mas não me lembro de ter trabalhado muito com Gene. Mas, quando o baixista termina a parte dele, assim como o baterista, não tem mais o que fazer. Exceto que Gene cantou umas duas músicas, e ele sempre ficava sentado nos fundos do estúdio lendo uma revista *Variety* [risos].

ADAM MITCHELL: "When Your Walls Come Down" é uma música muito boa. "I'll Fight Hell to Hold You", não me lembro muito dessa. O que me lembro de "Crazy Crazy Nights" é que Paul e eu não estávamos gravando no nosso estúdio nesse período. Tínhamos feito uma demo praticamente completa de "Crazy Crazy Nights" e acho que a versão que acabou no disco não ficou nem perto do que fizemos na demo. Principalmente porque, quando fizemos os backing vocals – a plateia cantando junto –, soava *enorme*. Quero dizer, era como se a plateia estivesse participando mesmo. E esse era o propósito da música. Quando Ron Nevison mixou e concluiu a gravação "ao seu estilo", a plateia simplesmente não fazia parte da música. Não gostei nem um pouco do resultado. Sei que Paul também não gostou, mas ele não diria isso na época.

Ron certamente é um cara muito talentoso. Ele fez aquele disco do Heart, [a música] "These Dreams" e tal. Disco incrível. Mas nunca considerei Ron o produtor certo para o Kiss. Seu som brilhante, estilo SSL/anos 1980, não era quente o suficiente ou grande o suficiente... apesar de seus talentos, acho que ele não estava bem alinhado com o Kiss. E "Crazy Crazy Nights", em particular, me desagradou. Acho que "When Your Walls Come Down" ficou muito, muito melhor. É uma frustração constante e tenho certeza de que você já ouviu isso antes – as demos frequentemente ficam melhores que as versões finalizadas, por um motivo ou outro. Muitas vezes, elas têm um certo desapego, são mais descontraídas e têm mais vida. E "Crazy Crazy Nights" acabou certinha demais, diferente da versão original. Eles tinham composto um hino... mas não soava como um hino no disco.

RON NEVISON: Paul apresentou umas seis ou oito músicas para mim, todas ótimas. Tinha a música "Reason to Live", que eu esperava que fosse single, porque é difícil achar um single para uma banda como o Kiss. E Gene apresentou 25 músicas para mim – todo tipo de coisa. Mas a diferença era que

Paul filtrava suas músicas, enquanto Gene parecia simplesmente mandar tudo o que tinha. Então tinha coisas boas, coisas ruins e coisas divertidas. Uma música que ele me mandou se chamava "I Want to Put My Log in Your Fireplace" ["Quero Colocar Minha Lenha na Sua Lareira"]. *É um conceito típico do Kiss.*

BRUCE KULICK: Acho que, para aquela música ["No No No", que Eric compôs com Bruce e Gene], ele tinha uma ideia de um riff rápido. Sei que Gene e eu criamos aqueles acordes – os acordes decrescentes –, mas acho que alguns dos outros riffs podem ter vindo de Eric. Sei que a primeira demo era só um negócio programado em bateria eletrônica. Mas foi divertido trabalhar nela e fazê-la dar certo. Ao vivo, tornou-se um momento essencial do show – eu tinha a oportunidade de fazer o solo a partir do que Eric tocava.

LORETTA CARAVELLO: Quando "No No No" era tocada ao vivo, era incrível.

RON NEVISON: [Os artistas com quem trabalhei com o passar dos anos] são tão diferentes. Por exemplo, Ozzy raramente ia ao estúdio enquanto eu trabalhava com o guitarrista. Ozzy é apenas o vocalista, enquanto Paul é um dos guitarristas. Paul sempre estava lá. Bruce sempre estava lá e Gene quase sempre estava lá. Com Ozzy, tinha só um cara lá – Jake E. Lee. Depois de Randy Castillo terminar [a bateria], concluímos todas as partes do baixo. Era diferente. Com o Who, eu não era o produtor. Era apenas o engenheiro e Pete Townshend foi o produtor [de *Quadrophenia*, lançado em 1973]. Foi uma situação diferente. E foi 15 anos antes. Era o início da minha carreira, meu primeiro grande álbum. Keith Moon era tão único – não tem como comparar ninguém a Keith Moon, assim como não tem como comparar ninguém a John Bonham, com quem eu também trabalhei [no disco *Physical Graffiti*, de 1975]. Aqueles caras eram tão únicos – Bonham com sua potência e Keith com seu estilo. Quando tentei colocar microfones na bateria de Keith pela primeira vez, não conseguia achar um lugar para colocar o microfone da caixa. Não tinha espaço! Um chimbal de cada lado. Ele tinha tambores por toda parte e um gongo atrás. Ele tinha tudo o que você poderia ter em uma bateria. *E ele usava tudo* [risos].

SCOTT DAGGETT: Estávamos em Los Angeles, gravando o disco *Crazy Nights*. Eric também me contratou como técnico no disco. Ron Nevison estava lá e estávamos todos no estúdio um dia, porque Eric precisava ficar "indo e vindo". Geralmente, o baterista vai ao estúdio, termina suas faixas em uns dois dias e pronto. Mas Nevison estava trabalhando de uma forma diferente. Estávamos lá, trabalhando, e Gene marcou uma reunião para todo mundo. Não apenas para os integrantes da banda, mas para todo mundo que estava trabalhando no disco.

Subimos as escadas até o lounge – acho que era no One on One Studios –, ele pediu para todos se sentarem e nos deixou à vontade. Ele disse, "Só quero que vocês saibam que minha mãe vem aqui amanhã". Gene tem um relacionamento muito próximo com sua mãe, ele tem carinho por sua família. Eu poderia passar o dia todo elogiando Gene, mas isso é assunto para outro livro. Ele concluiu, "Dito isso, alguém terá algum problema com essa visita?". E todo mundo ficou quieto por um bom tempo. Eric olhou para ele e disse, "Então... *boquete pra todo mundo?*". Um silêncio mortal. Ninguém tinha ideia de como ele lidaria com a piada. O silêncio parecia durar uma eternidade. Finalmente, Gene começou a rir e tudo ficou bem. Mas só Eric Carr faria uma dessas, sabe? Ele era tão doentio, mas tão engraçado. Quem teria coragem de falar isso na cara do Gene Simmons? Se você entrasse no camarim antes do show, geralmente tinha um quadro negro lá – Eric era famoso por conseguir quadros negros daqueles usados por times profissionais de basquete. E geralmente tinha escrito algo como, "Kiss é um monte de bosta. Nem consegue atrair moscas!" ou "Esses caras são uma merda!". Coisas assim. Sei que Gene o amava até não dar mais.

RON NEVISON: Eu me lembro de seu lindo sorriso e sua ótima personalidade. Baterista fantástico. Eles se cercaram de excelência e esse é um dos elementos que os tornaram famosos. Acho que Eric e Bruce eram um tanto melhores que os caras originais. Ace é um ótimo guitarrista, sem dúvida. Mas acho que Eric e Bruce eram um tanto melhores que aqueles caras, pessoalmente. Isso vindo de uma pessoa que não é devota do Kiss original, portanto posso dizer isso como um produtor que avalia talento.

1987

SCOTT DAGGETT: Nós nos divertíamos quando passávamos um tempo juntos. Ele tinha um bangalô em Los Angeles, enquanto gravavam *Crazy Nights*, e os ensaios também eram feitos lá. Tem uma história doida, sobre um cara que morava perto dele, o chofer de *Arthur, o Milionário Sedutor*, chamado Bitterman [interpretado pelo ator Ted Ross]. Bem, Eric me deu as chaves de sua casa, então eu podia entrar lá e pegar alguma coisa se ele não estivesse por perto, caso ele precisasse de algo. De qualquer forma, fui lá um dia, e ele deveria estar lá. Eu bati na porta e ninguém abriu, então usei a chave e, por acaso, minha chave também funcionava no apartamento daquele cara. Então abri a porta, já estava entrando na sala de estar e surgiu aquele cara – o ator – com uma pistola, apontada direto para a minha cabeça! Eu literalmente mijei nas calças. Eric obviamente chorou de rir.

BRUCE KULICK: Tinha várias músicas boas ali. Acho que Paul estava em um momento bom e talvez Gene tivesse mais dificuldade para contribuir naquele ponto. Mas ainda foi um disco muito bom. Achei que a capa do disco ficou ótima. E acho que, assim como a de *Asylum*, talvez tenha sido um *design* do Paul. *Crazy Nights* teve um estilo mais arrojado, acho que isso ajudou. Por causa de Nevison, tudo estava indo bem e tivemos um grande sucesso na Europa ["Crazy Crazy Nights"], então não tenho do que reclamar. Acho que começamos a acertar o visual, porque *Asylum* foi um desastre para nossas aparências. Eu imaginaria que Eric lutaria contra isso, contra o visual glam, porque ele parecia um típico italiano de Staten Island/Queens/Nova York. Tipo, por que ele aceitaria aquilo? Mas ele aceitou. Todas as bandas se pareciam com mulheres na época. Mas ficamos com um visual mais robusto em *Crazy Nights*.

RON NEVISON: Acho que "Crazy Crazy Nights" era pesada demais para as rádios que tocavam as músicas do momento nos EUA, enquanto na Inglaterra [onde a música fez sucesso], isso não importava. É por isso que eu tinha "Reason to Live". Na verdade, tive um grande sucesso com Ozzy, chamado "Shot in the Dark". Eu precisei convencer Ozzy e Sharon a gravar essa música. Eles achavam que era suave demais. Eu disse, "Bem, é apenas uma música no disco". Aí, quando ela virou sucesso, eles perguntaram, "O que mais podemos lançar agora?". E eu fiquei pensando, "Bem... *nada*". Eu já tive sorte de conseguir gravar aquela música! Podemos ver da seguinte forma – "Shot in the Dark" estava para Ozzy como "Reason to Live" deveria ter sido para o Kiss. Acho que o que aconteceu foi que, se você lança um single e ele não é bem recebido, o segundo single está praticamente fadado ao fracasso. Se eles lançassem "Reason to Live" primeiro, como Ozzy lançou "Shot in the Dark", eles poderiam ter conseguido algum sucesso.

BRUCE KULICK: Para mim, as guitarras solo sempre foram destacadas como deveriam ser, mas esse disco tem um som um tanto fraco. E eu trabalhei no Fantasy Camp com Ron Nevison, onde ele meio que pediu desculpas para mim! Ele disse, "Ouvi o disco recentemente e eu devia ter feito a equalização diferente". É interessante como ele conseguiu criticar o seu trabalho de anos atrás.

RON NEVISON: Eu diria que o problema estava principalmente na mixagem. A mixagem foi um tanto "pop" demais. Eu adoraria remixar aquele disco. Hoje, com a tecnologia que temos, acho que poderíamos transformá-lo em um disco de *rock*.

BOB GRAW: Eu me lembro de ter comprado o single "Crazy Crazy Nights". Ele saiu antes do disco, eu acho. O clipe teve uma daquelas "Estreias MTV" grandiosas. Lembro que vi o clipe e disse, "Meu Deus... isso é ainda pior que *Asylum*". Era tão pop. E lembro que li a respeito do disco e vi que Ron Nevison estava produzindo, sendo que ele tinha produzido bandas como Heart. Pensei, "Nossa, isso vai ser ainda mais afeminado que o último disco do Kiss". E foi, sem dúvida. Mas também lembro que li na *Hit Parader*, ou alguma revista do tipo, Gene e Paul dizendo: "É o disco mais pesado que fizemos desde *Love Gun*", algo assim. E nunca me esquecerei do dia em que fui à casa de um amigo e coloquei o disco para tocar. Ficamos lá, tipo, "Que merda é essa?". É um disco muito pop. Ficou claro que Gene teve pouquíssimo envolvimento no disco.

1987

RON NEVISON: Acho que é um disco ótimo. Eu achava que tinha errado um pouco a mão na mixagem, que não havia mixado tão pesado... ouvindo de novo, parece ter um som um tanto leve. Acho que entrei naquela onda de sintetizadores do fim dos anos 1980. Mas entenda que eu precisava pegar os rock stars e arrastá-los à força até as paradas pop para que eles vendessem discos. Para conseguir isso, eu precisava criar algo que fosse acessível para as rádios que tocavam os sucessos. Eles chamavam esse tipo de rádio de "CHR" ["Contemporary Hit Radio"] na época. E eu era muito bom em conseguir chegar lá. Em retrospecto, provavelmente me empolguei demais com essa ideia e não fiz um som "rock" o suficiente. Mas me refiro apenas à mixagem. O som das guitarras, da bateria – tudo soa ótimo no disco. Mas acho que não deixei a mixagem tão áspera quanto deveria ser em um disco do Kiss. Então, se tem uma coisa que posso dizer a respeito disso, é que utilizei muito reverb e muito daquele som dos anos 1980. Não é exatamente como as outras coisas que fiz na mesma época. Eu não errei com a gravação, com os vocais, nada disso. Mas errei com a mixagem.

ADAM MITCHELL: Aqueles discos do Def Leppard que Mutt Lange gravou são brilhantes, sem dúvida. Quero dizer, Mutt Lange é um gênio, talvez o maior produtor de rock da história. Mas aquele som dos anos 1980 não serve pro Kiss. É compreensível, do ponto de vista que Paul e Gene tinham – especialmente Paul –, que eles estivessem preocupados em continuar relevantes. E eles sentiam que o som dos anos 1980 era relevante. Mas não acho que o material que eles lançaram nos meados dos anos 1980 é o melhor deles. E boa parte disso era devido ao tratamento do som.

BOB KULICK: Você precisa entender que eles foram os "donos do mundo" por um tempo e depois, como acontece com toda banda, as coisas mudaram. Os estilos mudam, o público muda. Para ter sucesso no decorrer de décadas, a maioria das bandas precisa fazer coisas para se adaptar às mudanças – por exemplo, quando o Metallica cortou os cabelos. Então fizeram uma tentativa, com *The Elder* – "Vamos fazer um disco conceitual". Foi o mesmo quando contrataram Mark St. John – "Vamos pegar alguém que toque rápido como Steve Vai e Eddie Van Halen". Eles tentaram essas coisas, mas a realidade é que só precisavam ser eles mesmos, porque não havia concorrência para uma banda de quatro caras usando maquiagem. E, quando a maquiagem foi retirada, a banda era boa o suficiente sem ela. Portanto, todas essas ideias de "consertar isso, mudar aquilo, se adaptar a isso" não deram certo. E o guitarrista "arroz com feijão", que é meu irmão – ele é mais isso do que um Eddie Van Halen, apesar de também conseguir tocar umas músicas do Van Halen –, teve a função de tocar o que o público queria deles, ao invés de transformar a banda em algo que não era.

O Kiss era mais "Beatles" que "Van Halen". Essa é a verdade. Eram mais focados em canções – não que o Van Halen não tivesse ótimas canções –, mas eram mais focados em canções com a imagem de quatro caras. Os Beatles. Como o que Bill Aucoin tentou fazer por eles – "Fiquem sempre na mesma ordem, para que todo mundo os reconheça; primeiro Paul, depois Peter fica ao lado dele, depois Ace, e Gene na outra ponta". Tudo isso – todo esse conceito de como serem lembrados, como obterem sucesso, como irem do ponto a ao ponto b com algum artifício, uma ideia, ou um talento. No caso do Kiss, eles tinham tudo isso. Tinham um ótimo artifício, talento, muita sorte e pessoas os guiando. E, com esse artifício, não havia concorrência. Com nosso amigo Michael Bolton, quando ele começou a cantar R&B em vez de rock, de repente, não estava mais competindo com Robert Plant e todos os outros cantores de rock do mundo. Ele era único; portanto, tornou-se uma estrela. Quando ele era uma das 50 pessoas tentando pegar carona no bonde, não dava certo.

MARK WEISS: Eu acho que o Kiss dos anos 1980 estava tentando se encaixar, enquanto as outras bandas estavam criando algo novo, na minha opinião. Acho que estavam tentando demais. Eles contratavam pessoas do ramo da moda para gravar seus clipes. Eles tinham boas canções, mas não era tão cru quanto costumava ser e eu gostava mais de como era antes.

BOBBY BLOTZER: Eu diria que era um ambiente competitivo, tanto com o som quanto com as canções. Acho que estavam tentando compor canções mais comerciais, para o rádio, pegajosas, como todos nós fazíamos naquele momento. Eles fizeram um bom trabalho com isso. Amo esse material deles.

AJ PERO: O Kiss sempre teve o "som do Kiss". Só para comparar [ao Twisted Sister] – *Under the Blade* e *You Can't Stop Rock N' Roll* eram mais crus, aí, de repente, nos mandaram... não fazer uma versão "chiclete" de nós mesmos, mas sermos mais comerciais. E *Stay Hungry* vendeu milhões de cópias. *Ainda* vende. Mas eu nunca escuto esse disco. Na verdade, quando o regravamos [em 2004, sob o título *Still Hungry*], deixamos o disco monstruoso e o tocamos do jeito que queríamos tocar. E achei que ficou dez vezes melhor, mas o público disse, "Como vocês ousam fazer isso? É um disco clássico". Assim como o Kiss, com "Strutter" e os discos que vieram em seguida foram bem crus. Aí eles começaram a suavizar o som para deixá-lo mais comercial.

Eles merecem crédito, porque Gene Simmons e Paul Stanley disseram, "Vamos entrar na onda", e foi o que fizeram. Acho que foi uma boa decisão, mas você tem que lidar com o público em geral. Às vezes, as pessoas não gostam de mudança. Seria como se o Metallica fizesse uma música que entrasse no Top 40. Tem bandas como Bon Jovi, que sempre têm o mesmo som; Def Leppard também. Mas bandas como Kiss, Twisted Sister e Alice Cooper, que tiveram que se adaptar do que os anos 1970 eram, porque os anos 1970, você sabe como éramos nos anos 1970. Aí chegamos aos anos 1980, em que o som era mais básico, "1-2, 1-2". Tivemos que nos adaptar. Acho que o Kiss fez a coisa certa. Acho que nós fizemos a coisa certa. Às vezes, a indústria musical é assim mesmo.

EDDIE TRUNK: Certamente acho que eles estavam andando em círculos por um tempo, tentando recuperar seus fãs. Queriam achar algo que relacionasse com o público do rock. Mas acho que a situação deles não era diferente do que muitas bandas dos anos 1970 tiveram que fazer nos anos 1980. Acho que todas as bandas dos anos 1970 tentaram achar uma imagem, um som, algo que se relacionasse com a nova leva de bandas que estava surgindo no momento. É só ver Ozzy e o clipe "Shot in the Dark". Ele está usando delineador e um roupão com paetê. Certamente não foi algo exclusivo do Kiss, mas acho que eles estavam tentando se encaixar na época. Veja algumas fotos das eras *Asylum* ou *Crazy Nights*. O Kiss estava mais ridículo e provavelmente usando mais maquiagem do que quando usavam maquiagem! Era, tipo, "Qual é a ideia disso?". Mas acho que, no fim das contas, tem discos muito bons ali. E, sim, claramente tem coisas que parecem uma mistura de Def Leppard com Bon Jovi. Material muito produzido, como em *Crazy Nights*. Certamente foi uma reação ao que estava acontecendo, sem dúvida.

GERRI MILLER: Eu gostava de algumas dessas coisas. Músicas como "Lick It Up" eram ótimas. Eram músicas mais do tipo "seguindo as tendências". Quando você tem uma carreira tão extensa, não se pode esperar que fique apenas com um... Quero dizer, acho que AC/DC seria a exceção [risos]. Mas a maioria das bandas evolui e vai com a maré para ficar relevante, então não dá para culpá-las por isso. Ainda se mantinham fiéis aos seus princípios. Ainda eram o Kiss. Não posso culpá-los por seguir a tendência do momento.

BOB GRAW: Algumas pessoas dizem, "Eles se venderam", ou sei lá o quê. Bem, quer saber? Eles se mantiveram relevantes. Estavam na MTV constantemente e voltaram às capas de revistas. As pessoas estavam começando a se importar com eles, porque as músicas eram acessíveis. Eles deixaram seu som mais limpo. Portanto, eu não tinha problema com isso – ainda amava a banda.

MARK WEISS: Eu comecei a ser contratado por muitas [bandas de rock] nos anos 1980, porque eu trabalhei em *Slippery When Wet*, do Bon Jovi, e todas aquelas bandas que começaram a vender milhões de discos – Twisted Sister, Cinderella –, fiz as capas de todas elas. Portanto, começaram a me contratar; depois, li em algum lugar que elas estavam apenas seguindo o que o Bon Jovi fazia. Elas contratavam os mesmos diretores de clipes, os mesmos fotógrafos. E eu pensei, "Certo... fizeram comigo também!". Eu fiz o ensaio de fotos para o livro da turnê *Crazy Nights* do Kiss e fotografei cada um deles

1987

com um tema. Era um "tema feminino". Eric estava em uma cela e prisão, algemado; Bruce estava com uma moto; Gene estava com umas 20 garotas – todas Playmates –; Paul estava com enfermeiras. Eu fiz a capa e fiz essas fotos conceituais. Acho que Paul teve a ideia da cela e Eric apenas aceitou. Ele disse, "Tudo bem, sem problemas. Tem coisas piores a se fazer do que ficar em uma cela de prisão com duas mulheres seminuas". Ele se divertiu. Eu fotografei o Mötley Crüe com um tema de gângster, com metralhadoras, Rolls-Royces, garotas, tudo aquilo. Acho que foi ali que eles tiveram a ideia, porque eu fotografei cada integrante com seu próprio tema, aí fiz a foto do grupo. Eu lembro que, durante esse ensaio, usei alguns sets diferentes. E fiz um set todo elaborado para a banda, mas Gene disse, "Não, não gostei desse". E passei *dias* trabalhando naquilo. Logo fomos para outra ideia.

GARY CORBETT: Eu estava trabalhando em um estúdio em Nova York chamado Electric Lady e o cara que tocou teclado no disco *Crazy Nights* se chama Phil Ashley. Fizemos amizade no estúdio e ele ia sair em turnê com Mick Jagger na época. Eles queriam um tecladista e pediram que ele recomendasse alguém. Aí ele me recomendou, porque nos conhecíamos do Electric Lady. Eu fui até o escritório e fiz uma entrevista com Paul e Chris Lendt, que fazia parte da equipe que agenciava o Kiss na época. Eu estava tocando com Lou Gramm, o vocalista do Foreigner, naquele momento. Então, consegui a vaga, aí tive que sair e fazer uma turnê pela Europa com Lou.

Eles estavam começando os ensaios em Los Angeles e eu não estaria no país. Eu perdi a primeira semana de ensaios, mas voei direto da Alemanha para Los Angeles e comecei a ensaiar com os caras. Eles me buscaram no aeroporto e me levaram a um estúdio de TV – eles estavam gravando uma participação em um programa. Então conheci todo mundo basicamente quando eles já estavam "no ar". Não era nada muito pessoal. Todo mundo foi educado e parecia que estavam se dando bem.

Eles já estavam ensaiando havia cerca de uma semana quando cheguei lá, então meu primeiro dia de ensaio não foi o mesmo que o deles. Eles tinham um estúdio em San Bernardino, eu acho, e tinham metade do palco pronto. Eu cheguei lá e cada um estava em seu canto, lidando com as guitarras ou com a bateria. Foi bem relaxado, bem casual. E, a partir da primeira nota do ensaio, eles foram 100% como são no palco. Lembro que fiquei bem chocado que eles foram de zero a 100 e levaram o ensaio tão a sério. Quero dizer, eles davam duro no ensaio para se preparar para os shows. Era fisicamente exaustivo.

SCOTT DAGGETT: Antes de *Crazy Nights*, discutimos a possibilidade de Eric fazer aulas de novo, algo que é comum. Muitos bateristas com quem trabalho – trabalhei com "Sugarfoot", Jonathan Moffett, que foi baterista do Michael Jackson. Ele é um baterista incrivelmente técnico, mas ainda faz aulas. Tem alguns professores de bateria fantásticos. Discutimos algumas vezes, porque ele tinha medo de que os fãs descobrissem isso e ele não sabia se queria que as pessoas soubessem das aulas. Toda noite, ele me perguntava o que achava de seu solo, porque queria medir sua habilidade. Ele e Bruce eram os dois "músicos" da banda. E Gene e Paul ainda usam essa fórmula. Ele me perguntava o que achava do solo da noite, se algo não tinha sido tão bom. Por conta do que eu já tinha estudado, eu podia dizer, "Foi meio fraco essa noite... vou te contar por quê". Acho que ele valorizava isso, enquanto a maioria das pessoas apenas lhe diria o que ele queria ouvir.

Eu sei que Eric estava muito mais feliz [com a aparência da banda] na era *Crazy Nights*. Ele estava se cansando dos collants. Ele achava que a maquiagem da era *Asylum* podia ser um tanto excessiva – ele usava um tipo de collant esticado. Não me lembro do conteúdo do show mudar tanto. Mas eles não são conhecidos pelo conteúdo. Acho que, provavelmente, tinham mais pirotecnia que na turnê *Asylum*... não, porque *Crazy Nights* tinha o palco que, se não me engano, explodia. Algumas partes do palco eram apoiadas por molas e, durante uma das explosões, soltavam essas molas. Chamavam isso de "Scott swatter" ["esmagador de Scott"]. Tinha uma peça de metal enorme que ficava apoiada atrás da bateria e se soltava durante a explosão. E, caso esse dispositivo de segurança escorregasse ou quebrasse, ele me esmagaria na hora.

1987

GARY CORBETT: Aquela turnê foi um pouco esquisita. Não fez muito sucesso no começo. Na verdade, as vendas de ingressos estavam tão ruins que eles me demitiram e me mandaram para casa após as três primeiras semanas, porque achavam que não conseguiriam mais me pagar, já que não estavam vendendo tantos ingressos. Fui para casa, eles fizeram mais umas duas ou três semanas de shows, aí me ligaram de novo dizendo, "Precisamos muito que o teclado volte", e perguntaram se eu poderia voltar. E voltei. Então a turnê *Crazy Nights* foi um pouco esquisita e foi a primeira vez que estive na situação de tocar fora do palco com uma banda. Foi muito divertido. Ainda foi uma turnê grande e ainda era o Kiss.

SCOTT DAGGETT: Eu entrei em parafuso. Eu acabei comigo mesmo na turnê *Crazy Nights* por conta da cocaína. Foi por isso que saí. Nosso gerente de turnê falou comigo algumas vezes. Eric estava fazendo o melhor possível para me proteger, mas, após um tempo, não conseguiu mais. Estava ficando óbvio e louco demais. Então saí da turnê. A última coisa que Eric me disse, quando eu estava partindo, literalmente saindo do ônibus para ir para casa, porque minha esposa tinha ameaçado se separar de mim, ele veio do hotel até o ônibus, só para me ver. Eu disse para ele, "Olha, eu estou ferrando com a minha vida". E ele disse, "Sim, *você está*". Eu nunca tinha visto ele me olhar daquele jeito. Ele estava muito zangado e magoado. Acho que ele sentia que eu o tinha decepcionado. Ele se sentia mal por mim, porque acho que, na época, ela já tinha contado a ele que se divorciaria de mim se eu não ajeitasse minha vida e ele sabia que eu não conseguiria fazer isso.

GARY CORBETT: Ele tinha aqueles pads de bateria eletrônica acima dos pratos, uns seis, sete ou oito. E a função principal deles era que, no fim das músicas – qualquer que fosse a nota da música, quando tocávamos o último acorde –, ele tinha um sintetizador ligado aos pads. Ele fazia uns sons bem graves e agressivos e tocava com a nota que estávamos tocando. Sempre gostei de sintetizadores, samplers e coisas assim. Quando eu comecei a tocar com a banda, ajudei-o a programar essas coisas, fui o responsável por programar a bateria eletrônica dele. Ele acabou comprando um sampler.

Pelo que me lembro, em um dos solos, usamos um sample de vários riffs de guitarra do Metallica, só a guitarra tocando alguma coisa. Fizemos uns cinco ou seis samples. Ele tocava o loop, convencia a plateia a fazer alguma coisa, aí tocava outro e parava. Ele fazia a plateia inteira participar um pouco. E ele incorporava o solo aos loops. Era uma tecnologia nova na época. Era bem legal.

BOB GRAW: Acho que foi em *Asylum* ou *Crazy Nights* e ele fazia todos aqueles sons esquisitos com a bateria. Ele tinha um que parecia com uma guitarra, se não me engano. Ele sempre tinha um dos melhores solos de bateria, mesmo sem aquela geringonça, porque era rápido e tocava com muito ritmo. Seus solos de bateria sempre foram bons. Tinha gente que sempre aproveitava o momento para comprar uma cerveja, mas eu sempre adorei vê-lo tocando e fazendo os solos de bateria.

GERRI MILLER: Eu me lembro de uma foto, acho que ainda a tenho. Acho que foi em um show na Flórida. Todo mundo estava brincando e Eric colocou uma lixeira enorme sobre seu corpo, não dava para vê-lo. Ele estava andando por lá com uma lixeira, de ponta cabeça, o cobrindo. Ficou engraçado, porque era só um par de pés... e uma lixeira, andando!

BRUCE KULICK: Bem, minha namorada favorita [do Eric] era Carrie Stevens. Apesar de eles brigarem às vezes, sei que se amavam.

CARRIE STEVENS: Sim, eu era fã do Kiss. Quando eu tinha 10 anos de idade – na quinta série – minhas amigas e eu nos vestimos como o Kiss no Halloween. Eu fui Peter Criss. Isso é começar jovem. E me lembro do meu primeiro show do Kiss – eu tinha 16 anos e foi em Springfield, Massachusetts. Eu sempre achei que Eric era o cara mais bonito da banda. Eu tinha pôsteres na minha parede e tudo mais. Quando eu tinha 18, estava morando em Memphis, Tennessee, e foi lá que conheci Eric. Eu estava no show do Kiss em Memphis [em 15 de novembro] e alguns shows foram cancelados logo depois, então ouvi dizer que... Gene e Paul voltaram a suas casas e Bruce e Eric ficaram na cidade até o próximo show deles, onde quer que

1987

fosse. Ron Wood, dos Rolling Stones, estava com uma exposição de arte no Peabody Hotel e minhas amigas e eu fomos lá. Aí reconhecemos Eric... bem, acho que pensamos que era Paul Stanley, vendo a parte de trás da cabeça dele, no bar do lobby. Aí tinha mais alguns caras com aparência de roqueiro lá. Estávamos sentadas perto deles, e ouvimos eles falando sobre pegar um táxi e ver algum show. Eu interrompi e disse, "Eu tenho um carro. Posso levar vocês". E foi assim que nos conhecemos. Eles aceitaram, foram conosco, e o resto é história.

Ele era gentil, tinha uma voz suave e doce. Era sexy. Atencioso. Ele era divertido. Mas ele bateu meu carro na noite em que nos conhecemos! Tinha uma garota comigo. Eles perguntaram, "Vocês querem ver um show?". E aceitamos. Vimos uma banda chamada Willies no Midway Cafe, em Memphis. Ficamos bêbados, estávamos nos divertindo. Ele estava dirigindo meu carro. Como ele acabou dirigindo, eu não sei. Eles estavam hospedados no Peabody e o estacionamento lá... tinha uma corrente enorme bloqueando a entrada e ele tentou passar pela corrente. E ela passou por cima do meu carro e bateu na traseira, quebrando as lanternas traseiras. Na hora, nem percebemos, só estávamos bêbados.

Aí voltamos para o quarto dele, eu e uma outra amiga, com ele. Mas, na minha cabeça, eu estava totalmente *com ele*, sabe? Não era um *ménage*, nada disso. Eu fui ao banheiro e, quando saí, percebi que ela estava tentando beijá-lo. Eu comecei a gritar, "Sua vadia barata!". E eu tinha 18 anos, então era um pouco imatura. Comecei a brigar e gritar com ela. Ele me disse, "Por que você não leva ela para casa e volta aqui?". Eu nem acredito que bebi e dirigi daquele jeito, agora que sou mãe e conto essa história. Mas, tanto faz – jovem e burra. Então levei-a para casa, que era bem longe do hotel, e voltei. Por que fiz isso, não sei, mas voltei. Nem acredito que nosso relacionamento começou assim, mas foi. Ele tinha uns 37 anos e eu tinha 18, mas ele não envelhecia, porque era um rock star. Não dava para ver ele como alguém tão mais velho que eu. Aí, depois disso, mantivemos contato. Fizemos uma boa amizade. Eu era o "ouvido" dele. Ele tinha uma namorada na época, Charisse, e eu era a que dava conselhos e ouvia. Não apenas ela, também tinha outras garotas. Acho que, quando comecei a sair com ele, após Charisse, teve um ponto em que ele estava namorando quatro garotas ao mesmo tempo. Eu estava tão apaixonada por ele – do jeito que só o amor jovem pode ser – e o deixava mais confortável perto de mim do que de qualquer outra pessoa. E, no fim das contas, ele quis ficar apenas comigo.

GARY CORBETT: Foi amor instantâneo. Ele ficou tão louco por ela, e ela era uma garota muito doce. Ficamos muito próximos. Minha esposa era uma boa amiga dela – porque eu era um bom amigo do Eric –, então nós quatro saíamos bastante juntos. Saíamos para jantar e passávamos bastante tempo juntos.

BRUCE KULICK: Carrie era muito jovem quando a conheci. E lá ela estava, repentinamente. Quero dizer, ela ainda era linda, anos depois. Mas ela era, tipo... o mar abre para ela passar. Na época, era uma loucura. De certa forma, sei que ela compartilhava algumas das brigas deles comigo, porque éramos amigos. E havia momentos em que eu entendia e outros em que eu pensava, "Como vocês vão entender isso? Como vocês vão lidar com isso? Você a ama? Bem, então dê um jeito". Mas ela era a que eu conhecia melhor. Eu sei que havia a Bambi e a Charisse. Charisse era a outra que passava bastante tempo por perto. Era de Bambi que eu ouvia umas coisas bem negativas a respeito, do passado, antes de mim. Porque eu lembro que tinha uma antes dela, de quem eu não sabia muito. Mas, no caso de Charisse, eu não sei bem o que acontecia. Eu não sentia um relacionamento saudável e solidário ali. Mesmo que Carrie e ele tivessem algumas brigas, eles pareciam se acertar.

CARRIE STEVENS: Aconteceu aos poucos. Não foi, tipo, nós nos conhecemos um dia e logo começamos a namorar sério. Acho que levou um ano, depois de conhecê-lo, até começarmos o namoro. Ele não queria ser meu namorado – eu tive que *convencê-lo* a ser meu namorado. Eu discutia com ele a respeito disso o tempo todo. Ficávamos juntos quase 24 horas por dia e ele dizia que não era meu namorado. Eu dizia, "Goste ou não, você é meu namorado!". Nunca esquecerei de um dia em que estávamos em seu apartamento, em Nova York, e ele estava no telefone conversando com alguém a respeito de algo e ouvi ele dizendo, "Bem, minha namorada e eu...". Ele desligou e eu disse, "Viu só? Eu *sou* sua namorada".

CHRISTINA HARRISON: Aí Eric acabou ficando com uma namorada linda demais, Carrie. Imagino que ele sempre dizia a ela, "Você consegue alguém melhor que eu". Ela ainda é linda. Mas ele sempre dizia coisas assim. Era aí que suas inseguranças entravam. E Bruce dizia a ele – até eu dizia –, "Ela te ama *tanto*". Ele se sentia inseguro o tempo todo. Mas sei lá. As pessoas que são inseguras parecem um pouco mais verdadeiras. Não são tão metidas.

EDDIE TRUNK: Eric era bem inseguro com as coisas. Ele era inseguro quanto ao seu papel na banda. Inseguro quanto a permanecer na banda. Acho que ele estava "ilhado". Com Ace, ele tinha um aliado de verdade no começo. Talvez não fosse a melhor influência para ele, mas ele teve um certo vínculo com Ace. Aí, com as várias outras mudanças que vieram depois, ele criou um vínculo com Bruce. Mas Eric era o tipo de cara que se sentia mais à vontade com os fãs ou com os roadies, pessoas assim. Ou com um cara como Gary, que tocava teclado fora do palco. Muito mais do que se sentiria à vontade com toda a "pompa" de Gene e Paul, seja lá o que acontece com aqueles caras. Acho que era o jeito dele. O que levou aos desentendimentos e aos problemas, não sei. Mas todo mundo sabe que, quando uma banda muda sua formação, toda a dinâmica – pessoal, profissional e empresarial – muda também. E Eric era um empregado. Ele era um empregado da empresa Kiss. Não sei se isso tinha a ver com seu contrato ou com algum acordo que fizeram, mas claramente houve algumas disputas.

JACK SAWYERS: Eu estava no Texas. Eu tinha me mudado para San Diego e estava dirigindo de volta para Jersey, pela 40, e ouvimos dizer que o Kiss tocaria. Ted Nugent e o Kiss tocariam no Texas [em novembro]. Não me lembro exatamente em que cidade. Era na turnê *Crazy Nights*. Então, obviamente, fizemos um desvio e foi na noite em que eles tocariam. Fomos ao lugar em que eles tocariam e eu estava tentando achar onde os ônibus estavam, tentando encontrá-lo, e não consegui. Vimos o show – foi muito bom. Então, depois do show, voltamos até onde eles sairiam do local e vi Eric por um momento. Eu acenei e ele começou a rir. Ele perguntou, "O que *vocês* estão fazendo por aqui?". Eu disse, "Estávamos viajando e decidimos passar aqui", e ele disse, "Legal! Que bom ver vocês". Foi uma conversa legal de 5 minutos e só.

1988

BOB GRAW: A primeira vez naquela turnê foi no Meadowlands [em 20 de dezembro de 1987], com Ted Nugent, e foi um show bem grande. Com o passar dos anos, os shows voltaram a ficar cada vez maiores e eu sempre quis que isso acontecesse. Aí vi eles novamente na turnê *Crazy Nights*, no Nassau Coliseum [em 29 de janeiro], mais uma vez, com nosso amigo Ted Nugent abrindo. Vi aquele show na grade. Eu quase morri naquela noite – foi o mais perto que cheguei deles. Lembro que fiquei pensando como era incrível ficar tão perto – peguei todas as palhetas deles – e no quão incrível era ver meus heróis a praticamente meio metro de distância. Meu amigo tirou fotos. Foi um ótimo show.

CHARLIE BENANTE: Acho que aquela turnê durou umas cinco ou seis semanas [Anthrax abriu para o Kiss de março até abril]. Lembro que, no primeiro show que tocamos com eles, estávamos muito intimidados porque a maioria dos integrantes da banda eram fanáticos pelo Kiss. Estávamos tremendo, porque era muito excitante. Conhecíamos Eric, então ele foi meio que o "mediador"; Gene veio falar conosco e instantaneamente gostou de nós. Depois, passamos a conversar todo dia. Paul foi um pouco esquisito no começo, mas ficou ótimo depois. Tivemos boas interações. Foi uma turnê muito divertida. Lembro que Eric teve alguns problemas de saúde, mas não sabíamos exatamente o que era. Eu lembro que o lado esquerdo do corpo dele estava dormente.

Era diferente, uma banda totalmente diferente. Eles tinham se transformado em uma "banda de hair metal dos anos 1980". E não tinha mais aquela "vibe Kiss", nem um pouco. Eles ainda tocavam certas músicas e tentavam fazer o melhor possível. Eu entendia o que eles estavam fazendo, mas não gostava muito. Eu queria ouvir "100,000 Years", essas coisas. Mas, no fim das contas, ainda tinham o nome Kiss. Acho que era apenas um sinal dos tempos. Eles estavam tentando competir com outras bandas. A coisa mais fácil que eles podiam fazer era se adaptar ao que era visto como popular. Lembre-se, a MTV era *enorme* naquela fase, e eles estavam tentando entrar na jogada.

Lembro que passei um bom tempo com Eric naquela turnê. Ele ia ao camarim, ficava por lá e conversávamos sobre qualquer coisa, desde pizza até baterias. E as pessoas costumavam dizer que nos parecíamos, como se fôssemos irmãos – quando eu tinha cabelo comprido e cacheado, ele também tinha. Fizemos uma brincadeira com isso em um dos nossos vídeos ao vivo e convidamos o Eric. Não sei em qual vídeo está, não lembro. Mas sempre me lembro do Eric como um cara legal. Eu achava [o solo dele] incrível, amava o jeito que ele incorporava os pads ao solo e criava um solo muito legal. Acho que ele era muito criativo e à frente de seu tempo. Eu podia ver aquilo toda noite.

LORETTA CARAVELLO: Na turnê *Crazy Nights*, você se lembra dos pratos *chikara* ["力"] que ele tinha? Quando ele estava nos EUA, eles mandaram fazê-los em silkscreen e foram colocados na bateria prateada. Então, o que aconteceu foi que, quando eles queriam ir ao Japão, meu irmão queria levar aquela bateria com ele, porque ele amava aqueles símbolos *chikara*, o que quer que significassem. Gene e Paul disseram, "Não temos como fazer isso. É caro demais. Não dá para transportar [essa bateria]". Por algum motivo, eles usariam outra bateria lá ou não conseguiriam fazer os pratos. Era tarde demais. Acho que ele ficou sabendo disso apenas uma semana antes de viajar para a turnê. Então não havia tempo de fazer uma réplica daqueles pratos no Japão. Naquela época, eu estava trabalhando com artes visuais em Manhattan. Ele perguntou, "Você pode me ajudar? Pode achar algum lugar em que eu possa imprimir isso?". Eu disse, "Bem, vou tentar".

Perguntei onde eu trabalhava e não tinha como. Portanto, disse para mim mesma, "Não quero decepcionar meu irmão". Ele queria *tanto* fazer aquilo. Então tive uma ideia repentina e fui a uma loja de papéis de parede, onde comprei um papel contato nas cores laranja, branco e preto. Peguei o logo que estava na contracapa do livro da turnê *Crazy Nights* e, é claro, levei-o escondido até o trabalho; quando ninguém estava olhando, eu colocava o símbolo na câmera que usavam para cópias. Fazia umas 20 ou 30 cópias, porque era um papel mais brilhante. Eu ia lá e dizia, "Vou fazer mais alguns desses e umas cópias extra". Fui até minha casa e disse, "Como vou fazer esses círculos grandes?". Saí e peguei uma tampa de lixeira, peguei a primeira tampa, fiz o círculo maior... sabe, nós, italianos, temos uma panela grande para molho. A tampa da panela foi para o centro. E peguei uma panela menor. Cuidadosamente peguei cada peça, juntei-as e peguei as cópias, cortei-as, pintei com spray e colei. Aí peguei aquele negócio de cristal e passei o spray em tudo. Então eu disse, "Ei, até que está saindo legal". Fiz umas 25 cópias e ainda tinha umas cores de sobra, então fiz variações.

Chegou o dia em que eu tinha que encontrá-lo na cidade, no escritório do Kiss. Eu estava com uma caixa enorme e ele perguntou, "Você conseguiu?". Abri a caixa e ele quase caiu sentado. "Não acredito. Isso é ótimo!". Foi um dos melhores sentimentos que já tive pelo meu irmão. Ele pegou as cópias e, quando foi ao Japão, colou-as na bateria que usou lá. Mas eu ficava o tempo todo pensando, "Meu Deus... será que esse negócio vai derreter com a iluminação?". Aí eu veria meu irmão gritando, "Tudo derreteu quando eu estava no palco!". Mas, no fim das contas, isso não aconteceu. Portanto, os pratos que você vê, eu fiz todos eles. O que aconteceu foi que Gene e Paul gostaram tanto deles que, em alguns shows, eles levavam alguns extras e colocavam-nos nos amplificadores e em outros lugares, em cores diferentes. Só cobrei 300 dólares do meu irmão, porque eu também precisava de um dinheiro.

CARRIE STEVENS: Eu fui a algum lugar em New Hampshire. Era um festival de música ao ar livre [em 4 de julho, no Cheshire Fairgrounds]. Eu estava estudando – na Memphis State University – e ele saiu em turnê na Europa após nos conhecermos. Eu estava de férias das aulas, passando um tempo com minha irmã, no norte do estado de Nova York. Alguns amigos e eu dirigimos até New Hampshire e fomos ao festival de música ao ar livre em que eles estavam tocando. Eu ainda nem tinha visto o Eric, mas estava na plateia e, primeiro, um roadie veio e me disse que um cara, Romeo, queria que eu ficasse vendo os shows na lateral do palco enquanto as bandas tocavam. E eu morria de medo de conhecer Gene Simmons, especialmente por causa daquela língua, ele tem uma presença tão marcante. Eu disse, "Não, não, eu não posso!". Aí o Gene começou a apontar para mim na plateia.

Depois, quando eu estava nos bastidores, Eric saiu, e começamos a conversar com ele. Paul apareceu e ele não tinha a mínima ideia de que eu estava com o Eric. Ele começou a flertar comigo e dar em cima de mim. Eric voltou e Paul estava sentado no assento do Eric, conversando comigo. Eric foi tão gentil e humilde que ele apenas se sentou na minha frente. Ele estava morrendo de fome, e o prato dele estava lá e ele não tinha como comer! O coitadinho provavelmente estava nervoso. Acho que Paul nem percebeu que estávamos juntos até um bom tempo depois. Ele meio que foi rejeitado e segui em frente, e Eric e eu saímos juntos na noite seguinte. Ele estava na casa dos pais dele, em New Paltz, Nova York, e eu estava com minha irmã. Saímos mais uma vez e, a partir disso, começamos a ficar bem próximos. Antes, eram só uns papos de vez em quando.

Bruce e ele sempre foram próximos. Bruce e sua ex-esposa, Christina, e eu passávamos tempo juntos. Nós quatro saíamos e passávamos bastante tempo juntos, porque eles eram os "músicos contratados" da banda e acho que se entendiam muito por conta disso. E, de qualquer forma, Bruce já era um cara legal e tranquilo. Acho que o relacionamento de Eric com Gene era mais... era menos competitivo que seu relacionamento com Paul. Acho que isso era porque eles eram os solteiros da banda, algo assim. Paul costuma ficar mais por conta própria, no geral. Gene é um cara mais amigável, tagarela e extrovertido, enquanto Paul é mais introvertido. Acho que o relacionamento com Paul era mais focado nos negócios. Tipo, não acho que os dois iam sair e tomar drinks juntos – não que Paul beba. Com Gene, era um pouco mais acolhedor, mas Gene era o "chefão". Eu acho que Eric estava um pouco frustrado, porque não era a banda dele. Ele estava limitado criativamente, porque eles tomavam todas as decisões. Ele ficava um pouco frustrado com isso. Mas acho que ele gostava muito de Gene. Não sei quanto a Paul, sinceramente. Às vezes, acho que ele gostava muito dele; mas também acho que ele estava muito confuso com as alterações de humor de Paul, indo do quente ao frio.

BOB GRAW: Eu também os vi nessa turnê, *Crazy Nights*, quando eles tocaram no Ritz, em Nova York [o Kiss tocou duas noites, 12 e 13 de agosto]. Foi o "show dos shows". Foi só material antigo, coisas que eu nunca tinha ouvido eles tocarem antes. Foi um dos melhores shows que já vi. Fui com meu amigo Rob e mal acreditava que tínhamos conseguido ingressos. Entramos e lembro que conseguimos chegar até a frente. Lembro que era, tipo... era como a morte. Estava uns mil graus naquele lugar, mas foi isso que tornou a experiência tão legal, ver o Kiss em um lugar tão pequeno e estar espremido com algumas centenas de seus irmãos do rock 'n' roll. Eu lembro que tinha pessoas subindo nos ombros umas das outras e gente caindo e vomitando porque estava muito quente. Meu amigo certamente tem uma das baquetas que Eric usou naquela noite, porque, no fim do show, Eric veio, jogou suas baquetas na plateia e uma delas bateu na minha cabeça... e parou nas mãos dele. Lembro que tiramos nossas camisetas e as torcemos. Não sei como a banda conseguiu tocar aquele show. Se estava tão quente na pista, só imagino como estava debaixo das luzes.

GARY CORBETT: Logo após a turnê *Crazy Nights* nos EUA, naquele verão, voltamos à Europa para fazer a turnê Monsters of Rock, que foi muito divertida. Quando tocamos na Europa, eles começaram a tocar algumas coisas que os fãs sempre pediam, que eles não estavam mais tocando. Lembro que tocamos um monte de coisas que eu não tinha aprendido para aquela turnê. E o que eu mais me lembro da turnê é que o público ficou enorme. Na Inglaterra, em Donington, tinha umas 110.000 pessoas e cada show tinha umas 70.000-80.000 pessoas.

BRUCE KULICK: O problema com turnês de festivais é que, às vezes, você tem muitos dias de folga. A história que mais se destaca é claramente a "história de Amsterdã". Sabe, Eric era muito capaz de beber, né? Mas ele nunca fumava maconha, nada assim. Em Amsterdã, obviamente, ela é legalizada. Como eu já tinha experiência, assim como nosso tecladista, Gary Corbett – nós tínhamos um tecladista que ficava fora do palco, ops, deixei escapar essa [risos]! Tivemos uns dois dias de folga e ele disse, "Quem sabe eu deveria experimentar um daqueles *space cakes*". Eu tenho experiência o suficiente com pessoas que não sabem ficar chapadas, que, quando ficam chapadas pela primeira vez, suas reações podem variar muito. E, infelizmente, a reação de Eric não foi boa.

Ele comeu um dos *space cakes* do Bulldog e não sentiu nada. E isso é incomum, pelo que eu sei. Geralmente, quando você digere, depois de algum tempo – geralmente uma hora –, você começa a ficar chapado. Então, quando percebi, ele estava dizendo, "Vou comer mais um". E provavelmente foi uma má ideia [risos]. Porque, de repente, ele não sentia mais os pés. E, em vez de dizer algo como, "Nossa, sinto como se estivesse flutuando. Não sinto meus pés", ele estava dizendo, "*O que está acontecendo?*". Gary, eu e mais um dos caras da equipe acabamos ficando de babá dele durante o resto da noite. Foi terrível. Basicamente, ele estragou nossa noite, mas amávamos o cara. O que iríamos fazer, abandoná-lo? Maconha desse tipo, não importa o quão forte seja, nunca matou ninguém. Então sabíamos que não precisávamos levá-lo ao hospital, mas precisamos garantir para ele que ficaria bem.

1988

Foi tão chato. E preciso te dizer, não é nada como quando todo mundo está bêbado, aí alguém começa a ficar chato. Isso deixa todo mundo chateado. Sabe, ninguém na banda era... apesar de eu me divertir às vezes, tipo com a maconha em Amsterdã, nunca fazia isso no dia do show. Seria no dia de folga. Mas preciso admitir que a maconha de lá era bem forte. Foi meio estressante para nós, mas ajudamos ele a aguentar a experiência. Duvido que ele sequer tenha pensado em ingerir maconha de novo depois daquilo. Ele só ficou sentado lá, aterrorizado, sem conseguir fazer nada. Ele ficou extremamente desconfortável com o efeito. Não sei o que tem na química da maconha que afeta certas partes do teu cérebro. Aquilo o levou a um lugar em que ele não queria estar. Foi uma das piores reações à maconha que já vi, sendo bem sincero. Eu ouvi uma história de que uma vez Gene foi enganado e comeu um brownie de maconha e odiou a experiência, porque não se sentia "no controle", nas palavras dele. Ele acidentalmente comeu numa festa. Porque, obviamente, sei que Gene nunca quis ficar chapado de propósito. Mas entendo isso, da mesma forma que, quando eu era jovem, acabei tomando ácido com anfetamina, apesar de eu achar que estava consumindo outra coisa. Não fiquei nada feliz. Mas estou falando dessas coisas mais "químicas". Em Amsterdã, era só maconha, e ele ficou totalmente paranoico, completamente imobilizado, achando que ia parar de respirar, alguma coisa assim. Muito estranho. Mas ele aguentou.

GARY CORBETT: Eu fui culpado por esse episódio, junto com os outros... mas eu fui responsável! O que aconteceu foi que Eric estava chateado com Gene e Paul, porque eles tinham tirado seu solo de bateria da turnê Monsters of Rock. Eles não eram a atração principal – o Iron Maiden era. E Eric amava fazer seu solo de bateria, então ficou muito chateado que tiraram isso dele. Na turnê Monsters of Rock, acho que fizemos uns sete ou oito shows, aí o Kiss ficou por conta própria durante o restante da turnê europeia. Ouvimos dizer que, mesmo quando saímos nos shows por conta própria, eles ainda queriam ficar sem o solo de bateria. E Eric ficou muito chateado. Então, estávamos em Amsterdã. Os shows da turnê Monsters eram apenas nos fins de semana, então, onde quer que tocássemos, tínhamos a semana antes ou depois disso na cidade, ou, pelo menos, alguns dias. Portanto, tocamos em Amsterdã e tivemos três ou quatro dias de folga lá.

Eric nunca tinha fumado maconha na vida. Ele nunca tinha ficado chapado nem nada e eu era muito fã dos *coffee shops* de lá. O que aconteceu foi que Eric veio até mim e disse, "Eu quero experimentar maconha". Ele estava muito chateado com o solo de bateria, muito zangado e magoado com eles. Ele disse, "Quero ficar chapado". Então fomos ao café e ele comeu dois brownies e não sentiu nada demais. No dia seguinte, Bruce estava fazendo compras, e ele encontrou um *coffee shop* que era menos para turistas, "mais para quem morava lá", em uma ruela. E acho que eles faziam seus *space cakes* um pouco mais potentes. Ele me ligou e falou sobre o lugar. Liguei para Eric e disse, "Ei, se você quiser tentar de novo, nesse lugar você certamente vai sentir alguma coisa". Então fomos lá. Ele acabou comendo um pouco mais do que deveria, eu acho. Ele comeu umas duas porções. Eu bolei um beck enorme com haxixe e ele tragou umas duas vezes. Bombons de chocolate – ele estava comendo um monte.

Aí fomos embora e começamos a andar pelas ruas. Até encontramos Gene e Paul. Então, nesse ponto, estávamos sentados com todo mundo, conversando em um café ao ar livre. Ficamos um tempo lá e Eric disse para mim, "Acho que preciso sair daqui, estou me sentindo muito estranho". Ficar perto deles o deixou muito paranoico, então saímos de lá. Voltamos ao hotel. Liguei para Bruce e contei o que tinha acontecido, o que estava acontecendo. Bruce e Nitebob, que era nosso engenheiro de som ao vivo na época, vieram até meu quarto e nós três tentamos acalmar Eric. Ele estava mal mesmo, tanto que eu disse para ele, "Que tal tirar uma soneca? Você vai acordar se sentindo muito melhor", e ele respondeu, "Não, eu não quero dormir. Tenho medo de que, se eu dormir, não vou acordar". Ele estava muito paranoico com tudo. Eu disse, "OK, que tal comer um pouco? Isso geralmente diminui o efeito". Aí encomendamos comida, ele deu uma mordida e não conseguia comer mais. Ele achava que ia se engasgar. Quero dizer, ele estava mal mesmo.

1988

E é claro que eu tinha uma filmadora comigo. Boa parte do tempo que passamos juntos no quarto está registrado em vídeo e é hilário de se ver. É como um daqueles filmes de hippie ruins dos anos 1970, sabe? Basicamente, ele estava congelado – não conseguia fazer nada. Ele não lidou bem com a experiência. Bem, eu saí da cidade no dia seguinte, porque minha irmã estava morando na Suíça e tínhamos três dias livres, aí precisávamos nos encontrar de novo na Itália. Ele foi dormir naquela noite e eu fui embora cedo e não o vi de novo. Três dias depois, quando cheguei à Itália, estava sentado em um restaurante e Paul entrou lá. Ele veio até mim e disse, "Ora, ora, se não é o *traficante*". Eu perguntei, "Como assim?". Ele disse, "Fiquei sabendo que você ferrou com a cabeça do Eric". No fim das contas, Eric ficou tão chapado que não saiu do quarto durante os três dias seguintes na cidade. Ele não lidou bem com o que aconteceu e acho que nunca mais usou depois daquilo.

BRUCE KULICK: Eu achei que tocamos bem. Vi alguns vídeos do show, e Eric estava com a bateria enorme e tudo mais. Tínhamos um bom disco para tocar – *Crazy Nights*.

GARY CORBETT: [Meus teclados ficavam] em qualquer lugar onde pudessem achar um espaço. Eles não pensavam muito nisso antes do show. E tinha o fato de que não queriam que eu fosse visto, mas deviam ter pensado mais a respeito disso, porque fãs do Kiss levam a banda a sério e muitos vão a mais de um show. E eles descobrem detalhes do nosso cronograma antes mesmo de nós – eles sabiam tudo a respeito de tudo. Então, não levou muito tempo até um dos caras do "Kiss Army" saber por que eu estava lá. Eles me viam e queriam fazer perguntas sobre o que eu estava fazendo. Eu não podia falar a respeito, então eu ficava quieto. Mas tinha ocasiões em que não dava para esconder.

Por sinal, quando tocamos no Monsters of Rock na Alemanha, eu estava na lateral do palco, meio que atrás dos amplificadores. E eles tinham aqueles telões enorme nas laterais do palco. Tinham três operadores de câmera andando pelo palco, filmando tudo. Ninguém os informou de que a plateia não poderia saber que eu estava lá. E, durante "Rock and Roll All Nite", um dos câmeras veio pela lateral do palco e começou a me filmar tocando e a imagem apareceu nos telões, para 60.000 pessoas! É claro que isso foi muito antes do YouTube ou qualquer coisa do tipo, mas alguém fez uma cópia em VHS do que as câmeras estavam filmando e tornou-se um vídeo pirata muito desejado por um tempo [risos]. Porque eu fui "exposto". Pois é, Gene e Paul não ficaram muito felizes com isso. Agora, você pode ir no YouTube e procurar isso. Mas, naquele tempo, era apenas uma rede oculta do Kiss Army que trocava vídeos entre si. O vídeo circulou bastante.

Aqueles caras não socializavam muito, sendo bem sincero. Gene estava com a cabeça nos negócios. Ele tinha um selo [Simmons Records]. Assim que terminávamos um show, ele voltava ao seu quarto e não o víamos de novo até o dia seguinte, quando saíamos do hotel. Ele ficava em seu quarto, lidando com os negócios. Não era sociável. Paul era praticamente do mesmo jeito. Não víamos Paul com frequência. Naquele tempo, Paul estava namorando Samantha Fox, então ela estava na Europa por um tempo. Eu não me lembro de haver muita socialização. É por isso que Eric e eu nos aproximamos tanto, porque éramos as únicas duas pessoas que queriam conversar e caminhar pelas cidades. Eu tinha minha filmadora. Tenho horas e horas de vídeos de mim e Eric pela Europa. Alguns momentos ótimos.

Uma das coisas mais engraçadas foi no dia antes do show em Donington, quando Eric e eu fomos ao local do show. O Guns N' Roses era uma banda nova na época. "Paradise City", que foi o terceiro clipe deles, teve parte de suas imagens filmadas em Donington. Eric e eu gostávamos muito da banda, então, quando eles fizeram a passagem de som, na tarde anterior ao show, Eric tinha que ir lá e resolver uns problemas com a bateria, então ficamos por lá. Quando eles começaram a passagem de som, fomos até o meio do gramado, nos sentamos e vimos eles tocando. Eu estava com minha filmadora, então disse, "Vou filmar a passagem de som". Só nós dois, naquele campo com capacidade para 100.000 pessoas. Eu estava filmando e tinha dois caras no palco – que estavam olhando para onde estávamos sentados –, um deles começou a apontar para nós. Eric me disse, "Cara, estão apontando para nós. É melhor você desligar a filmadora, porque eles não devem estar gostando disso". Eu não a desliguei. Eu apenas a coloquei no chão e tentei apontá-la para o palco.

Bem, ninguém disse nada para nós. No entanto, quando voltamos ao hotel naquela noite, Paul ligou para mim e disse, "Sabe, eu estava vendo o noticiário. Eles estavam falando sobre o show de amanhã e o repórter disse, 'Guns N' Roses tocou para uma plateia muito pequena hoje' e a câmera se virou e mostrou Eric e eu sentados no meio do gramado [risos]! Era por isso que o cara estava apontando para nós. Não era porque eu estava filmando. Acabamos aparecendo no noticiário inglês daquela noite. Nós nos divertíamos muito fazendo coisas assim. E passeávamos pelas ruas. Eric não tinha problema em falar com pessoas que não conhecia e entrevistá--las. Ou com os fãs nos seguindo. E eu filmava tudo.

Teve um fã que apareceu no nosso hotel em Paris e ele tinha feito umas miniaturas de todos os instrumentos que a banda usava na turnê. Não sei como ele fez aquilo – todas as guitarras de Paul e Bruce, todos os baixos de Gene... acho que tinham uns 20 centímetros de comprimento e eram inacreditavelmente detalhadas. Todos os detalhes dos instrumentos foram feitos com precisão. E ele tinha feito a bateria de Eric, que, se você se lembra, era bem grande. Cada bumbo tinha o tamanho de dois. Eram dois bumbos colados um no outro, então eram compridos. Ele usava três bumbos. Acho que ele tinha uns nove, 10 ou 12 tons, além dos pads e dos pratos. E o cara recriou a bateria nos mínimos detalhes. Todos os pads, todos os pratos, todos os adesivos na bateria de Eric, estava tudo naquela miniatura.

Tínhamos descido até o lobby do hotel em que estávamos hospedados em Paris e o cara estava lá, esperando que algum integrante da banda descesse, para mostrar o que tinha feito. Então Eric desceu. Eric era ótimo com fãs. Ele ficava conversando com os fãs até o último ir embora – ele nunca dispensava ninguém. Então, ele foi lá e viu o que o cara tinha feito e ficou impressionado. E o cara deu a miniatura para ele como presente. Ele ficou *tão* emocionado. E seu plano era colocá-la em uma caixa de acrílico e deixá-la em sua mesa de centro. Ele a encaixotou cuidadosamente e, de alguma forma, quando estava sendo enviada de volta da Europa, acabou nunca chegando. Isso é mais uma coisa que tenho gravada em vídeo. O cara me achou no Facebook ou no MySpace, um tempo atrás, e pediu uma cópia do vídeo em que ele aparece dando a miniatura para Eric.

CARRIE STEVENS: Eu nunca vi Gene com ninguém. Talvez ele estivesse com alguém. Se estava, mantinha em segredo. Sei que ele gosta de se gabar disso, o que é meio esquisito, porque não entendo como Shannon... Não entendo. Porque acho que eles não estavam em um relacionamento aberto. Não tenho ideia. Não, nunca vi Gene fisicamente com uma mulher. Já Paul, eu vi umas duas vezes. Uma vez, ele estava em um banheiro, nos bastidores, parecia um vestiário antigo. Ele estava com uma garota e Eric e eu estávamos pegando moedas e jogando por cima neles, tentando acertá-los e sair correndo! Aí teve uma vez em que estávamos no ônibus da turnê, e tinha umas garotas andando atrás de nós, claramente seguindo o ônibus e Paul falou para o motorista parar; ele desceu e entrou no carro delas! Deve ter sido o momento mais excitante da vida delas! Não sei se ele fez alguma coisa com elas. Só sei que ele desceu do ônibus, entrou no carro e andou atrás de nós. Eric era o único dos caras que bebia. Eles não eram uma banda de festa. Eles não eram como o Mötley Crüe. Eles levavam a sério esse negócio de ganhar dinheiro e fazer música. Se tinha alguma festa – no sentido de bebidas, porque Eric nunca usava drogas –, seria Eric e eu no bar de um restaurante, só nós. Nunca aconteceu nos bastidores.

GARY CORBETT: Sempre tinha muitas mulheres ao redor deles. E, como isso já era um fato conhecido, ele meio que se autoperpetuava, porque, quanto mais mulheres havia por perto, mais falavam a respeito disso e mais mulheres queriam ficar por perto. Sempre havia muitas. Quanto a quem participava nisso, não sei mesmo. Na época, me lembro de ter ouvido que Gene supostamente dormiu com 20.000 mulheres. [Nota: o número exato citado por Gene é 5.000... mas quem está contando?] Supostamente havia polaroids de muitas delas e ele ia fazer um livro. Acho que foi muito antes de *Girls Gone Wild*. Ele ia fazer um livro de fotos polaroid e, infelizmente, a pasta que estava cheia de polaroids foi roubada do escritório do empresário, então o livro nunca foi feito. Quero dizer, eu costumava andar no palco durante a troca de uma banda para a outra com minha filmadora, só para filmar a plateia. Só de fazer isso, eu já via uns 20 pares de seios. Sim, sempre havia muitas mulheres por perto. Eram os anos 1980 e fazia parte da cena. Mas o fator da "participação" – não era tanto quanto eles diziam, eu diria.

CARRIE STEVENS: Eric era uma putinha antes de ficar comigo. Ele admitiu para mim que estava com cinco garotas ao mesmo tempo durante uma turnê. Eu sempre ficava paranoica de que ele ia me trair, por causa do seu passado. Ele me disse que traiu todas as namoradas que teve e que era muito sexual na estrada. Ele sempre deu valor para o fato de que eu acreditava que ele não me trairia. Eu não tenho certeza se eu acreditava de verdade, porque eu pensava, "Bem, se ele traiu todas as outras, por que ele não me trairia?". Eu nunca o peguei fazendo isso. É claro, sempre havia garotas enviando cartões e números de telefone para ele, mas eu nunca o peguei no ato. Mas, sim, ele me disse que tinha traído todas as outras. Ele vivia sua "vida de rock star", com certeza.

MIKE PORTNOY: Eu o conheci... acho que em 1988. O Dream Theater tinha acabado de gravar o primeiro disco, *When Dream and Day Unite*, e nosso empresário da época trabalhava na empresa Kiss. Acho que ele tocou nosso disco para Eric, antes mesmo de ele ser lançado, e o Eric imediatamente gostou dele e foi a vários de nossos shows em 1988 e 1989, quando estávamos apenas fazendo shows locais em Nova York. Foi quando o conheci, quando ele ia aos shows. Nossa banda ainda era totalmente desconhecida, então fiquei muito deslumbrado de conhecê-lo, já que eu era muito fã do Kiss. Ainda éramos jovens, só começando, então foi incrível ter o apoio dele no começo de nossa carreira.

Ele nos viu várias vezes e eu conversei com ele várias vezes, além dos shows do Dream Theater. Ele sempre foi o cara mais simpático e gentil e tenho certeza de que qualquer pessoa que você entrevistar te dirá a mesma coisa. Ele era um cara muito simpático e legal. E, como disse antes, éramos jovens, começando, ainda sem sucesso. Portanto, não havia motivo para ele se apegar a mim e ser legal comigo, exceto pelo fato de que ele era um cara legal e acho que ele gostava do meu jeito de tocar bateria. Foi uma honra fazer amizade com ele tão no começo de nossa carreira. Tenho algumas fotos com ele, só conversando.

JACK SAWYERS: Eu voltei até minha casa em Jersey, fiz as minhas malas e me mudei para Hollywood, Califórnia, em setembro de 1988 – acho que eles estavam finalizando o disco *Smashes, Thrashes & Hits*. Eu consegui um emprego na Guitar Center, trabalhando na recepção. É engraçado [porque], uma semana depois, quem entrou lá? Eric Carr [risos]. Ele entrou e eu disse, "Ei!". Ele olhou para mim e começou a rir. Ele disse, "O que *você* está fazendo aqui?". Parecia uma piada. Eu disse, "Eu me mudei para cá. Estou em Los Angeles agora". Então ele me visitava de vez em quando. Nós nos conhecemos melhor e fizemos amizade. Lembro que, do nada, ele me disse, "Ei, vou até o Rainbow hoje à noite. Venha junto. Venha passar um tempo conosco no Cat & Fiddle".

BRUCE KULICK: Eu sei que Eric não estava feliz a respeito disso [regravar os vocais de "Beth" para *Smashes, Thrashes & Hits*]. É claro, ele não era louco a ponto de dizer "Não!". Mas ele não estava feliz. Sei que ele cantaria muito bem, porque Eric tinha uma voz fantástica que poderia ter sido usada ainda mais com o Kiss. Eu estava animado por ele. Fiquei pensando, obviamente estavam retornando à música porque havia alguma questão contratual com a versão do Peter, pelo que entendi. Mas também era legal dizer, "Ei, não precisamos de você, Peter. Eric pode cantar para nós". Mas acho que foi uma boa oportunidade para Eric. E, se eu falasse com ele a respeito disso, tenho certeza de que diria a mesma coisa para ele. Mas eu também diria, "Sim, você está mexendo com algo sagrado, blá blá blá, mas você é um ótimo cantor. Aproveite essa oportunidade de ser destacado em um disco". Acho que ele fez um ótimo trabalho e acho que ele gostou de cantar, no fim das contas, e Paul ajudou a produzir e a guiá-lo. E foi isso.

1988

LORETTA CARAVELLO: Acho que todo mundo sabe que ele achava que Peter sabia [que a música seria regravada]. Aí ele descobriu que ele não sabia. Ficou muito constrangido, se sentiu péssimo.

BOB GRAW: Com todo o respeito ao Eric, e sei que ele não queria fazer isso, e me lembro de ter lido que ele era totalmente contra a regravação, mas ele estava sendo pago, então precisava fazer. *Eu odiei aquilo.* Eu achei que foi o maior tapa na cara do Peter Criss. Foi muito, muito decepcionante. Ainda gostaria que eles não tivessem feito aquilo. Não tinha nada a ver com Eric, porque eu amava Eric Carr. Eu o amava como integrante do Kiss e achava que era um ótimo substituto para Peter Criss. Ele sempre se encaixou bem, tinha uma aparência ótima no palco e tocava muito bem. Ele certamente parecia pertencer ao Kiss. Mas, quando ouvi aquilo... nunca escuto aquela versão. Sempre pulo a faixa.

1989

BOB KULICK: O nível de frustração de Eric chegou ao seu ápice quando eu fiz a turnê com Paul. [Paul fez uma turnê solo curta e por locais pequenos em 1989]. Porque, em vez de *ele* tocar aquelas músicas, Eric Singer tocaria e Paul deixou Eric Singer tomar liberdades que ele nunca permitira Eric Carr tomar. E isso criou uma animosidade, porque Eric Carr não entendia por que isso estava acontecendo, apesar de que estava mais do que na cara. "Não somos o Kiss, então podemos tocar um monte de coisas diferentes". Mas, apesar disso, toda vez que eu perguntava para Paul, "Posso fazer um solo mais longo no fim?", "*Não!*"; "Posso estender o solo no meio dessa música?", "*Não!*". Ele nunca me dava espaço. E tinha vezes em que ele dava ordens, "Você pode tocar mais parecido com o que Ace tocava?". Eles tinham seu jeito de criticar com piadinhas, não apenas a Eric Carr, mas a mim também... e eu nem tocava no Kiss! Esqueça o que fizeram com meu irmão.

Mas o que eu quero dizer é que, de certa forma, ele estava sofrendo, e isso é muito triste para mim, porque eles tinham uma banda de sucesso. Você não deveria sofrer. Mas ele levava tudo muito a sério, então acho que é aí que entram os tons de cinza – o baterista da banda enorme se sentindo menos do que deveria ser. Às vezes, eu dizia para o meu irmão: "Qualquer que seja a realidade – eu toquei com Alice Cooper, Diana Ross, Meat Loaf, Michael Bolton e grandes estrelas – não importa o que aconteça, a percepção da plateia é que você está lá, no palco, com aquelas pessoas. *Você é uma estrela*. Nunca se esqueça disso". Eric levava tudo muito a sério, imagino. Portanto, um tanto do que aconteceu – as ocasiões em que ele bebeu demais –, acho que foram resultado do que as pessoas fazem quando estão sofrendo e tentando lidar com sua realidade.

GARY CORBETT: Eric Singer e eu ainda somos amigos bem próximos, porque fizemos a turnê solo do Paul Stanley juntos, em 1989. E o estranho foi que, quando tocamos em Nova York, Eric Carr foi ao show e foi aos bastidores após o show e disse para mim, "Aquele cara vai me substituir". E eu disse, "Do que você está falando? Eles não vão te demitir". E ele disse, "Não, cara, eu estou te dizendo. Aquele cara vai me substituir". E não havia qualquer motivo para ele se sentir daquela forma naquele momento, além do fato de que Eric Singer era um ótimo baterista. Mas ele estava no Badlands na época e não havia nada dessa suposição dele que se baseasse na realidade. Após a turnê, quando Paul gravou demos – ele estava compondo para o próximo disco –, Eric Singer tocou bateria nas demos. Algumas das faixas de bateria das demos acabaram sendo usadas no disco. Então Eric Singer está no disco *Hot in the Shade*, apesar de não ter recebido crédito. Eles usaram as demos de uma ou duas músicas.

BRUCE KULICK: [A gravação do disco *Hot in the Shade*] não foi uma experiência muito boa. Gene e Paul acharam um estúdio com um cara, Pat Regan, onde fizemos demos de algumas ideias. Na época, acho que estava na moda usar pads de bateria eletrônica, para não ter que microfonar uma bateria inteira. Dava para usar samples. Lembro que trabalhamos em várias músicas, depois, quando eles estavam prontos para gravar o disco, começamos a usar as demos, porque elas estavam com um som aceitável. Mas apenas "aceitável", se é que você me entende. Eu queria que tivéssemos começado do zero, em um estúdio grande, para ir com tudo. Mas eles queriam fazer a abordagem "menos é mais/vamos deixar as coisas mais orgânicas". Para algumas das músicas, foi a abordagem correta. Mas acho que o que deu errado foi que certamente tínhamos o orçamento e poderíamos ter feito algo ainda maior, talvez até usado um produtor. Aí havia algumas músicas em que a bateria de Eric nem aparecia – é uma bateria eletrônica. Eu achei isso meio desrespeitoso. E não ajudou em nada com os sentimentos do Eric.

CARRIE STEVENS: Eu estava no estúdio com ele enquanto ele gravava [*Hot in the Shade*]. Ficava na frente de um restaurante, Genghis Cohen, e lembro que, no dia que cheguei lá, Gene olhou para mim, olhou para Eric e disse, "Você deveria se casar com ela". Gene, que é tão contrário ao casamento, estava dizendo que Eric deveria se casar comigo! Eu estava muito animada de estar lá, mas eu era mais "a namorada". Não era como se eu estivesse prestando atenção em que notas estavam sendo tocadas. A gente transava no banheiro do estúdio – eu era a namorada, não fazia música! Sempre nos divertíamos juntos. Saíamos para jantar e conversar. Eu ainda era tão jovem. Eric não queria sair à noite, nada disso. Eu saía e voltava para casa depois e contava o que tinha acontecido. Nossa diferença de idade era enorme.

BRUCE KULICK: Eu achei que as sessões de "Little Caesar" [uma música em que Eric cantou e teve coautoria com Gene e Adam Mitchell] foram divertidas. Eu estava muito animado de fazer parte daquilo e tinha o fato de que Gene e Paul disseram, "Sabe, essa música é boa", e Gene ajudou a concluí-la. Mas, originalmente, eram só Adam Mitchell e Eric. Acho que eu nem estava envolvido na composição, mas eu ajudei com a guitarra. Então, no geral, foi uma experiência meio ambígua. Eric estava cantando uma música muito boa e a demo não era muito diferente da versão final. Mas, no geral, achei que aquele disco ficou manchado pelo fato de que apenas pegaram as demos e as utilizaram como versões finais, apenas as consertando um pouco. Apesar de o disco ter seus destaques. Eu fiquei um pouco surpreso com o quão bem lidamos com aquele disco, só isso. Não me incomodei com a capa e nossa aparência ficou legal, até.

ADAM MITCHELL: Gravamos ["Little Caesar"] no apartamento de Eric, em Nova York. O que me lembro é que, quando estávamos fazendo a demo dela, como eu disse, eu tinha uma bateria eletrônica e a maior diferença de que me lembro – e isso também vale para as músicas que fizemos para *Rockheads* – eu tinha começado como baterista, mas a diferença entre eu programar uma bateria eletrônica para uma demo e Eric programando a mesma coisa era como noite e dia. Quero dizer, fiquei tão impressionado na época e Bruce também. E Bruce é um músico muito talentoso, mas, quando estávamos fazendo as demos para *Rockheads* e Bruce fazia a programação, Eric chegava, mudava tudo e ficava fantástico. Tão melhor. De repente, parecia uma bateria de verdade e detonava. É disso que eu mais me lembro da composição de "Little Caesar". Ele tinha se mudado para o leste da cidade. Ele estava na rua 80 com a Second, algo assim. Era muito importante para Eric ter uma música em um disco do Kiss, porque era difícil conseguir isso. Normalmente, era só Gene e Paul com coautores. Era difícil para outro integrante da banda conseguir uma música no disco. Então, fiquei muito feliz por ele. Não acabou sendo um disco de grande sucesso, mas foi bom para ele.

EDDIE TRUNK: A única coisa que eu sei, também, [é que] ele estava tremendamente orgulhoso de ter a oportunidade de cantar em uma música do Kiss, "Little Caesar", do *Hot in the Shade*. Ele não estava tão animado de cantar "Beth" para a coletânea, porque sabia que era algo sagrado. Mas ele cantou e, após um tempo, acho que gostou do que fez. Ficou como ficou. Ele nunca a cantou ao vivo, nada do tipo. Mas ele queria muito cantar uma música em um disco. Sempre que eu o encontrava para um programa de rádio, ele sempre me fazia tocar "Little Caesar". Ele sempre ficava orgulhoso de contar para as pessoas que ele fez tudo naquela música. Ele tocou baixo, bateria, cantou [e] acho que até tocou guitarra. Uma vez, ele me disse que é basicamente só ele e Bruce na música inteira e Paul fez uns backing vocals, algo assim. Foi muito importante para ele e ele ficou muito orgulhoso de poder fazer aquilo. E isso é outra coisa que as pessoas que não seguem o

Kiss talvez não saibam. Eric tocou baixo em algumas músicas. Acho que ele tocou baixo em "I Still Love You", do *Creatures of the Night*. Então ele fez muito mais do que apenas sentar e tocar bateria do jeito que mandavam. Ele cantou e compôs "Breakout" no disco do Ace [*Frehley's Comet*, de 1987]. Tem essa conexão, porque é uma das músicas que ele compôs. "All Hell's Breakin' Loose", do *Lick It Up*. Portanto, o cara fez muito mais do que deram crédito a ele, se você pesquisar um pouco a respeito.

LORETTA CARAVELLO: Ele sempre queria compor mais. Se você analisar *Rockology* e essas coisas, ele tinha muitas músicas. Há muitas demos que não foram lançadas. Vou lançar algumas coisas em breve. Essas músicas, apesar de terem sido compostas para *Rockheads*, também foram compostas para o Kiss. A música "Somebody's Waiting" foi considerada para *Hot in the Shade*, mas "Forever" acabou entrando em seu lugar. Na minha opinião, se você ouvir "Somebody's Waiting", é uma música que te dá arrepios. "Forever" é uma boa música também, mas não há motivo para as duas não terem entrado. É a mesma história de sempre. Gene e Paul compõem a maioria das músicas e outros membros do Kiss geralmente querem mais de suas músicas nos discos, mas isso geralmente não acontece.

BOB KULICK: É claro que ele poderia ter feito mais. Mas os perímetros da banda sempre estavam definidos de forma que, em qualquer show, Peter, Eric ou qualquer outro cantaria apenas uma música e Ace cantaria uma música. Era como nos Beatles – George Harrison cantava uma música e Ringo cantava outra. Não era tão diferente. Ele poderia ter feito mais? Sim. Ele deveria ter feito mais? Sim. Mas, como eu disse, quando você entra numa banda, você tem que aceitar o acordo que foi feito e Paul e Gene eram os principais compositores. E, novamente, música é uma questão de opinião pessoal e gosto. Ele poderia ter uma música que eles deixaram de incluir e que daria certo para eles? É claro. Não posso dizer com certeza, mas é possível? É claro. Mas é música. É uma questão de opinião pessoal e gosto. O ponto positivo para ele era que, sejamos sinceros, tinha um milhão de pessoas que matariam para estar no lugar dele. Portanto, ele era o sortudo. É tão difícil entrar numa banda assim. Tenha isso em mente – *ele entrou em uma banda que já fazia sucesso*. Só com essa pressão, o cara merece um crédito. É muita pressão. Não importa o que você acha de Peter Criss, é difícil substituí-lo, ainda mais com um público tão fanático.

ADAM MITCHELL: Eu acho que, em *Hot in the Shade*, foi bom ouvir a voz de Eric, mas era tipo, "Quantas músicas o Ringo tinha nos discos?". Eric era "o Ringo", de certa forma. Os fãs queriam ouvir Gene ou Paul. Eu não percebi até estar no estúdio com Paul, mas Paul é... eu sempre soube que ele era um ótimo cantor, mas é só quando você canta com ele que percebe que voz *fenomenal* ele tem. Paul tem a voz mais infalível que já ouvi, e acredite, já cantei com muitos cantores – Linda Ronstadt e eu cantamos muito juntos. Paul podia cantar notas mais altas, por uma duração maior e com mais intensidade e ainda manter sua qualidade, ainda cantar afinado, melhor que qualquer pessoa que já ouvi. Ele tem uma voz absolutamente infalível.

BOB GRAW: Eu achei que eles estavam começando a ir na direção certa. Tinha mais músicas de rock no disco. Eu amava "Hide Your Heart". Foi um sucesso enorme para eles na MTV. Eu me lembro da primeira vez em que ouvi aquela música, me apaixonei por ela. Pensei, "Esse é um som ótimo para o Kiss". Aquele disco provavelmente começou a levá-los de volta ao seu som mais pesado dos anos 1970. Talvez ainda estivesse chegando lá, mas certamente estava voltando. "Rise to It" – ótima música, ótimo clipe. Mas, além dessas, é bem pop. Mas, como eu disse, há certas músicas boas. A música do Eric provavelmente é a melhor do disco.

EDDIE TRUNK: Apesar de o disco ser, na minha opinião, mal produzido, o material dele, a direção, o visual deles e tudo o que eles tentaram ser naquele momento parecia ser muito mais natural e confortável.

BRUCE KULICK: Não há dúvida de que Eric, se necessário, poderia ter contribuído mais. Quando você analisa a realidade do que o Kiss era e a configuração da banda, como ela era administrada... O que você ouviu é como se encaixaria para Eric. Ou seja, ele poderia ter cantado uma música? É claro.

Mas Gene e Paul eram muito competitivos para abrir mão dessas coisas. Quando eu consegui uma música em *Carnival of Souls* ["I Walk Alone"], parecia um milagre. Mas, novamente, ele certamente fazia as coisas de seu jeito e era ótimo nisso. Acho que o que ele contribuiu e seu talento sempre foram óbvios na banda. Se você é um fã de verdade dele, você poderia reclamar e dizer, "Algumas músicas em *Rockology* poderiam ter sido concluídas. Poderiam estar em discos do Kiss". É verdade. Mas o que você pode fazer a respeito?

CARRIE STEVENS: Ele estava frustrado. Ele estava feliz que "Little Caesar" apareceu no disco. Ele ficou orgulhoso disso. Todo músico quer ver suas músicas [nos discos], por motivos financeiros. Mas, para ele, criativamente, ele queria fazer mais. Eu era tão jovem e imatura e só queria me divertir. Ele costumava dizer para mim, quando ficávamos semanas juntos em Nova York ou Los Angeles, "Quando eu estou com você, não consigo fazer mais nada". E eu disse, "Bem, o que você precisa fazer? Você está no Kiss. Você não precisa fazer nada". Mas tinha muito que ele queria fazer, criativamente.

CHRISTINA HARRISON: Carrie disse que nos conhecemos no Palladium. Eles não estavam tocando lá, mas fomos ver várias bandas e ela disse que me viu no topo da escadaria. Ela disse que foi em 1989 ou 1990. Eu já estava casada com Bruce. Eu achei que tinha conhecido Carrie antes disso, em um show em um anfiteatro, em New Hampshire [em 1988]. Ela disse que tinha se mudado para Los Angeles em fevereiro de 1989 e que Eric meio que a deixou escondida por um tempo, talvez porque ele estivesse saindo com outra pessoa, ou ele não sabia. "Eu a amo? Eu não a amo?" E eu disse, "Eu poderia jurar que já tinha te encontrado antes". Minha primeira memória de ter encontrado Carrie é de um show em um anfiteatro. Ela parecia tão jovem e linda. Lembro que ela era um pouco mais pesada – não gorda, de jeito nenhum –, mas tinha um corpo mais de garota do interior, usando um vestido com estampa floral.

Ele sempre foi inseguro, porque começou trabalhando com consertos. Ele sabia que era um bom baterista, mas não conseguia acreditar que estava no Kiss, porque ele era só um cara mediano, maravilhoso e normal. Mas, ao mesmo tempo, ele era tão inseguro. E seu relacionamento com Carrie era intermitente. "Eu a amo... Eu não sei... Eu a amo... Eu não sei". Eles discutiam muito. Eu sempre dizia, "Ah, é amor jovem, discutindo e fazendo as pazes, discutindo e fazendo as pazes". Bruce sempre dizia para ele, "Por que você não agenda um voo adiantado, duas semanas ou um mês antes, para economizar dinheiro? Vocês brigam, aí você a manda de volta para casa no dia seguinte". Mas que casal não briga? Casais fazem isso.

BRUCE KULICK: Minha ex-esposa Christina era amiga do Eric. Aí, às vezes, eles brigavam. Ele não queria falar com ela. Eu devo ter aquelas cartas guardadas. Eu me lembro dele escrevendo uma carta muito longa para ela, falando sobre o que ele estava passando com Carrie no momento e tentando fazer Christina entender por que ele estava sendo tão, digamos, difícil com a situação. E eu achei interessante que ele optou por escrever aquilo, ao invés de falar.

CHRISTINA HARRISON: [Bruce e eu] nos casamos em 24 de setembro de 1989. Você sabe quem foi a pessoa que mais ficou animada – o que é engraçado, porque ele é tão anticasamento –, quando fomos até a casa para contar a Gene sobre nosso casamento, seus olhos brilharam e ele disse, "Mazel Tov!". Ele me abraçou e apertou a mão de Bruce. Ele sabia que éramos um bom casal. Então, no dia do casamento, foi um dia lindo e todo mundo estava muito animado. Mas eu nem conhecia Carrie tão bem e descobri, muito tempo depois, que Eric estava muito inseguro, não sabia se "deveria chamar Carrie de namorada oficial ou não". Ela tinha voado até lá e estava no quarto de hotel dele e ele não a levou ao casamento. Mas, ao mesmo tempo, estávamos tentando não gastar muito com a cerimônia. Eu até falei para Paul, "Você não pode levar companhia". Eu não queria que todos os amigos solteiros levassem companhia, porque isso dobraria o tamanho do casamento. Quero dizer, o casamento foi pequeno. Acho que tinha umas 66 pessoas lá. Então não permiti que nenhum amigo solteiro levasse companhia, a não ser que fosse sua namorada ou namorado oficial. Então disse para Paul, "Você não pode levar companhia", e ele disse, "Eu não ligo". Eu deixei bem claro – "A festa precisa ser pequena". Mas foi um dia divertido. Eles estavam felizes de verdade por nós.

LARRY MAZER: Eu estava agenciando a banda Cinderella na época, que já tinha ganhado múltiplos discos de platina. E eu já tinha encontrado Gene e Paul antes, apenas um "Olá, como você está?" em shows diferentes a que fomos. Quando o Cinderella tocou no Forum, em Los Angeles, Gene estava lá e eu o encontrei, e teve uma vez que Paul estava na Suécia quando o Cinderella tocou lá e o chamamos para o bis. Portanto, eles sabiam quem eu era, eu sabia quem eles eram e, certo dia, em 1989, eu acho, eles me ligaram. Antes disso, eles estavam trabalhando com Danny Goldberg, eu acho, como consultor da banda e eles tinham encerrado seu vínculo com ele. Eles ligaram para mim, porque eu tinha muito poder na Mercury, por causa do sucesso de Cinderella, e disseram, "Você estaria interessado em trabalhar com o Kiss?". Eu estava em Nova York no dia seguinte e fechamos o negócio em cerca de cinco segundos. Isso começou nosso relacionamento de sete anos. Eu comecei a trabalhar com eles cerca de um mês antes de *Hot in the Shade* sair.

Minha maior preocupação era que, assim que eles tiraram a maquiagem, o Kiss se tornou "a banda do Paul Stanley". Gene tinha seu selo Simmons Records. Ele estava trabalhando com Liza Minnelli [como agente dela] e estava atuando. E o Kiss tornou-se uma banda muito unidimensional a partir de *Lick It Up*, até *Hot In The Shade*, quando tinha praticamente se tornado a banda do Paul. Todas as faixas que iam para o rádio nessa época eram "faixas do Paul". "I Love It Loud" foi a última faixa do Gene, que saiu no disco *Creatures of the Night*. Eu deixei claro que sentia que eles estavam perdendo todo um lado deles ao não deixar Gene mais visível na banda. O que eu exigi deles quando me envolvi foi que ele precisava parar com a Simmons Records, precisava parar de agenciar Liza Minnelli, precisava parar com todos os seus outros negócios e precisava voltar ao Kiss. O que ele fez.

1989

Infelizmente, *Hot in the Shade* já estava pronto, mas, se você analisar o disco *Revenge*, ele foi o verdadeiro retorno de Gene Simmons. Por sinal, a primeira faixa que levei até o rádio era do Gene ["Unholy"]. A terceira faixa que levei para o rádio também era do Gene ["Domino"]. E ele ficou com uma imagem mais de durão. Para mim, foi isso que trouxe Gene Simmons de volta ao Kiss. Ele é uma parte muito importante da banda, especialmente durante as fases com maquiagem. Quero dizer, Gene teve tantas músicas de sucesso quanto Paul, mas, por algum motivo – por ele ter feito suas atividades externas –, ele deixou Paul assumir o controle da banda. Não quero tirar o mérito de Paul, mas o Kiss foi construído com base na dualidade de Gene e Paul e era isso que estava faltando. Portanto, foi algo que eu deixei claro que tinha que acontecer e aconteceu.

Naquele ponto, eu precisava trabalhar com o disco que já estava pronto, que era *Hot in the Shade*, que tinha um material bem mediano. Ele continha 15 músicas, das quais umas seis eram boas, e o resto era terrível. Mas ele tinha a música "Forever", com a qual eu tive sorte e consegui levar até o rádio e dar à banda seu primeiro single Top 10 desde "I Was Made for Lovin' You". O disco acabou vendendo 800.000 cópias, eu acho, e fizemos uma turnê gigantesca [em 1990], que eu acho que, em retrospecto, provavelmente foi um dos melhores palcos que eles já fizeram. Tínhamos uma esfinge enorme no palco. Se você analisar todas as turnês que já foram feitas, acho que aquele era o show mais interessante do Kiss, porque fizemos tantas coisas legais com aquela esfinge. Tenho muito orgulho daquela turnê.

JACK SAWYERS: Eu saía e conversava com Eric em alguns daqueles lugares diferentes. Começamos a conversar e fizemos amizade. Ele ficava me perguntando, "O que você quer fazer da vida?". E eu dizia que, basicamente, "Sou um cineasta e quero começar a fazer filmes e clipes". Então ligávamos um para o outro e saíamos para almoçar. Um dia, recebi uma ligação dele e ele disse, "Ei, aquela empresa que fez o vídeo 'Exposed' para a banda, eles vão fazer mais alguns clipes para nós. Seria bom se você fosse até o set". E, naquela época, eu já estava trabalhando no SIR Studios. Eu tinha um emprego de produção. Eu perguntei, "Onde vocês vão filmar?". E ele disse, "Acho que no SIR Studios". Eu disse, "Legal, eu trabalho nesse estúdio". Peguei os dias em que ele estaria gravando lá. Fui até o set do Kiss, acredito que para o clipe "Rise to It". Eric me deixou entrar e foi direto até o diretor, Mark Rezyka. Eric disse, "Ei, esse é meu amigo, Jack... *dê um trabalho para ele no clipe*". Foi muito engraçado. Foi exatamente assim que aconteceu!

Depois eu fui descobrir que diretores geralmente não são as pessoas que contratam em clipes – essa função é dos produtores, do pessoal da produção. Mas, de qualquer forma, foi quase como se Mark pensasse por um momento e dissesse, "OK". Aí o Eric disse, "Legal. Você tá dentro", e foi embora. O diretor disse, "Pega", e me deu 20 dólares e as chaves de um carro. Ele disse, "Meu carro, o Jaguar preto conversível estacionado ali fora, vá até a loja de bebidas e compre uma garrafa de uísque para mim... e não conte para ninguém". Então foi o que fiz e voltei, e eu estava lá o tempo todo durante toda a gravação do clipe. E eu lembro que eles estavam tentando ter uma plateia na última parte do clipe. Todo mundo estava dando sugestões e alguém sugeriu ligar para a KNAC e dizer que as primeiras 100 pessoas que conseguissem chegar no SIR Studios poderiam ver um show do Kiss. Isso foi legal.

Também foi legal ver Gene e Paul colocarem a maquiagem naquele dia. [A abertura do clipe traz um trecho de Gene e Paul voltando a usar a maquiagem.] Eu queria ter uma câmera comigo para tirar fotos. Então, foi o primeiro clipe do Kiss em que pude trabalhar. Mas já tinha trabalhado em alguns outros clipes antes disso, por meio do SIR. Eu basicamente larguei o SIR quando tive essa oportunidade com o Kiss e trabalhei no set o dia todo, todas as 15 horas. Após isso, o diretor disse ao produtor que deveria me considerar para trabalhar em mais coisas. Imediatamente, na semana seguinte, estávamos gravando o clipe de "Forever". A gravação de "Forever" foi muito legal. Eles estavam com violões e, entre as tomadas, eles tocavam músicas dos Beatles. Era uma atmosfera legal no set – e também foi um dia muito longo. Mas, como eu disse, Eric foi fundamental ao me ajudar a entrar nesse ramo com a empresa de produção com a qual eu realmente queria trabalhar. Basicamente, Eric me colocou no ramo. Foi muito legal, e sempre fui muito grato a ele por isso.

TY TABOR: A primeira vez que nos encontramos foi no Santa Monica Civic Center – King's X estava fazendo um show com Mr. Big e Winger. Provavelmente foi em 1989. Por acaso, entre as três bandas, havia muitas pessoas que eram fãs umas das outras ali, no meio daquele monte de músicos. Até tiramos uma foto juntos, aquele grupo enorme de pessoas de todas aquelas bandas diferentes. Eu perdi essa foto. Não a vejo há muito tempo, mas sei que existe. Mas foi a noite em que encontrei Eric pela primeira vez. Ele veio até mim e disse que era meu fã e eu nem acreditei. Eu disse, "*Você tá brincando*". Toda vez que ele ia [a um show do King's X], eu ficava animado de saber que ele estava lá. Trocamos números de telefone e mantivemos contato. Ele era um cara legal, gostava dele. Toda vez que ele estava por perto, nos encontrávamos.

JACK SAWYERS: É engraçado, porque eu me lembro de ter dito a Gene, "Deveríamos ter umas câmeras seguindo o Kiss, para coisas do cotidiano". E eu me lembro de Gene dizendo, "Quem teria interesse nisso? Quem teria interesse em ver coisas do cotidiano?". Basicamente, reality shows. E eu disse, "Estou falando, os fãs gostariam disso. Não tem nada do tipo por aí. Poderíamos seguir vocês com umas câmeras, gravar tudo, desde vocês acordando até tal e tal". Eles disseram, "Vamos gravar umas coisas e ver o que podemos usar". Deveria ser *Kiss Exposed Parte Dois* e também filmaríamos um show inteiro da turnê *Hot in the Shade*. Mas, pelo que fiquei sabendo, Gene não gostou de como seu cabelo ficou na filmagem. Foi alguma coisa bizarra assim. E acabamos nunca filmando o show profissionalmente. Fomos ao Texas, vimos os ensaios, estávamos gravando os bastidores e seguindo-os com as câmeras. É engraçado porque alguém conseguiu as filmagens – elas estão espalhadas pelo YouTube.

JOHN WALSH: Estou há 32 anos nesse ramo. Comecei trabalhando como técnico de bateria do Good Rats. Após um tempo, Bruce Kulick entrou na banda e eu conhecia Bruce havia muitos anos, desde antes de ele entrar

1990

no Kiss. Anos depois, quando surgiu a oportunidade de trabalhar como técnico de bateria do Kiss, tanto Bruce quanto Gary Corbett, que eu também já conhecia, disseram a Eric, "Esse é o cara para você". E foi basicamente isso. Foi porque Bruce e Gary, juntos, disseram a Eric, "OK, você não precisa se preocupar. Temos um técnico de bateria que não é apenas capaz de fazer o trabalho de técnico, mas cuja personalidade também vai se encaixar muito bem com Eric". Obviamente, você já ouviu um milhão de pessoas te dizendo como ele era um cara legal e como era gentil. E foi exatamente assim que fui apresentado ao Kiss e como consegui o trabalho. [*Hot in the Shade*] já estava gravado e eu fui contratado para a turnê. É claro que, naquele momento, pensei, "OK, provavelmente vai ser um emprego de uns 10 anos".

Levei pouco tempo para descobrir que o que eu tinha ouvido falar a respeito de Eric era verdade. Quando se trata de personalidades, o que ouvi falar é que ele era um cara legal, porque isso era importante para mim. Independentemente do trabalho, se as pessoas com quem você trabalha não são legais, não é divertido. E logo percebi que Eric era uma pessoa muito boa. Gostei de sua personalidade e acabei "indo à guerra" com ele. Sempre foi uma batalha sofrida e, às vezes, era eu e ele contra o mundo [risos]. Mas foi uma transição muito fácil para mim. Paul e Gene sempre foram muito bons comigo. Se eu encontro esses caras na NAMM Show ou em algum outro lugar, onde quer que os veja – tenho certeza de que outras pessoas te dirão que têm relacionamentos diferentes com esses caras –, eles sempre foram legais comigo. Mesmo naquela época, e até hoje, se os encontro, é sempre positivo. Tenho que dar o devido crédito. Pelo menos comigo, eles sempre foram muito bons.

A pirotecnia [da turnê] seria feita pelo mesmo cara que fez *Star Wars*. Você se lembra de quando a Estrela da Morte explodiu? Estavam muito animados. "Vamos pegar esse pirotécnico para fazer a turnê do Kiss!" Quando estávamos no Texas, fazendo os ensaios, todo mundo estava animado que "Vamos ver a pirotecnia pela primeira vez". Alguns outros técnicos e eu fomos à frente da casa para ver algumas das explosões e alguém disse, "Aí vem a parte da música que tem a grande explosão". E fez "*pop pop pop*". Percebemos que aquele cara trabalhava com *cinema* – não daria certo para o show do Kiss. Então o demitiram e contrataram alguma outra empresa. Não lembro qual, mas as bombas eram grandes. Os caras ficaram tão orgulhosos deles mesmos. Se eles derrubassem quatro ou cinco telhas da arena toda noite... eles ficariam felizes. Já que tudo foi tão bem – os ônibus eram ótimos, os shows foram ótimos na maior parte do tempo –, no geral, Eric estava sempre feliz. Éramos um grupo feliz.

GARY CORBETT: Foi uma turnê muito bem-sucedida para eles. As coisas estavam muito melhores. O palco era muito maior. Eu ficava fora do palco e, no começo, eles nunca pensavam muito em onde eu ficaria. Eu ficava no piso, mas ainda ficava visível para certas partes da plateia. Quando a turnê *Hot in the Shade* ia começar e eles estavam projetando o palco, eles decidiram construir um pequeno... chamávamos de "apartamento". Era onde meus teclados ficavam. Basicamente, ficava à direita do palco, na lateral, mas tinha cortinas ao redor, então ninguém da plateia conseguia ver. Era ótimo. Como eu estava fora do palco, decidi que, naquela turnê, faria coisas no apartamento toda noite, coisas que eu não poderia fazer no palco.

Todas as bandas de abertura eram caras tipo o Slaughter e aqueles caras eram muito fãs do Kiss. Eu costumava deixá-los entrar no apartamento durante o show e eles ficavam atrás de mim enquanto eu tocava. Mas, quando chegava a hora dos refrões, eu fazia bastante backing vocals. Eles iam até o microfone e cantavam comigo. Era muito divertido fazer isso. Uma noite, antes do show, eu pedi uma pizza da Domino's. Avisei a todos os seguranças entre a porta dos fundos e o apartamento que eu tinha feito isso e o cara ia chegar durante o show. E eu queria que ele entregasse a pizza no apartamento. Eu não queria que alguém pegasse a pizza dele e a trouxesse para mim. Eu queria que o cara *entrasse* no apartamento! Foi incrível. Eu estava com o dinheiro na estante, que ficava logo ao lado dos meus teclados. Eu estava lá, tocando, e o cara enfiou a cabeça pela cortina, olhou e não sabia o que pensar. Eu fiz sinal para ele entrar, e apontei para onde o dinheiro estava. Ele ficou lá por uns cinco minutos. Ele ficou tão impressionado. E fizemos uma pequena festa de pizza no apartamento!

JOHN WALSH: Eu me lembro de ter visto em uma revista ou um fanzine que Gene estava dizendo, no começo da turnê, "As coisas estão indo surpreendentemente bem". Da minha perspectiva, no começo, eu nem sabia se haveria uma turnê *Hot in the Shade*, não fosse pelo clipe de "Forever". Porque, quando aquele clipe explodiu na MTV, o sucesso fez a diferença entre "Vamos fazer uma turnê grande ou não?". E aquela música... nós mandamos muito bem. Eu diria que as arenas estavam praticamente cheias o tempo todo. Era rock 'n' roll, mas eram negócios. Se você analisar o itinerário da turnê, muitas vezes, eles tocavam cinco dias e tinham dois de folga. Era como um emprego normal. E acho que a parte dos negócios deu muito certo. Como a maioria dos shows foi nos EUA, a turnê foi muito bem gerenciada. E, por conta disso, tudo foi tranquilo. Acho que, quando você faz uma turnê dessas, não há muito conflito. E, quando a plateia é boa e tem dinheiro entrando, nunca há problemas com o equipamento. Sempre nos diziam, "Você tem que ter um plano B para o plano B". Eles não economizavam dinheiro para garantir que tudo ficasse bonito e que o equipamento fosse bom. Não havia muita conversa nos dias de folga, porque a banda ficava em outro hotel. E tudo bem – preferíamos ficar perto da casa de shows. Sempre foi melhor para nós e ficávamos em hotéis bons. Mas, quando ficávamos juntos, era bem tranquilo. Eric não era festeiro, apesar de nos divertirmos. Não havia drogas, pelo menos comigo ou com ele. Nada mais forte que uns drinks aqui e ali. Eric sempre estava no controle.

EDDIE TRUNK: Aquela era a melhor formação, com Bruce e Eric. Acho que é a melhor formação além da original até hoje, em termos de todo mundo encontrar seu próprio lugar na banda. Eric já estava bem inserido na época, após fazer vários discos. Mas, se você se aprofundar, acho que as pessoas te dirão que aquela foi uma das turnês em que Eric e Paul quase não se falavam, porque havia algumas "guerras" acontecendo. Mas, como fã, eu achava a formação ótima. Bruce começou a achar seu estilo.

Eu achava que o Kiss estava em sua forma mais natural, no sentido de que acho que nunca foram uma banda de pop, nem uma banda de metal. Acho que fizeram discos ótimos em ambos os lados dessa equação, mas acho que o Kiss estava mais confortável como uma banda de hard rock. Com *Hot in the Shade*, eles estavam mais à vontade – a forma como se vestiam, sua aparência, a formação... tudo se encaixou muito bem.

O setlist continha uma boa quantidade de coisas antigas e as mais recentes, nenhum solo estendido, só 20 músicas boas. O palco mais legal que eles tiveram sem a maquiagem. Foi a primeira vez para mim, após um longo tempo, que parecia uma *banda*. Eles passaram pela situação com Vinnie, que gerou toda aquela dúvida. Ele tocou no disco... ele tem maquiagem... ou não? Finalmente, parecia que eles estavam dizendo, "Certo, temos um baterista que está aqui há uns seis ou sete anos. Já passamos por todas essas fases". Como um fã, aquela, sim, era a "segunda fase" do Kiss. Visualmente, com o palco, as performances, os integrantes – tudo ficou o melhor possível ali.

BOB GRAW: Eu lembro que o palco que eles tinham era incrível. Eles tinham uma cabeça de esfinge enorme e a esfinge atirava lasers dos olhos. Eles tinham muita pirotecnia. Foi a turnê em que eles resgataram mais do material clássico. Fiquei muito feliz com isso.

BRUCE KULICK: Quando entrei na banda, estavam com um gerente de negócios, da empresa Howard Marks Agency, que também era uma agência de publicidade. Não deu certo. Alguns problemas aconteceram quando *Crazy Nights* foi lançado. Eu estava naquela banda enorme e imaginando por que não tínhamos um empresário à altura que também agenciasse outras bandas enormes. Mas, novamente, eu não estava dirigindo o carro. E Larry Mazer, eu amava sua visão e sua personalidade. Eu achava que ele era o melhor cara para a banda e sei que ele ainda tem muito respeito por Gene e Paul e ainda é muito bem-sucedido. Por mais que eu saiba que Eric gostava ele, assim que ele os convenceu a não fazerem mais solo de bateria, Eric deixou de gostar dele [risos].

1990

LARRY MAZER: O interessante a respeito de Eric era que, após eu ser contratado... eu já conhecia Bruce havia um bom tempo, então liguei para Bruce, e ele ficou muito animado de saber que eu estava me envolvendo. Eu ainda não tinha conhecido Eric. E, imediatamente, na primeira ligação que fiz para Eric Carr, disse a ele que eu odiava solos de bateria! E isso não foi um bom começo para o relacionamento. Na verdade, acho que nem nos falamos nos primeiros dois meses em que fui empresário da banda. Durante esse período, todos os bateristas dessas bandas – Cinderella, Poison, todas as bandas "hair" – faziam o mesmo solo de bateria. Era praticamente "bum, bum", aí o baterista erguia as mãos para a plateia para ouvir os gritos. Eu odiava isso. Para mim, era o momento em que as pessoas saíam para mijar.

Eu falei para ele, "Eric, eu te amo. Sou muito fã do jeito como você toca. Mas preciso ser sincero com você. *Eu odeio solos de bateria*". E houve um silêncio mortal no telefone. E, como eu disse, acho que foi um mau começo para nosso relacionamento. Melhorou com o tempo, mas, infelizmente, naquele momento, acho que o Eric não estava muito feliz com sua situação na banda, por causa de seu relacionamento com Gene e Paul. Posso dizer, honestamente, em retrospecto, que naquela fase *Hot in the Shade*, comparada às outras três, eu não me aproximei tanto dele quanto nas outra três. E provavelmente comecei mal com meu comentário sobre solos de bateria, mas a situação se aprofundou, porque, na época, ele não estava feliz com a forma como estava sendo tratado de modo geral, fosse financeiramente ou em qualquer outro aspecto. Eu era visto como "o novo empresário de Gene e Paul", não "o empresário do Kiss", porque ele e Bruce eram músicos contratados. Apesar de eles estarem envolvidos, era a banda de Gene e Paul. Acho que Eric provavelmente esperava que eu fosse ser mais como um "empresário da banda" e eu fui. Eu dava tempo a todo mundo – Bruce pode confirmar isso. Mas acho que ele ainda via qualquer pessoa na função como um empregado de Gene e Paul, não um empregado da banda Kiss.

Quero dizer, eles tinham um bom relacionamento, mas certamente havia tensão. Também havia tensão com Bruce. O Kiss é Gene e Paul. Então certamente havia tensão. Acho que havia desentendimentos frequentes quanto ao dinheiro. Eu não fiz parte de nada disso. A banda tinha um gerente de negócios e eu não me envolvia com essa parte. Eu só pegava a energia da situação. Mas dava para entender que não era como uma das bandas normais com as quais eu tinha me acostumado – como Cinderella ou qualquer outra banda que agenciei – em que havia uma ideia de "um por todos, todos por um". Bruce e Eric "sabiam o lugar deles", digamos assim. E o lugar deles era de empregados, basicamente.

BRUCE KULICK: Houve momentos em que ele estava de bom humor e tranquilo com tudo. E houve momentos em que ele não estava nem um pouco feliz. Acho que seu pior momento foi na turnê *Hot in the Shade*, assim que retiraram seu solo de bateria. O que foi ideia de Larry Mazer, para colocar mais músicas no setlist. Eric se sentiu emasculado com isso, ou castrado. Ele começou a guardar um rancor forte de Gene e Paul por causa disso. E eu entendia, novamente, porque aquilo era desconfortável. Mas eu estava animado com a ideia, "Ei, agora podemos tocar mais de 20 músicas e não ter um solo de bateria. Há tanto que deve ser representado na história desta banda". Então ele expressava sua frustração ao não socializar com ninguém. Ficar com ele podia ser muito estressante. E, finalmente, Paul e ele fizeram uma reunião, porque parecia que o problema era mais entre Paul e ele. Foi quando ele me disse que eu estava do lado deles. Eu fiquei desconfortável com isso. Ele não estava lidando bem com a situação e parecia pensar que eu estava com Gene e Paul. Não havia lados para defender. Eu disse, "Não podemos apenas ficar em paz?". Ou, digamos, eu não bateria de frente com eles... e, novamente, eu também passei por minhas frustrações. Eu não queria chegar ao ponto de não querer falar com ninguém ou socializar. Obviamente não era saudável para ele.

Houve uma grande mudança de atitude depois que Paul falou com ele, e eles tiveram uma conversa bem sincera, tipo, "Fala sério". Não posso te dizer exatamente o que ele disse, mas ficou óbvio que, ou ele se comportava, ficava feliz e tocava bem, ou eles achariam outra pessoa e tenho certeza de que Paul poderia lembrá-lo disso. "Você percebe quanta sorte tem?". Toda essa situação era incrível para mim. Você fica cansado quando entra em uma situação incrível, mesmo que seja uma situação incrível com alguns limites. E tua mente consegue facilmente te enganar e te deixar totalmente infeliz; mas, se a situação fosse retirada de você, você ficaria arrasado. Portanto, tem vezes em que você só sabe o que tinha quando tiram isso de você. Mas, para mim, foi difícil ver aquilo. Foi estressante. Nem sempre eu entendia o que estava acontecendo, apesar de que, por eu estar perto, entendia o que o frustrava. Eu também não achava que ficar tão estressado com aquilo ajudaria as coisas.

LARRY MAZER: Seria a ideia mais lógica. Em vez de um solo de bateria de dez minutos, daria para tocar mais três músicas. Novamente, eu falei com ele e falei com Gene e Paul a respeito e acho que eles concordaram comigo. Eu falo isso para todo mundo – após 40 anos trabalhando como empresário, a experiência mais divertida que eu tive foi com o Kiss. Por mais doloroso que pudesse ser com o ponto de vista de Gene com dinheiro e outras coisas, no que dizia respeito à diversão e à cooperação, não teve uma ideia que apresentei a eles em sete anos que não fosse aceita. Eles disseram sim para todas as ideias que eu tive e dou muito valor para isso, para o fato de que eles me deram a oportunidade criativa de basicamente mandar no show. E dou valor para isso. Paul e eu ainda somos amigos. Se eu vir Gene, serei amigável, mas ainda converso com Paul com certa frequência.

CHRISTINA HARRISON: Eric ia ao bar e tomava uns drinks e era superamigável com os fãs. Ele ficava lá, sentado, bebendo com os fãs, aí ele reclamava sobre Gene e Paul e não dava muito certo. É claro que os fãs iam correndo contar para Gene e Paul, porque eles querem poder falar com Gene e Paul e contar o que estava acontecendo. E eu acho bem desagradável quando fãs fazem isso. Se você está bebendo no bar e reclama do seu chefe, como se você trabalhasse para a IBM e estivesse reclamando do seu chefe e você só está lá tomando uma cerveja, quem vai correndo contar para o chefe da IBM? Eu ficava muito brava quando descobria que os fãs entregavam essas informações para Gene e Paul. Eu dizia, "Ele está apenas chorando na cerveja dele". Que pessoa neste país não reclama de seu chefe?

Ele percebeu que tinha um trabalho bom, mas estava amargo porque era um empregado contratado, assalariado, que não recebia dividendos de nada. Acho que ele e Bruce reclamavam muito no começo, mesmo quando nos mudamos para Los Angeles – mas não era como se estivessem a ponto de ferver. Eles tinham um bom relacionamento com Gene e Paul. Bruce sempre tratava Gene e Paul como "meus chefes" e falava com eles de forma respeitosa. Tipo, sim, você está na banda e está no mesmo ônibus. Mas, ao mesmo tempo, você sempre saberá que eles são teus empregadores.

Eu não vi [Eric ficar chateado com a retirada de seu solo de bateria], mas certamente ouvi bastante a respeito disso. Não foi bom. No fim das contas, Eric ficou completamente arrasado, espantado e irritado. Ele ficou furioso. Como que você vai trabalhar assim? E Paul estava cansado de ouvir as coisas voltando para ele, então Paul ficou irritado também. Mas aí ele precisou ter alguma empatia. Quero dizer, ele tinha uma empatia sincera, mas acho que a empatia estava sendo substituída pelas fofocas que ouvia. Então ele ficou puto.

BOB GRAW: Sendo bem sincero, eu não tinha problema com o solo. Acho que também tiraram o solo de guitarra do Bruce do show – acho que ninguém tinha solos. Gene não tinha, Paul não tinha. Todos tinham seus momentos no show antes disso, mas eu não tinha problemas com eles tirando solos de guitarra e de bateria do show para dar espaço para mais músicas. Eu até preferia.

JOHN WALSH: Eu não diria que ele ficou magoado com isso, porque ele conhece o negócio e, é claro, ele é um cara legal. Acho que, no começo, não teria um solo de bateria e ele disse, "Deveria ter um". Ele disse isso um tanto confiante. Aí, quando decidiram, "Talvez tenha um", ele disse, "Bem... não sei". Eles tentaram pressioná-lo um pouco e ele disse, "Talvez *eu não faça*". No fim das contas, sabíamos que ele queria fazer o solo, então ele construiu um e tinha um solo de bateria enorme na turnê *Hot in the Shade*. Tenho orgulho de dizer que fiz parte disso, porque eu fui muito interativo com esse solo. Eu controlava as baterias eletrônicas que Eric tocava. Então, se

1990

você viu esse solo, eu estava lá durante todas as notas, porque eu fazia algo nos bastidores.

Tudo era tão divertido para mim, porque mandamos ver no trabalho. Não era o tipo de show em que você apenas montava os equipamentos e dizia, "OK, em duas horas e meia, precisamos tirar tudo". Você fazia parte do show. Eu estava "ligado", porque, com esse tipo de show, qualquer coisa podia acontecer, a qualquer momento. Tínhamos fogo, lasers, fumaça. Tínhamos uma tempestade que destruiria tudo em Kansas City. Com Eric, tínhamos uma estante de eletrônicos e aquelas coisas começavam a fazer o que bem entendiam. Era algo que exigia muita atenção. Havia sangue, suor e lágrimas naquela bateria toda noite – era um show muito intenso. Mas, ao mesmo tempo, era tão divertido. Estávamos em turnê com o Winger e o Slaughter. A música era boa e eu diria que era mais divertido do que um trabalho deveria ser, porque eu gosto muito do trabalho de ser técnico de bateria.

BRUCE KULICK: Fizemos a turnê com duas bandas populares da época, então foi uma das minhas turnês favoritas, na verdade. Apesar de Eric ficar decepcionado com o solo de bateria. Tínhamos os lasers e a esfinge enorme. Era um show grandioso. Muito bonito. Eric se aproximou daquelas duas bandas – Winger e Slaughter. No geral, foi uma boa turnê para nós, de muitas maneiras, mas sei que ainda foi uma turnê difícil para o Eric, de muitas maneiras.

MARK SLAUGHTER: Vou te contar a parte mais engraçada disso tudo. Carrie foi a responsável por dar o produto [a música do Slaughter] ao Eric. Ele ouviu o disco *Stick It to Ya* antes do seu lançamento, foi até Gene e Paul e disse, "Vocês não vão acreditar nisso. Os caras do Vinnie Vincent Invasion fizeram um disco foda demais". E Eric Carr foi o responsável por mostrar o disco para Gene. Enquanto eles montavam a turnê, Eric Carr foi o responsável por isso, ele que influenciou a banda a nos colocar na turnê. Nossa primeira turnê foi com o Kiss, e o primeiro show que fizemos foi em Lubbock, Texas, em 4 de maio de 1990. Quando saímos do palco, na frente de 11.000 pessoas, havia discos de ouro nos esperando no nosso camarim. Foi uma história de Cinderela mesmo.

BLAS ELIAS: Todos nós da banda éramos muito fãs do Kiss. Acho que Carrie nos ajudou a conseguir a turnê quando contatou Eric. Tínhamos acabado de lançar nosso disco e Mark estava saindo com uma garota que era amiga da Carrie, então, conversando com eles, fizemos amizade. E Carrie, pelo que me lembro, ela talvez tenha levado a demo para Eric, que a tocou para Gene. Então, por meio desse relacionamento, acho que devemos boa parte de nosso sucesso a eles, porque a primeira turnê com o Kiss foi muito importante para nós, em termos de nos colocar na frente de muitas pessoas. Portanto, se Eric não tivesse ouvido nossa música e gostado dela, acho que não chegaríamos nem perto do sucesso que tivemos. Estávamos felizes só de estar lá, como fãs do Kiss. Especialmente eu, tocando com um dos meus heróis. Em quase todas as noites da turnê, eu ficava na lateral do palco, vendo o show. Às vezes, eu colocava meu cabelo em um boné de baseball, ia até a plateia e via o show da frente. Realizei um sonho nessa turnê – foi surreal.

MARK SLAUGHTER: Foi uma fase muito feliz e legal para nós. E para o Kiss também. Eles estavam curtindo o processo. Foi muito divertido. E o importante é que eles eram muito profissionais. E isso se estende até a produção deles e as pessoas que trabalham com eles. Eram todas pessoas "classe A". Acho que o que eu aprendi – e eu já tinha feito turnês com Alice Cooper e Iron Maiden – foi que, ao tocar com o Kiss, havia uma certa classe ali. Era muito legal fazer parte daquilo. Era a integridade do show. Era o show sendo executado perfeitamente com a pirotecnia e todas as outras coisas que eles fazem.

Sabe o que era muito legal para mim? As passagens de som. Eu curtia as passagens de som, porque eles subiam lá e, ao invés de apenas tocar suas músicas, eles tocavam coisas antigas que ouviam quando eram mais jovens. Coisas do Grand Funk e umas coisas mais antigas, dos anos 1960, que, sinceramente, eu nem conhecia. Mas era legal, o fato de que Gene dizia, "Não acho que é um 'lá' nessa parte". E eles ficavam lá tentando acertar. Gene jogava palhetas em mim. Eu andava de bicicleta na arena e ele jogava palhetas em mim e me acertava. Era muito legal.

BLAS ELIAS: Musicalmente, foi muito impactante para nós. Acho que, por ser minha primeira turnê grande, especialmente como baterista, aprendi bastante com Eric sobre tocar para plateias grandes. Antes, eu só tinha tocado em casas menores. Eu aprendi com ele que você não precisa preencher todos os espaços com um monte de notas, porque as pessoas no fundo da plateia não vão captar isso. Ele fazia um som grande com sua seleção de notas e também tinha o jeito como ele tocava. Ele tocava para as pessoas no fundo. E ele parecia super-humano. Seu som era super-humano. Sua bateria era super-humana. Eu aprendi muito sobre tocar em arenas com ele.

ROD MORGENSTEIN: Devo ser uma das únicas pessoas que nunca viu o Kiss ao vivo. Eu não fazia parte do "mundo do rock e heavy metal". Por muitos anos, eu fiquei no "mundo do rock-jazz/fusion", tocando com Steve Morse e os Dixie Dregs. Então, graças a uma sequência interessante de circunstâncias, acabei conhecendo os caras do Winger, que estavam gravando demos e sendo rejeitados repetidamente. Eu os conheci alguns meses depois de eles serem contratados pela Atlantic Records. Eles me pediram para fazer o disco, fizemos amizade e viramos uma banda. Quando fizemos nosso segundo disco, *In the Heart of the Young*, uma das primeiras turnês que fizemos foi com o Kiss. Acredito que foi em outubro e novembro de 1990, a turnê *Hot in the Shade*. Foi quando conheci o Eric. Começamos a conversar durante as refeições antes dos shows, quando serviam um buffet.

São uma banda incrível ao vivo. Nunca os vi com a maquiagem. Ouvi dizer que isso os eleva para outro nível – totalmente fantasioso. Na turnê *Hot in the Shade*, estavam sem maquiagem e não sei se estavam fazendo algumas das coisas exageradas que tinham feito em turnês anteriores e nas turnês futuras, quando a maquiagem voltou. Mas são totalmente profissionais, o que mais posso dizer? Tudo aquilo era coisa de outro mundo para mim. Eu não ia a um show de rock havia anos – eu era um esnobe do jazz-rock e, de repente, fui parar naquele mundo. Lembro que, quando conseguimos a turnê com o Kiss, os outros caras da banda disseram, "Meu Deus... *vamos fazer uma turnê com o Kiss!*". E Reb Reach, nosso guitarrista solo, disse, "Kiss foi a primeira banda que vi ao vivo", quando ele tinha uns 13 anos. Ele disse que estava quase com medo quando foi ao show, porque estavam vestindo aquelas fantasias e Gene era um lagarto que cuspia fogo. Ele disse que era tão impressionante e inacreditável.

Eu lembro que Gene sempre andava pelos bastidores vestindo seu robe de banho, que tinha seu nome estampado nele. Tem uma história engraçada – minha esposa, Michelle, estava na turnê por um tempo. Não me lembro exatamente do que aconteceu, mas ela sabia que Gene gostava de piadas de judeu. Nós dois somos judeus. Não me lembro da piada em si... lembro que ela contou para ele e ele deu aquele "sorriso Gene Simmons" e acenou com a cabeça. Aparentemente, ele nunca ri alto, nunca gargalha. Ele achou a piada muito engraçada. Então, cerca de três semanas depois, Michelle estava de volta na turnê conosco e Gene entrou no camarim e nos contou a mesma piada! Michelle disse, "Gene, você não lembra que eu te contei essa piada quando estava com vocês, algumas semanas atrás?". E ele a esperou terminar de falar e continuou contando a piada.

BLAS ELIAS: Não passávamos muito tempo com Paul. Ele não ficava por perto tanto quanto Eric, Bruce ou Gene. Mas Gene é um cara legal. Também é engraçado. Compartilhávamos histórias – ficávamos um tempo com ele no ônibus dele. Uma história engraçada é de quando eu perguntei a ele sobre os tempos antigos com o Kiss, se ele continuava usando a maquiagem e a fantasia quando saía com alguma groupie. E ele disse que não queria, mas logo aprendeu que as garotas o preferiam com a fantasia completa [risos].

MARK SLAUGHTER: Numa das primeiras vezes em que encontrei Eric, tinha outra banda abrindo para o Kiss e eu estava na lateral do palco, olhando pela cortina, esperando essa banda começar. E Eric veio atrás de mim e estava com uma pistola d'água enorme. E ele disse, "Ei, cara, quer 'atirar' numas pessoas?". Então, pelo meio das cortinas, começamos a atirar nas pessoas da plateia! Ele sempre fazia brincadeiras assim. Fizemos amizade e ele era bem pé no chão. Ele não tinha um ar de superioridade ou de rock star. Ele era uma boa pessoa, alguém com quem você podia passar um tempo e sentir-se confortável, não intimidado. O que era fantástico para mim, porque, como eu disse, eu era muito fã deles. Eu sempre me senti intimidado perto dos outros caras e de algumas das outras bandas com quem fizemos turnê. Mas, com ele, nunca me senti assim. Era fácil ficar com ele.

EDDIE TRUNK: Na turnê *Hot in the Shade*, ele me enviou credenciais e o livro da turnê pelo correio e disse, "Aqui está o pseudônimo que estou usando e nossa rota da turnê. Pode me ligar quando quiser me ver". E fiz isso algumas vezes. Eu apresentei a banda no show deles no Meadowlands [em 30 de junho], e ele me deu um shot antes de eu falar e jogou baquetas para mim detrás da cortina, enquanto eu estava lá. Íamos ao shopping juntos. Era uma pessoa bondosa e amável. Todos temos nossos rock stars favoritos, mas, quando os conhecemos como pessoas, podem não ser exatamente o que esperávamos. Eric era um ótimo recurso para o Kiss e um ótimo músico. Mas ele era uma pessoa ótima, muito divertida, que nunca se colocava acima dos fãs. Acho que é por isso que ele foi tão amado e respeitado tão rapidamente pelos fãs do Kiss.

Eu estava nervoso antes de subir no palco no Meadowlands – na minha cidade natal, Nova Jersey – e apresentar minha banda favorita. Eric sabia o quão nervoso eu estava, então estava fazendo brincadeiras comigo nos bastidores, dizendo, "Não vá estragar, Trunk, não vá estragar! Você precisa mandar bem. Você não pode estragar!". Só estava piorando para mim. Ele ficava andando comigo até as escadas que levavam ao palco e eu dizia, "O que você está fazendo? Não precisa se preparar para um show?". Subimos a escada, ele me deu um copo, logo antes de me mandarem ir ao palco e ele disse, "Apenas beba isto. Você precisa garantir que tua garganta esteja aberta quando falar no microfone". Ele me deu um copo de plástico vermelho e disse, "Vire de uma vez". Eu virei e era Chivas, algo assim, alguma bebida alcóolica. Subiu direto para minha cabeça e, *bum*, ele me empurrou para a cortina e disse, "Vá em frente!", Fui cambaleando, sem saber o que tinha acabado de beber e ele estava atrás da cortina. Assim que fui até o microfone, ele abriu um pouco a cortina e estava com um punhado de baquetas que estava jogando na minha direção, tentando me acertar, enquanto eu falava com a plateia. Dava para ver o braço dele pelo vão da cortina, com baquetas, jogando-as nas minhas costas ou nos meus pés! E era ele, só para tirar com a minha cara. Eric era assim – brincalhão e divertido, e não levava ninguém a sério demais. É um dos motivos pelos quais eu amava aquele cara.

ROD MORGENSTEIN: Lembro que vi e gostei do solo de Eric, porque ele sabia todas as coisas que uma banda de arena deveria fazer, para ter a melhor reação possível da plateia. Era um solo em que a plateia participava, muito visual. Ele tinha umas ideias muito boas lá, também. Mas eu cresci com o rock mais típico, gostava dos Beatles, dos Stones, do Led Zeppelin e do Jethro Tull. Quando eu cheguei ao fim da minha adolescência e comecei a faculdade, deixei isso para trás e fiz uma imersão na cena jazz e fusion. Mahavishnu Orchestra tinha acabado de mudar minha vida. Eu meio que virei um "esnobe musical", desprezando o gênero rock por alguns anos, até voltar para ele quando fiz o disco com o Winger e voltei àquele mundo.

Como eu era um músico bem estudado, tinha uma perspectiva diferente em termos de "O que é importante para ser um músico?", e não prestava atenção na ideia "O que é importante para ser um músico e entreter uma plateia?". São coisas que eu nunca considerei. E ali eu estava com o Winger, tocando para 10.000 ou 15.000 pessoas toda noite. No meu solo de bateria, eu ainda fazia as coisas que fazia com os Dixie Dregs e no mundo fusion, o que não é necessariamente bom em uma arena gigante. Boa parte disso não é captado. Eu nunca aprendi a girar minhas baquetas. Não diria que sou uma pessoa tímida, mas eu nunca tive a coragem de ficar de pé no banco da bateria ou de interagir com a plateia. Portanto, todas essas coisas ficavam passando pela minha cabeça quando eu via Eric ter seu momento durante o show deles. Eu ficava muito impressionado. Mas a melhor parte foi conhecê-lo durante aqueles dois meses em que saímos em turnê com eles. Um cara legal de verdade.

1990

CARRIE STEVENS: Foi a turnê em que eu mais passei tempo com ele – *Crazy Nights* foi só a turnê em que o conheci. Namorar um rock star pode ser um pesadelo. É muito emocionante no começo, mas, quando você se apaixona, era a única coisa que eu não gostava nele, porque era difícil ficar com ele, depois não poder ficar. A distância. Era divertido poder vê-lo, mas aí eu precisava ir embora. Era difícil. Eu o via bastante – uma vez, em Virginia, a esposa de Gary Corbett era minha amiga, e os aniversários de Gary e Eric são quase juntos, acho que com um dia de diferença. Então Lenora e eu planejamos uma viagem de surpresa para vê-los. Ela estava vindo de Nova York, e eu estava vindo de Los Angeles e compramos passagens e planejamos tudo. Tínhamos credenciais, então podíamos apenas aparecer lá.

Apareci na casa de shows e acabei surpreendendo-o. JW, o técnico de bateria, sempre dava um copo de água para ele na mesma parte de todos os shows. Então, quando Eric se virou para pegar a água, eu a entreguei para ele, e disse, "Feliz aniversário!". Aí eu descobri que a banda tinha contratado uma stripper para subir no palco e dar um bolo para ele enquanto cantava "Parabéns pra Você". Eu fiquei furiosa e comecei a brigar, aí discutimos durante toda a noite de seu aniversário e ele acabou dormindo no chão... e até hoje me sinto mal por isso. Agora, com a idade que tenho, eu pensaria, "Quem se importa? É inofensivo". Mas, naquela época, foi uma coisa horrível e ameaçadora. Quando todo mundo ficou sabendo que eu estava lá, eles rapidamente cancelaram a stripper. Mas, de alguma forma, eu descobri. Então nem aconteceu, mas eu sabia que aconteceria.

CHRISTINA HARRISON: Eric e Bruce eram farinha do mesmo saco, porque Bruce também é muito inseguro, de muitas formas. Eu sempre dizia para Bruce, "Você é um típico cara judeu. Você é tão neurótico". E ele dizia, "Obrigado, Christina... *muito obrigado!*". Ele é o típico judeu, sabe? Eles sempre perguntavam, "Vocês viram o show?". Eles ficavam se torturando – "Ah, eu poderia ter feito tal coisa melhor". Mas não víamos o show, porque já tínhamos visto um milhão de vezes. Ficávamos nos bastidores conversando com a garota do figurino, ou ajudando-a a guardar a maquiagem, coisas assim, só para ter o que fazer. Ou íamos até o camarim de Kip Winger e roubávamos M&Ms. Quero dizer, eu nem era fã do Kiss. É claro que eu virei fã do Kiss com o tempo, mas eu não era fã do Kiss. Não foi como se, de repente, eu me casasse com alguém que tocava *com o Sting*, sabe [risos]? Dizíamos, "Ah, foi ótimo!", mas não tínhamos visto nada do show.

CARRIE STEVENS: Christina e eu costumávamos fingir que víamos os shows. Meu Deus, se Bruce ficar sabendo disso, ele pode ficar puto! Já era um processo preciso, quase científico. Sabíamos quando tocavam os solos, e ficávamos nos bastidores com o Slaughter e o Winger. Nada de inadequado aconteceu com eles, mas nós íamos lá, comíamos M&Ms e conversávamos com eles. Aí o Kiss saía direto do palco para o ônibus após o show e sempre estávamos lá, como anjinhas, quando eles terminavam. "Ah, ótimo solo, querido!"

CHRISTINA HARRISON: [O relacionamento de Eric e Carrie] tinha seus altos e baixos. Eles brigavam muito. Acho que foi em Massachusetts – após o show, estávamos em um... é claro, eles tentavam ficar em hotéis bons, mas isso não é possível em toda cidade. Não tem um Four Seasons em toda cidade. Então, estávamos em algum hotel e eu conseguia ouvir Eric e Carrie discutindo [risos]. Só de brincadeira, peguei um copo e coloquei-o contra a parede e lembro que disse, "Bruce, venha ouvir!". Lembro que Bruce estava deitado na cama, tocando sua guitarra e disse, "Meu Deus, eu *não* vou fazer isso". E eu disse, "Venha, vamos ver se isso funciona!" E eu estava segurando o copo e, como as paredes deviam ser muito finas, deu certo. Eu conseguia ouvir parcialmente o que Carrie estava dizendo, mas não ouvia o que Eric estava dizendo. Depois, ela me disse que Eric estava dizendo, "Não fale tão alto. Eles devem estar ouvindo!". Eles brigavam muito, mas, quando estavam juntos, pareciam ser o casal perfeito, muito fofos. Acho que ambos tinham o pavio curto e Eric era muito mais inseguro. Eu fico me lembrando da história do cara que trabalhava com consertos e acabou ficando com aquela mulher linda, achando que não era bom o suficiente para ela. Mas, é claro, ele era bom o suficiente, porque era uma pessoa boa.

1990

CARRIE STEVENS: Uma vez, Eric e eu detonamos um hotel. Por que fizemos isso, não tenho ideia. Foi no Maine? Estávamos em algum lugar assim. Por algum motivo, mais um show foi cancelado e, sei lá, acho que era a coisa a se fazer. Tinha uma sala de banquete montada, para servirem um banquete, e Eric e eu entramos lá e destruímos tudo. Jogamos talheres, pratos e toalhas. Depois, fizemos a "coisa de rock star" de transar no elevador. Também transamos debaixo do palco. Loucura. E tinha uma guria esquisita que estava convencida de que era a esposa do Eric. Uma fã muito, muito doida. E ela estava ameaçando me matar, dizendo que tinha uma faca. Ela estava falando aos seguranças que Eric a estava traindo e que era a esposa dele e que ele estava no quarto com alguma garota. Os seguranças da turnê precisaram começar a me levar para o ônibus antes ou depois do Eric e não junto com ele. Ela até fez uma identidade falsa com o sobrenome dele! *Loucura.*

Tínhamos uma vida sexual bem ativa e saudável. Ele tinha bastante energia. Sim, sem reclamações. Ele me levou a um motel chamado Sybaris. Imagino se ele ainda existe. Era bem confiável – nada duvidoso – e faziam parecer um lugar romântico para pessoas que queriam comemorar seus aniversários, coisas assim. Ele tinha "casas" separadas, cada uma com jacuzzi, piscina, cascata artificial e colchão d'água. E tinha um gancho no teto e ficamos pensando, "Para que serve isso?". Aí abrimos o armário e tinha um balanço! Éramos um tanto inocentes. Agora, já tenho mais experiência – não me chocaria com algo assim. Mas, na época, ficamos pensando, *"O que você faz com isso?"*. Um balanço com um buraco embaixo. Mas ele queria me levar a um lugar especial, então não ficamos no mesmo hotel que a banda. Fomos até esse lugar – alguém tinha feito uma recomendação para ele.

Eric gostava de tirar fotos nu e tínhamos tantas fotos "ousadas" de nós. Acho que tinha um vídeo também, mas espero que tenhamos apagado. Ele me deu uma filmadora quando eles vieram para o Natal uma vez. Ele amava tirar fotos na estrada, mesmo quando eu não estava com ele e ele as dava para algum técnico aleatório e eram só universitários que trabalhavam em qualquer cidade por onde eles passavam. Não eram pessoas que trabalhavam na turnê inteira. Ele simplesmente dava o rolo de filme para um deles, pedia para revelar as fotos, depois trazê-las de volta e ele enviava as fotos para mim. Eu dizia, "Eric, não dê essas fotos para estranhos. Eu estou nua em algumas delas!". Até hoje fico chocada que ninguém roubou as fotos e que elas nunca saíram em lugar algum.

Lembro que, uma vez, estávamos nus, como de costume, na cama dele. Ele tinha espelhos no teto e na parede. Olhamos para cima e ele disse, "Sabe, teu corpo é como das garotas que aparecem em revistas". E eu perguntei, "Que revistas?". E ele disse, *Playboy*". Perguntei, "Mesmo?". Era como se eu nunca tivesse me visto daquela forma. E ele disse, "Eu ficaria muito orgulhoso de você se fosse uma daquela garotas". Mas eu ainda demorei muito para ter a confiança para me achar capaz de fazer aquilo. Então, acho que ele ficaria orgulhoso. Se não fosse por ele, eu não faria isso, porque eu nunca me vi como alguém especial ou bonita. E, de onde eu vim, uma cidade pequena, ninguém faz coisas assim. Você nem fala que quer fazer algo assim, ou dão risada da tua cara. Então, ele era um namorado maravilhoso. Eu me lembro exatamente de onde eu estava sentada quando ele perguntou para mim, "Tem algo que eu possa fazer para te ajudar na tua carreira?". E, logo após isso, "O que você quer fazer?". Tive tanta vergonha de dizer que eu queria ser modelo e atriz, mas consegui me expressar e ele perguntou, "O que posso fazer para te ajudar na tua carreira?". Aquilo me fez chorar, porque era um apoio que eu não tinha recebido nem dos meus pais. Ele era tão solidário, carinhoso e encorajador.

BLAS ELIAS: Eles pareciam ser um ótimo casal. Ela aparecia várias vezes durante as turnês. Foi uma das primeiras pessoas que conheci quando me mudei para Los Angeles e fizemos amizade. Foi assim que conheci Eric. Conversávamos como amigos. Como eu disse, era surreal para mim, porque eu o tinha visto na TV e ouvia seus discos, então conversar com ele era meio surreal. Eles pareciam ser um ótimo casal. Ela é muito legal.

CARRIE STEVENS: Eu diria que ele sempre foi a mesma pessoa. Ele era muito carinhoso com seus fãs. Ele sempre estava fazendo piadas e tratava seus fãs da mesma forma que trataria seus pais. Exceto quando brigávamos; fora isso, ele sempre era o mesmo comigo. Ele não tinha ego nem atitude de rock star – era uma pessoa normal com suas inseguranças. Tinha ótimo senso de humor, era muito atencioso. Ainda tenho todas as cartas que ele me enviou. Ele comprava uns presentes bobos para mim na turnê, em restaurantes de beira de estrada. Coisas aleatórias, bobas. Cartões-postais de todas as cidades, muitos, só para mostrar que estava pensando em mim o tempo todo. No meu aniversário de 21 anos, ele me enviou um arranjo enorme de flores e o cartão dizia, "Todos os seus objetivos e seus sonhos se realizarão". E ainda tenho isso na minha geladeira, como um lembrete de que todos os meus objetivos e sonhos se realizarão. Ele apoiava muito isso. Era quase como se ele continuasse de onde meus pais pararam. Quando ele estava na estrada com o Kiss – antes de existir o fax –, quando eu tinha algum teste, ele anotava minhas falas. Eu dizia as minhas falas para ele e ele as anotava. E ele as ensaiava comigo pelo telefone, antes dos testes. No meu primeiro teste, acho que era no estúdio da Sony, para *Parker Lewis*... eu cheguei lá com Eric Carr, do Kiss! Ele ia a todos os lugares comigo. Quando ele estava comigo e eu precisava trabalhar, ele preparava e embalava meu almoço. Era um cara bem pé no chão.

JOHN WALSH: Ela era jovem na época. Ela devia ter uns 21 anos. Era muito legal e gentil e Eric, como você já deve ter ouvido, era um cara muito carinhoso e amável. Quando ela estava por perto, era legal.

BOB GRAW: Foi a primeira turnê do Kiss em que acho que não usaram o logo atrás deles. Eu os vi na primeira leva da turnê, no Nassau Coliseum [em 28 de junho]. Acho que estava na sexta fileira nesse show. Mas o show mais importante da turnê foi a última noite, no Madison Square Garden [em 9 de novembro], quando Winger e Slaughter abriram o show. Eu estava na primeira fileira desse show e lembro como Eric foi ótimo naquela noite. A banda tocou tão bem – foi o show do Kiss com o melhor som que já ouvi, de longe. Lembro que eu estava na primeira fileira e o som deles estava tão incrível e límpido e a bateria do Eric estava explosiva. É algo de que nunca esquecerei. Eu passava bastante tempo com Rod Morgenstein, do Winger – nos tornamos bons amigos –, e tive uma longa conversa com ele sobre aquela noite e ele se lembra da mesma coisa que eu, do quão boa a bateria de Eric soava naquela noite e de como tudo estava microfonado perfeitamente, do quão bom foi o som do Kiss naquela noite. Ele disse que provavelmente foi o show com o melhor som da turnê inteira. Quem poderia dizer que seria a última vez que o veríamos ao vivo?

BLAS ELIAS: Só o fato de tocar no Madison Square Garden já é algo com que todo mundo sonha, mas nunca imagina que realmente vai fazer. Eu vi *The Song Remains the Same*, a parte em que o Led Zeppelin vai de limusine até o local, e parecia surreal. E tocar lá com uma das minhas bandas favoritas – meus ídolos – foi simplesmente incrível. Algo que nenhum de nós esquecerá. Fomos até a festa de encerramento de turnê com eles, conhecemos e conversamos com gente tipo o Aerosmith. Era em Nova York, então todo mundo estava lá. Foi uma experiência incrível, conhecer todas aquelas pessoas legais, só o fato de estarmos lá.

MARK SLAUGHTER: Eu lembro que a mãe de Gene estava lá e Eric estava com sua família. Não era o típico "fim de turnê". Foi muito legal, com muitas famílias, e tivemos uma festa depois. Bolo, sorvete e tudo mais e todo mundo se divertiu. Sabe... Madison Square Garden, não há lugar melhor. É *o* lugar. É disso que eu mais me lembro. Todo mundo estava muito, muito feliz. Não houve qualquer problema. Não tivemos dores de cabeça. Naquele momento, era um ápice para a banda, especialmente por ser o último show do Eric.

JOHN WALSH: Eu sou da cidade e aquela arena é como minha casa. Não era minha primeira vez tocando naquele palco – já tinha tocado com Cyndi Lauper lá. Mas eu estava tão empolgado, porque, mais uma vez, era o Madison Square Garden e tinha pessoas da minha família na plateia e era o último show da turnê. Foi muito empolgante. Eu me senti tão orgulhoso de estar com uma banda nova-iorquina. Apesar de algumas pessoas ali terem morado em Los Angeles por um tempo, todo mundo era da cidade. Eu senti que deu tão certo, que tudo levaria a mais um disco e mais uma turnê. Eu realmente senti que estávamos a todo vapor. Foi tão bom que achei que os caras iam querer fazer de novo. E lembro que, quando a última nota da última música foi tocada, eu estava desmontando a bateria e estava com um punhado de baquetas na mão, e joguei um monte delas [para a plateia], de tão animado que eu estava. Foi um negócio tão legal, porque eles tocaram tão bem. Eles sempre tocavam bem, mas, quando era para valer ou tinha muita pressão, eles se saíam ainda melhor. Mas era muito mais divertido estar no Madison Square Garden e significava muito. É claro, não sabíamos o que estava pela frente, então não era, tipo, "Isso acabou, agora vou trabalhar para outra pessoa". Eu senti que foi uma forma fantástica de encerrar a turnê e que aquilo continuaria.

LYDIA CRISS: Eu estava no primeiro show de Eric e no último show de Eric, e nenhum entre esses dois. E não planejei isso, foi por acaso. É esquisito. Uma amiga minha gostava do Winger, uma banda de abertura do Kiss no último show. Ela tinha me perguntado se eu conseguiria ingressos, então liguei para a gravadora e consegui ingressos. Eu conversei com a banda após o show – fui à festa. Fizeram uma festa em um dos restaurantes do Garden.

Eu o encontrei três vezes. Encontrei-o no China Club e no Cat Club. Eu estava com Ace e sua namorada na época. Mas foi basicamente, "Olá. Como você está?". Na festa [após o show no Madison Square Garden], eu consegui conversar com ele. Eles tinham lançado *Smashes, Thrashes & Hits* e ele canta "Beth" nesse disco. Eu estava falando com várias das minhas amigas e ele passou por mim. Eu perguntei, "Eric, venha aqui. Tenho uma pergunta para você. Quando você cantou 'Beth', você pensou em mim?". Ele respondeu, "É claro que pensei", e eu disse, "Resposta correta!". Eu não conversei muito com Eric, mas sempre senti que ele era um querido. Teve uma época em que muita gente me perguntava, "Quem é teu integrante favorito do Kiss?", e eu respondia, "*Eric*" [risos].

CARRIE STEVENS: Eu não fui àquele show. Acho que nós brigamos e eu fui embora. Ele queria que eu fosse embora, daí queria que eu ficasse. Eu estava puta porque ele fazia isso comigo o tempo todo. Eu voava até o lugar onde ele estava, só para vê-lo, daí brigávamos e ele queria que eu fosse embora. Eu dizia, "Não vou embora, vou ficar!". E parávamos de falar um com o outro. Mas falávamos quando estávamos em público. Todo mundo pensava que as coisas estavam bem, aí passávamos a noite com um travesseiro entre nós. Coisas de casal, sabe? Nós brigávamos. Acho que é por isso que não fui àquele show.

LORETTA CARAVELLO: Provavelmente foi o melhor show que ele fez, porque ele incorporou todos os shows que eu vi com ele. Eu não conhecia muito do material dos anos 1970, mas havia elementos que eles pegaram e incorporaram dos anos 1970, como a bola que girava. Foi esse show que minha sobrinha viu. Ela estava sentada atrás da mesa de som, no meio do auditório. Foi inesquecível, porque ele estava tão feliz. Ele estava levando-a pelos bastidores – "Esta é a minha sobrinha". E ele a levou por onde as pessoas saíam, e os fãs estavam lá, e ele a ergueu e todo mundo fez "toca aqui" para ela. Acho que foi tão bom porque foi o último. Talvez tenha sido tão bom porque era o fim. Era algo que ainda não sabíamos.

Mas esse show, para mim, foi o mais inesquecível, entre o solo e todo o resto que aconteceu. E o fato de que ele já estava doente nessa época – ele estava mal – e conseguiu tocar daquele jeito, foi simplesmente incrível para mim, ainda mais agora, quando reflito sobre tudo o que aconteceu e percebo mais coisas. "Ah, é por isso que ele se sentia de tal jeito. É por isso que ele disse tal coisa." É fácil analisar a situação em retrospecto. Meus pais ficaram muito felizes e foi um show ótimo. Por sinal, acabei de enviar um e-mail para Bruce com uma foto dos bastidores – ele com pai dele, porque ele recentemente perdeu o pai. Encontrei uma foto dele com meu pai e com o pai dele. É uma foto muito bonita, então enviei-a para ele. Mas foi o melhor show do Kiss, na minha opinião, de todos os anos em que meu irmão esteve com a banda. Foi tudo em uma noite só e foi um fim apropriado. Minha sobrinha ainda se lembra dele. Ele a adorava. Tem muitas fotos. Ela costumava ir aos shows e ficava sentada na mesa de som. Uma vez, alguém a colocou sobre seus ombros – acho que um roadie – e ela ficou no meio da plateia. E o volume não a incomodou. Ela ficava tirando os protetores de ouvido e jogando fora. Era uma criança de quatro anos de idade! Meu irmão a adorava. Era o amor da vida dele.

BRUCE KULICK: Como acontece com a maioria dos italianos, era o típico drama. Mesmo assim, parecido com o que acontece com judeus, há um amor muito intenso pelos seus pais. Ele amava os pais dele e passava muito tempo com eles. Ele tirava sarro do jeito deles. Eu sempre achei louco como ele era parecido com o pai. De certa forma, Loretta também é e soa como ele. Era até engraçado. Mas às vezes tinha umas tias e outras pessoas que apareciam e, veja só, eu cresci em Nova York e sou judeu. Eu tinha tantos amigos italianos na minha infância e adorava eles. E são umas figuras. Tudo é em volume alto e insano e exagerado e cheio de vida e amor e drama e loucura. E isso é a família dele – eu os amava. Eu acolhi a família dele, era ótimo. Sempre era legal ver os pais dele. Sua irmã era um sarro e ainda é. Tem uma prima mais jovem de quem eu me lembro, que significava muito para Eric, o que eu achava interessante, porque acho que ela tinha um cabelo meio ruivo. Não sei se ela era 100% italiana ou não. Talvez eu esteja errado quanto a isso. Acho que era a outra irmã que se casou e teve um filho. Não sei. Ele era o tio, eu acho, e era muito bom com todos eles. Então, como um típico italiano, ele reclamava de todos eles [risos].

CHRISTINA HARRISON: Era um relacionamento próximo. Tinham muito orgulho de seu filho, sem dúvida alguma. Bruce sempre dizia que, antes de ele fazer sucesso, ele dava aulas de guitarra na casa de seus pais e eles sempre diziam, "Por que você não corta o cabelo?". Aí ele fez sucesso e eles começaram a dizer, "Ah... *meu filho!*". Acho que foi assim com Eric. Eles ficaram tão orgulhosos. Eles iam aos shows. Como não ter orgulho?

LORETTA CARAVELLO: Quando meu irmão estava em casa, ele era apenas "meu irmão". Ele raramente falava sobre qualquer coisa que estava acontecendo. De vez em quando, ele fazia algum comentário. Ele confidenciava mais para meus pais. Ele não queria ser "Eric Carr" quando estava conosco.

Ele queria ser Paulie, o que eu achava bom, porque, quando algo o chateava, dava para ver no seu rosto, mas, pelo menos, ele não trazia nada para a família. Era um emprego.

CARRIE STEVENS: Ele era muito próximo de sua família. Ele amava sua sobrinha, e ela era pequena na época. Nem acredito que ela já cresceu. Passávamos bastante tempo com seus pais, no interior. Eles sempre foram muito gentis e me acolheram. Ainda converso com eles. Ele gostava de ir lá e fazíamos coisas normais. Caminhávamos pela floresta, jogávamos pedrinhas na água e cozinhávamos. Coisas bem normais.

SCOTT DAGGETT: Naquele ponto de sua vida, acho que ele já estava perto dos 40 ou com 40 anos. Ele já tinha passado daquela "fase". Ele já sabia que tipo de estrela era. Ele sempre falava que nunca saía de casa sem seu laquê e que precisava manter sua imagem. Mas, enquanto pessoa, ele já tinha superado isso e estava pronto para se casar. Ele estava vendo algumas opções de lugares para ficar sem se embebedar, porque ele bebia muito. Ele estava mudando.

BLAS ELIAS: Acho que tínhamos um plano de ir para Las Vegas. Todos os caras do Slaughter são de Las Vegas e ele veio conosco, e Mark e eu estávamos mostrando a região onde morávamos, Henderson. Ele pensou em se mudar para lá. Ele parecia um cara ótimo que queria uma vida normal, não queria ficar perto da loucura de Hollywood e tudo mais.

ROD MORGENSTEIN: Foi uma coincidência – nós dois morávamos na 37th Street, no leste de Manhattan. Saindo do Midtown Tunnel, eu ficava um pouco mais perto da Lexington e da Park Avenue. Mas foi engraçado descobrir que morávamos na mesma rua, apesar de haver umas 50.000 pessoas entre nós. Anotamos nossos números de telefone e conversávamos sobre nos encontrarmos quando as turnês acabassem. Já que morávamos tão perto e éramos bateristas, tornou-se uma amizade legal. Sempre o vi como um cara bem pé no chão, gentil e educado. E nem todo mundo é assim na indústria musical – ou na vida, no geral. Então, quando você conhece alguém

1990

assim, é bom manter contato. Lembro dele me contanto que, durante suas férias, ele queria começar a se envolver com bandas novas e assinar contratos de produção com elas. Entrar no estúdio e trabalhar com elas na produção e tentar se envolver de maneira a conseguir contratos com a gravadora. Era uma vertente que ele estava bem animado para explorar.

LORETTA CARAVELLO: Ele ia e voltava, porque Carrie morava em Los Angeles, mas, depois, ela veio para cá. Ele tinha apartamentos. Quando ele entrou no Kiss, ele morava no Village. Depois ele se mudou para o oeste da cidade, eu acho, aí ele veio para casa. No começo de sua carreira no Kiss, ele morou em nossa casa por cerca de um ano, depois se mudou para o Village. Ele voltou por volta de 1985 ou 1986 e ficou conosco por uns dois anos, no Queens. No Ozone Park. Eu diria que, por volta de 1989, ele voltou para nossa casa. Finalmente, em 1990, ele pegou um apartamento legal. Aí foi tudo ladeira abaixo.

1991 [PARTE UM]

CARRIE STEVENS: Ele estava bem [de saúde durante a turnê *Hot in the Shade*]. Às vezes, imagino se o câncer já não estava em seu cérebro, porque seu comportamento comigo era tão irregular. Quero dizer, literalmente, sem exagerar, teve uma vez em que voei até o Maine, a 5.000 quilômetros de Los Angeles; cheguei lá, transamos, ele se levantou, foi tomar um banho, saiu, estava secando o cabelo e disse, "Sabe... Acho que quero terminar com você". Meu queixo caiu. Tipo, "*O quê?* Eu voei até aqui, não brigamos, o sexo foi ótimo... e agora você quer terminar?". Foi insano. Às vezes, eu fico pensando. Não sei – será que já estava lá e não sabíamos? Ele mudava muito rapidamente. Como na vez em que eu não fui embora e fiquei dizendo, "Não vou embora. Você vai terminar comigo agora? Eu não vou voltar direto para um avião. Não vou embora". Achei que ele tentaria encontrar sua ex-namorada, então me recusei a sair.

A semana acabou e ele disse, "Você quer ir à casa dos meus pais no fim de semana? Quer passar o fim de semana com meus pais?". E eu disse, "Como assim? Depois de eu passar a semana inteira chorando e fingindo que estamos juntos quando não estamos, depois de você partir meu coração?". Eu estava debaixo das cobertas com lágrimas escorrendo pelo meu rosto. Ele gentilmente puxou as cobertas do meu rosto e disse, "Você quer ir à casa dos meus pais este fim de semana?". Eu disse, "Você está louco? Vamos passar mais um tempo fingindo que tudo está bem, quando tudo não está bem?". Depois, por tantas vezes, brigamos e terminamos, aí eu me levantava na manhã seguinte e ele estava de joelhos, no chão, olhando para mim com aqueles olhos enormes, dizendo, "Não quero que você vá embora. Não quero que você desapareça. Por favor, não vá embora". Então, é claro que eu sempre ficava, porque ele estava literalmente de joelhos do lado da cama quando eu acordava. Ele sempre se mostrava arrependido. Tenho certeza de que nem tudo era culpa dele. Nem me lembro dos motivos das brigas, mas sei que todo casal briga.

Eu finalmente cheguei a um ponto em que não aguentava mais. Eu finalmente terminei com ele. Era a última semana da turnê e ele fez a mesma coisa comigo. Não me lembro de onde foi. Era a última semana e eles iam passar pelo norte do estado de Nova York... acho que foi em Maine. E ele fez aquilo comigo de novo e eu disse, "Quer saber? Não vou embora desta vez. Vou ficar na turnê". E, na frente dos outros, ele sempre agia como se tudo estivesse ótimo. Ele colocava o braço ao meu redor. Depois, à noite, não conversávamos. Eu sempre puxei o saco dele. Eu sempre fui atrás dele, durante todo aquele tempo. E, finalmente, o jogo tinha virado. Acho que eu mudei meu número de telefone, e coloquei "devolver ao remetente" em todos os cartões dele. Fiz isso porque nem sabia mais quantas vezes ele já tinha terminado comigo. Finalmente, eu não aguentava mais. E ele enlouqueceu, como acontece com a maioria dos caras quando eles não conseguem mais ter o que querem.

ROD MORGENSTEIN: Em um dos últimos shows, ele me disse, "Não me sinto bem. Acho que vou fazer um check-up médico quando a turnê terminar".

GARY CORBETT: Só lembro que, perto do fim da turnê, ele começou a ter umas câimbras esquisitas na perna. Depois dos shows, ele parecia muito esgotado. Ele ainda não sabia que estava doente e não dizia sentir nada específico além do esgotamento. Acho que era uma de suas pernas – na coxa –, ele tinha câimbras muito intensas.

JOHN WALSH: Eu lembro que ele recebeu uma injeção de cortisona no joelho em algum ponto da turnê. Mas, se ele estivesse doente de alguma forma, eu saberia, e ele não estava. Tenho um CD do último show em algum lugar. Se você ouvir o jeito como ele estava tocando... Eu saberia se ele estivesse doente. Certamente não estava. Ele tocou tão bem quanto podia, até o fim. Ele não estava doente.

BOB EZRIN: Eu estava em contato com Gene durante aquela época. Ace tinha saído da banda e Paul estava furioso comigo por causa de *The Elder*. Tenho certeza de que ele mesmo te diria isso. Quando chegou a hora de nos reunirmos e conversarmos sobre gravar o disco *Revenge*, foi necessário fazer uma pequena "sessão de terapia" comigo, Paul e Gene. Paul estava bravo, ele precisava expressar sua raiva. E Paul é o tipo de cara que nunca perdoa, ele leva tudo consigo, para sempre. Eu acho que ele estava bravo comigo por eu ter levado a banda naquela direção em *The Elder* e por não ter feito o meu melhor trabalho no disco. E eu pedi desculpas. Eu disse que ele estava certo.

Nós nos reunimos para gravar "God Gave Rock and Roll to You", a música para o filme [*Bill & Ted: Dois Loucos no Tempo*]. Eric estava na banda. Na verdade, deixe-me pensar um pouco... tentamos fazer umas coisas com Eric. Tocamos a música uma vez, então, não, não nos reunimos para "God Gave Rock and Roll to You". Nós nos reunimos para gravar um disco. Começamos com Eric, no Phase One Studios, no Canadá. Acho que tínhamos quatro ou cinco músicas. Não fizemos muito. Só trabalhamos com algumas ideias novas. Estávamos tentando encontrar uma nova direção para o Kiss, um novo som.

Aí Eric adoeceu. Ele precisou começar seus tratamentos, o que o impossibilitou de tocar com a energia necessária. Então fizemos um hiato até "God Gave Rock and Roll to You". Eric Singer tocou em "God Gave Rock and Roll to You". Começamos esse projeto – Eric estava lá e estávamos trabalhando no estúdio, em Toronto, começando a lidar com o material novo. Eric foi uma parte essencial dele. Gravamos um tanto. Foi uma boa sessão, todo mundo se divertiu.

Botamos fogo no console do estúdio! Foi uma noite interessante [risos]. Não *botamos* fogo nele literalmente – decidimos encomendar pizza para a janta, algo assim. Estávamos na frente do estúdio e senti cheiro de fumaça. Pensei, "A pizza de alguém está queimando?". Voltei à sala de controle, abri a porta, e estava cheia de fumaça. Foi uma correria. Pegamos todas as fitas e tiramos tudo de lá. Aí o console começou a pegar fogo! Não sei o que aconteceu – tinha um transformador, algo assim, que provavelmente explodiu. Os bombeiros foram lá, e nem acreditavam que o Kiss estava lá. Acho que os bombeiros ficaram tão distraídos com o Kiss que mal fizeram seu trabalho, de certa forma. Aquilo encerrou a sessão. Decidimos que retornaríamos, mas Eric adoeceu.

GARY CORBETT: Acho que foi em maio que Eric descobriu que estava doente. Ele não tinha certeza do que era. Ele tinha feito um monte de testes. Os médicos disseram para ele, "Você tem uma infecção no pericárdio, ao redor do coração. Vamos te dar um remédio para acabar com a infecção". Ele tomou o remédio e a infecção sumiu, tanto que, no raio X seguinte que ele fez, dava para ver um tumor crescendo em seu coração. Naquele momento, eles precisaram fazer uma cirurgia no coração dele. Quando ele estava se preparando para a cirurgia, é claro que estava bem chateado.

CARRIE STEVENS: Ele começou a ligar para minha família – minha mãe, minha irmã – feito louco, porque eu não voltaria para ele dessa vez. Foi aí que minha mãe ligou para mim um dia e disse, "Você deveria falar com Eric. Ele está muito doente". E eu disse, "O que ele tem?". E ela disse, "Ele está gripado", e eu respondi, "Tanto faz. É só uma gripe". Aí eu descobri que não era uma gripe e voltamos a nos falar.

BRUCE KULICK: Eu lembro que eu estava em um cinema, em Hollywood, e ele estava de volta em Nova York. De fato, eu estava no Cinerama Dome. Eu liguei para ele de um telefone público – isso mostra há quanto tempo essa história aconteceu – porque ele tinha me deixado um recado dizendo, "Vou ao médico. Estou com alguma infecção, não sei o que é. Ele vai fazer uns testes. Eles acham que é tal coisa ou tal coisa, mas não sabem". E eu fiquei bem estressado só de saber disso. Então, quando fizeram mais testes, descobriram que ele tinha um tumor no coração, algo extremamente raro. Mas era por isso que ele estava com a infecção. Gene e Paul estavam lá quando ele fez a cirurgia no coração para corrigir o problema, mas, antes da cirurgia, perguntei a ele, "Você quer que eu fique lá com você?". Ele disse, "Não precisa. Não se preocupe. Já tenho bastante gente aqui". E eu dei valor para isso, porque eu tinha acabado de comprar um apartamento novo, e tinha sido bem caro, e eu ainda estava arrumando. Foi engraçado – era no mesmo prédio em que ele tinha visto um apartamento. Poderíamos ter sido vizinhos. A notícia viajou um pouco depois da cirurgia, mas eles já sabiam que era câncer.

CARRIE STEVENS: Quando eu descobri que não era uma gripe, achamos que era um tumor e ele precisava operar o coração. E eu não estava lá durante a cirurgia, porque, na época, tínhamos voltado, mas não exatamente. E ele disse que não queria que eu o visse daquele jeito.

ROD MORGENSTEIN: Ele explicou que os médicos achavam que o bombeamento do seu coração estava enviando células cancerígenas a outras partes do seu corpo. Acho que eu não dava detalhes da minha vida pessoal para ele, porque, na época, minha esposa já estava lutando contra o câncer de mama desde 1983. Ela, Michelle, tinha decidido, desde o princípio, que não queria divulgar a informação. Então, lá estava eu, vivendo aquela vida incrível, viajando, mas o câncer funciona de um jeito que você consegue ter alguns anos bons, depois, de repente, ele pode voltar. E, quando ele volta, é ainda mais intenso. Você passa a sua vida olhando o calendário, esperando os próximos exames. Você meio que vive uma agonia em silêncio e eu não estava disposto a divulgar essa vida secreta para a maioria das pessoas que conhecíamos. Então, quando conversei com Eric e ele me contou a respeito de seu problema, meu coração se partiu, porque eu já estava vivendo com aquilo havia oito anos. Minha esposa faleceu quatro anos e meio atrás.

1991 [PARTE UM]

ADAM MITCHELL: É só minha opinião. Ele usava laquê demais e, entre isso e as máquinas de neblina... Acho que isso contribuiu para seu câncer. Porque ele estava constantemente respirando aqueles produtos químicos do laquê. Aí, durante os shows, a máquina de neblina ligava. Mas é só a minha opinião.

WAYNE SHARP: Eu o visitei no hospital uma vez. Ele estava de pé, andando e bem otimista. Ele não me contou qual era o problema, mas tinha operado o coração. Ter câncer no coração... nunca tinha ouvido falar dessa possibilidade. Mas ele parecia estar bem.

JOHN WALSH: Eu o vi no hospital. Para mim, foi interessante porque era o mesmo hospital em que minha mãe tinha ficado quando ela também teve um problema no coração. Na época, ele estava muito animado.

GERRI MILLER: Ele estava assustado. Mas tentava se manter positivo. Sempre que você enfrenta um problema de saúde sério mesmo, você não sabe o que vai acontecer. Então, sim, foi assustador. Conversei com ele pelo telefone algumas vezes. Eu me sentia tão mal por ele. Mas não há o que fazer, né? Eu não o visitei no hospital. Em retrospecto, queria tê-lo visto mais uma vez. Conversamos no telefone algumas vezes e eu dizia, "Fique firme. Espero que tudo dê certo". Naquele ponto, eu não percebi o quão ruim a situação era.

CARRIE STEVENS: Ele voou até Los Angeles para me ver, logo após a cirurgia. Ele tinha muito orgulho de sua cicatriz. Ele chegou a mostrá-la para uma funcionária do 7-Eleven. Ele sempre exibia aquela cicatriz. Na época, não achávamos que haveria mais problemas; caso contrário, tenho certeza de que ele não estaria exibindo a cicatriz. Eu estava com ele quando recebeu os resultados. Ele costumava ficar em sua casa em Larabee, Hollywood. A banda sempre o colocava em um hotel/apartamento. Ele ficou sabendo que pedaços do tumor estavam se separando e indo para seus pulmões. Fizeram uma biópsia e descobriram que era maligno. Acho que foi difícil demais para eu entender. Lembro que fiquei desolada. Quando ele voltou a

Nova York e fez mais consultas médicas, lembro que fiquei com uma amiga minha, sentada no chão, conversando com ele pelo telefone, chorando. Mas eu nunca imaginei o que viria pela frente.

BILL AUCOIN: Eric e eu sempre mantivemos contato. Quando ele ficou doente, ligou para mim. Acho que ele tinha dificuldade em se comunicar com Gene e Paul naquele ponto. Eles também passavam por dificuldades. Eric estava doente, no hospital, precisando ser operado. Eles não estavam ganhando dinheiro. Foi difícil. Acho que eles meio que se separaram de Eric.

GARY CORBETT: Eu estava tentando ser um bom amigo e consolá-lo um pouco. Pelo que me lembro, Carrie foi a Nova York para ficar com ele. Eles foram ao Great Adventure só para ter um dia legal. Mesmo no Great Adventure, ele ligou para mim de um telefone público. Ele disse, "Vão me demitir". Eu falei, "Não, eles não vão te demitir. Não se preocupe. Você não precisa pensar em nada disso. Faça o que precisa fazer e tudo vai dar certo".

EDDIE TRUNK: Ele estava muito preocupado com sua situação na banda – mesmo que ele ficasse bem de novo, imaginava se continuaria na banda. Lembro que tive muitas conversas assim com ele, tentando mantê-lo positivo e motivado – não apenas para recuperar sua saúde, mas garantindo que, "Ei, cara, se você estiver saudável, ativo e tocando, não tem *jeito nenhum* de o Kiss continuar sem você, porque os fãs se revoltariam. Você é amado demais". É irônico que eu tenha dito isso na época, porque, obviamente, já aprendemos que o Kiss pode fazer – e faz – qualquer coisa. E tem uma parcela dos fãs deles que aceita isso. Nunca imaginei que fãs do Kiss aceitariam alguém imitando Ace [quando Tommy Thayer começou a tocar com a banda, em 2002]. E muitos aceitaram.

GARY CORBETT: Eu não acreditava na possibilidade, porque ele sempre foi paranoico. O relacionamento dele com Paul não era nem um pouco bom. Paul sempre sabia como provocar Eric, o jeito certo de fazer isso, e como afetá-lo. E fazia isso. Nos três primeiros meses da turnê *Hot in the Shade*, Eric não falava com Gene ou Paul no ônibus. Era muito desconfortável, porque ele entrava no ônibus com seus óculos de sol e seu Walkman e ficava no lounge da entrada, onde todo mundo estava sentado, não olhando para ninguém. Com óculos de sol e fones de ouvido. Portanto, não havia comunicação. Eles não se falavam. E ele era desse jeito – ele se magoava com o que acontecia. E Paul, como eu disse, sabia exatamente como afetá-lo e o fazia.

Então, quando Eric me contava coisas assim, eu precisava entender por que ele dizia aquilo e respondia, "Não, vamos lá, cara. Isso não é possível. Não vai acontecer". Mas não lembro quem foi que me disse. Vinha de alguns lugares diferentes, mas, primariamente, vinha de Eric. E era por causa de coisas que estavam acontecendo entre ele e a banda. Bem, uma coisa foi a retirada do solo de bateria. Coisas assim. Qualquer coisa que fizesse Eric se sentir menos parte da banda, ou menos rock star do que era. Esse era o Eric. Assim que se tornou o baterista do Kiss, essa virou sua identidade. Ele amava ser o baterista do Kiss – e era só isso que importava para ele. Então, quando você mexe com isso, você mexe com ele. E, é claro, aqueles dois caras eram os únicos que podiam fazer algo a respeito. Gene não faria nada só por fazer, mas acho que Paul tinha prazer em mexer com ele.

TY TABOR: É claro que ficou sério, instantaneamente, quando ele me informou o que estava acontecendo. Ele foi a um show e eu não sabia que ele estava lá. Alguém da minha banda, acho que Doug, disse, "Eric está no andar de baixo, na área privativa, e quer falar com você". Então fui lá. Ele parecia estar normal, mas eu percebia que tinha algo sério passando por sua cabeça. Então fomos a algum lugar para falarmos a sós. Ele desabafou e me contou o que estava acontecendo. Naquela primeira noite, foi só a respeito da saúde dele. Mas conversamos muitas, muitas outras vezes após aquela noite e ele me contou mais [quanto ao seu status no Kiss].

CHRISTINA HARRISON: [Informar Eric de que eles achariam um substituto e que ele poderia voltar quando/se sua condição melhorasse] era exatamente o que eles deviam ter feito. No entanto, se fizessem isso, ficariam obrigados a cumprir sua palavra, porque havia a chance de ele melhorar. As pessoas melhoram. Porque eu sei que Paul estava investigando bastante – o que, exatamente, ele tem, e ele pode melhorar disso? Eu sei que eles estavam analisando bem a situação. Não tenho certeza disto, mas acho que ele até falou com seu médico, ou outro médico.

CARRIE STEVENS: É o que eles deviam ter feito, apesar de Christina não saber o que eu sei – que eles falaram com os médicos do Eric e basicamente ouviram, "Ele vai morrer". Eles estavam baseando suas decisões naquele prognóstico muito negativo, enquanto outras pessoas dizem, "Me deram dois a cinco anos de vida e ainda estou vivo 20 anos depois". Acho que eu seria uma daquelas pessoas que dizem, "Quem tem certeza de que os médicos estão certos? Algumas pessoas assim sobrevivem". E, sim, acredito que, em retrospecto, apesar de Gene e Paul acharem que sabiam que ele ia morrer, eles deviam ter se pronunciado, só para poupar o Eric. Eles deviam ter dito, "Queremos que você não toque este ano. Mas, depois disso, se você estiver bem, você volta a tocar conosco". É isso que deviam ter feito. Por que eles não pensaram nisso na época? Mas não sabemos o que passa pela cabeça deles. Talvez, tantos anos depois, eles estejam pensando, "Fomos babacas e devíamos ter agido de tal forma". Talvez alguém os aconselhasse a fazer isso.

Eu tenho certeza – e não posso falar a respeito de Paul, porque não sou próxima dele –, mas Gene e eu desenvolvemos uma amizade com o passar dos anos. Eu o considero meu amigo. Eu considero Shannon uma amiga. Gene, em 2002... você viu a revista *Tongue*? Ele me colocou na capa da revista. Não éramos tão próximos. Como eu era Playmate, ele reapareceu na minha vida, e eu o via pela Mansão Playboy com Shannon, depois de anos sem vê-lo, sem contato, entre 1991 e 1997. Então, comecei a vê-lo por causa da conexão com a Playboy. Do nada, ele me ligou e disse, "Estou fazendo uma revista. Gostaria que você aparecesse nela". Fizemos a entrevista, o que nos aproximou, porque, como eu disse, fui muito honesta com ele e disse, "Eu odiava vocês". E ele amou que eu disse isso – ele queria saber mais. Além disso, acho que ele sabe que a controvérsia faz vender mais. Ele não é bobo, nem tímido. E ele acabou me colocando na capa.

1991 [PARTE UM]

Eu achei – e não sei, porque Gene e eu nunca falaremos a respeito disso –, mas eu meio que considerei aquilo como algo especial que ele fez por mim, para me mostrar... tipo, Gene faz certas coisas. Ele não diz o motivo. Mas ele é um fofo – ele não é um ogro maligno. Ele se importa muito com dinheiro, mas não é maligno. Acho que ele fez aquilo como uma ação gentil para mim e para Eric. Ele não precisava ter feito aquilo, digamos assim. Ele não precisava ter me colocado na capa. Foi muito legal e compensou por muitas coisas, quando ele fez aquilo por mim. E fizemos uma festa para a revista e Paul veio. Paul nunca conversou muito comigo. Não o conheço muito bem. Ele é muito isolado. Costumavam chamá-lo de "Phyllis" na estrada [risos]. Era o apelido dele. Espero que eu consiga achar as fotos. Tenho fotos de JW e Eric experimentando as perucas de Gene e Paul nos bastidores. São engraçadas.

CHRISTINA HARRISON: [Rick Allen, do Def Leppard,] fez amizade com Eric após ele adoecer. Rick Allen – talvez por ter perdido o braço ou por ter ouvido o que aconteceu com Eric – virou um bom amigo. Acho que eles saíram juntos para almoçar. Sei que Rick ficou muito chateado com Gene e Paul. Eles se encontravam e falavam mal de Gene e Paul.

CARRIE STEVENS: Eu era amiga da garota que se casou com Rick. Acho que eles se divorciaram. Mas, antes de ela conhecê-lo, eu já era amiga dela. Do nada, ela o conheceu e instantaneamente se casaram. Nós quatro tomamos café da manhã uma vez – nos encontramos no Sunset Plaza e tomamos café da manhã. Christina me contou o mesmo e não sei se eles conversaram sobre ele sair da banda ou ser demitido. Não sei de nada dessa parte da conversa. Eu lembro que eles fizeram amizade e saímos para tomar café da manhã. Não me lembro de nada além do café. Tanta coisa acontecia na época.

CHRISTINA HARRISON: [Def Leppard] era *uma banda de verdade*. Eles apoiaram Rick. Quero dizer, fala sério, um baterista que perde um braço? Se isso acontecesse no Kiss, eles diriam, "Sinto muito por isso... OK, vamos testar novos bateristas amanhã". Isso é ruim? Não, é um negócio, então eles tratam isso como negócio e não como a maioria dos integrantes de banda fazem, "um por todos e todos por um". Eles não eram assim, de jeito nenhum.

GARY CORBETT: Após a cirurgia no coração, ele teve o período de recuperação e, antes de começar a quimioterapia, estávamos conversando a respeito e ele achava que não conseguiria manter seu emprego. Naquele ponto, ele não tocava bateria havia meses e eu disse para ele, "Escute, você ainda é o baterista do Kiss. Pare de pirar com isso. Você precisa fazer quimioterapia. Você tem que lidar com coisas mais importantes que ser o baterista do Kiss". O que, para o Eric, *era* a coisa mais importante da vida dele. Significava muito para ele. Eu estava morando no Brooklyn na época e disse, "Vou ligar para alguns amigos meus e reservar um estúdio de ensaio no Brooklyn. Você vem comigo e vamos tocar. Você vai ver que ainda é o mesmo baterista e que ainda consegue tocar". E foi o que fizemos. Tivemos uma noite muito divertida, só fazendo jams por três ou quatro horas. E ele tocou muito bem. Tocou tão bem quanto sempre fazia.

CARRIE STEVENS: Quando ele estava começando a quimioterapia, avisaram que ele poderia ficar estéril. A quimioterapia poderia deixá-lo estéril – isso se o câncer já não tivesse esse efeito. Ele precisava, sabe, "encher" um copinho. E eu não ajudei, porque fiquei com vergonha demais de entrar lá com ele [risos]. Eu precisei segurar o copinho perto da minha barriga e pegar um táxi para o outro lado da cidade, num lugar onde poderiam armazenar seu conteúdo. Lembro que pensei, *"Nossa"*, como se eu estivesse carregando nosso bebê. Porque eu precisava segurá-lo perto da barriga, para manter o material quente e vivo. Cheguei lá, entreguei o copinho e fizeram a contagem. E me disseram que já era tarde demais.

BOB EZRIN: Sim [eu falei com Eric durante essa época]. Ele estava muito animado. Estava minimizando a doença. Ele poderia morrer, mas estava OK na hora. Ele ficaria bem e derrotaria aquilo. E foi isso. Precisávamos nos reunir – eu fiz um trabalho entre uma coisa e outra. Quando chegou a hora de nos reunirmos para "God Gave Rock and Roll to You", fomos até Los Angeles. E, na época, Eric não conseguia mais tocar. Entre o tratamento e a

1991 [PARTE UM]

doença, ele ficou fraco demais para tocar. Começamos sem ele. Ele nem estava lá, foi muito triste. E lembro que Singer estava em uma posição muito delicada, porque estava substituindo um cara que todo mundo amava, com quem todos tinham um bom relacionamento. E Singer tinha que ficar lá e entender o que estava acontecendo, mas, ao mesmo tempo, tinha que tocar. Ele foi ótimo. Ele foi sensível, mas trabalhou muito, fez um ótimo trabalho. A bateria no disco é brilhante.

E acho que Eric Carr valorizou isso, porque Singer e Carr tinham estilos similares, de certa forma, e Singer fez mais que o necessário para garantir que seu trabalho respeitaria o "legado" de Eric. Então, no meio da gravação da música, Eric Carr nos visitou, no dia em que estávamos gravando backing vocals. Eu deixei a voz dele bem evidente – ele canta a parte mais aguda no refrão. Ele foi lá e foi muito gentil. E ele parecia estar bem. Não parecia um cara que morreria a qualquer momento. Mas ele entrou no estúdio referindo a si próprio como "o cara morto", só de brincadeira, tentando melhorar os ânimos. Acho que deixamos a melancolia de lado, [porque] fizemos uma ótima sessão com os vocais. Rimos e nos divertimos muito. Foi maravilhoso vê-lo de novo.

TY TABOR: Sempre senti que ele estava tentando ser positivo e que ele tinha muita coragem, toda vez que eu falava com ele. E, ao mesmo tempo, havia a sensação de que ele estava assustado, tendo em vista algumas coisas que a gente dizia. Mas ele nunca foi do tipo "sintam pena de mim", nada do tipo. Ele sempre tentava ser otimista ou se apegar a ideias ou pensamentos positivos. É claro que ele também estava lidando com algo muito "sombrio".

AJ PERO: Eu lembro que estava na minha cozinha e ele me ligou. O Twisted Sister tinha se separado e eu estava passando pelos meus próprios problemas. Eu tinha um negócio, tinha passado por um divórcio e tinha acabado de me casar novamente e ter uma criança. Eu estava meio amargo. Eric percebeu isso na minha voz e perguntou, "Como estão as coisas?". E eu desabafei. Então, eu disse, "Não queria falar sobre tudo isso. Você está bem?". Ele era a pessoa mais saudável que eu conhecia, ainda mais que eu. Ele disse, "Estou passando pela quimioterapia. Estou um pouco fraco, mas vou voltar e vou fazer os ensaios e começar o próximo disco".

ADAM MITCHELL: Quando ele teve câncer, minha esposa e eu tínhamos acabado de nos casar... talvez ainda nem estivéssemos casados, mas, basicamente, estávamos morando em Santa Monica e tínhamos duas casas. Tínhamos a casa dela e a minha, que eu aluguei quando me mudei para Santa Monica. Eric ia até lá e o deixávamos ficar na minha casa, e minha esposa e eu ficávamos na casa dela. Um dia, ele e eu fomos a um lugar na Main Street. E, nessa época, ele estava sendo tratado do câncer. Ele estava com uma dieta especial, precisava comer muito brócolis e comidas saudáveis. Fomos jantar em um lugar chamado Omelette Parlor e ele começou a pedir hambúrgueres e batatas fritas, coisas terríveis! E eu disse, "Eric, o que você está fazendo? Você deveria estar com uma dieta saudável". Ele me olhou direto nos meus olhos e disse, "Sim, mas, sabe... *não dá para exagerar, né?*" [risos].

EDDIE TRUNK: Posso te contar o seguinte. Eric estava totalmente certo de que, se ele se recuperasse, sua vaga na banda ainda estaria em risco. Por algum motivo. Ele ligava para mim e pedia, "Ei, cara, fique de ouvidos abertos por mim. E me informe se você souber de alguma banda que precisa de um baterista. Ouvi dizer que o Whitesnake está procurando alguém – me avise". E eu dizia, "Eric, *você está louco?* Pare de se preocupar com essas coisas. A tua saúde vem primeiro. Quando você estiver bem, tua vaga estará lá. Os fãs não permitirão essa troca, de jeito nenhum". Ele dizia, "Não, cara, acho que já acabou". E ele já sabia muito bem de Eric Singer. Ele estava perfeitamente ciente de que Eric Singer tinha tocado em "God Gave Rock and Roll to You". Ele estava perfeitamente ciente de que Eric Singer seria preparado para ser seu sucessor, e isso era mais uma coisa para deixá-lo desconfortável enquanto estava doente. E também foi um dos motivos para ele insistir tanto em aparecer no clipe de "God Gave Rock and Roll to You". Ele não tocou na faixa. Ele estava com uma cicatriz no peito, tinha operado o coração, não estava se sentindo bem, mas nada o impediria de aparecer naquele clipe e de defender seu território, pelo menos visualmente.

BRUCE KULICK: Ele tinha o dobro da energia que eu tinha [no set de filmagem]. Era inacreditável. Lá estava ele, usando uma peruca para ter a mesma aparência que tinha antes, e realmente parecia, acredite. Ele colocava tanto laquê em seu cabelo de verdade que nem importaria. A peruca ficou igual. Ele tocou com vontade e fiquei tão feliz de ele estar lá. Na verdade, ele era minha carona naquele dia – ele me buscou. Ficamos filmando até a manhã e ele me levou de volta para casa quando terminamos. Foi incrível como ele se saiu bem. Fiquei tão feliz por ele e ele ficou animado de ter participado. Apesar de ele não ter gravado a música, ele tocou como se fosse *dono* da bateria dela.

JACK SAWYERS: Ele ligava para mim. Ele ficou em Nova York na maior parte do tempo em que estava doente e eu ainda morava em Los Angeles. Era na época em que tínhamos secretárias eletrônicas. Eu chegava em casa depois de ficar fora até tarde e tinha um recado, tipo, "Ei, é o Eric. Ligue para mim quando puder". Eu ligava e me lembro de quando ele me contou. Nós conversávamos. Minha reação com tudo o que aconteceu foi, "Eles vão cuidar disso. Eles vão dar um jeito". Mais tempo passou e eu ainda estava trabalhando em uma produtora, fazendo muitos clipes. E precisávamos fazer três clipes para a trilha sonora de *Bill & Ted: Dois Loucos no Tempo*. Mas acabamos fazendo só um – a música do Kiss. Lembro que a assistente do Paul Stanley, acho que o nome dela era Hope... eu não via Eric havia meses e já fazia algum tempo. Ela tinha dito, "Estamos fazendo o clipe aqui", e lembro que ela fez algum comentário a respeito de Eric. E eu pensei, "*Nossa*".

Liguei para Eric e disse, "Ei, cara, como você está? Vamos fazer outro clipe, então vou poder te ver outra vez". Ele disse, "Sim, vou pegar um voo para gravar esse clipe". Perguntei, "Como você está?", e ele respondeu, "Estou bem, cara. Estou bem". Ele estava fazendo quimioterapia e se recuperando. Pela voz dele, eu percebia que ele daria tudo o que tinha. E os boatos eram de que ele seria substituído por Eric Singer. Mas Eric [Carr] se incomodava tanto com as coisas que queria aparecer no clipe. Ele tinha que aparecer no clipe de qualquer jeito.

Então ele pegou o voo para Los Angeles e apareceu no clipe. Ele ligou para mim e disse, "Estarei aí semana que vem. Vamos nos encontrar". Ele veio, e foi aí que percebi que ele tinha feito quimioterapia, porque estava experimentando perucas diferentes. Ele estava tentando manter a "imagem Eric Carr", algo que valorizava muito. Ele se dedicava à forma como as pessoas o viam. Era importantíssimo não decepcionar ninguém. E, quando ele ficou doente, achou que estava decepcionando as pessoas ao não se recuperar. Ele era o cara mais incrível do mundo. Era isso que ele estava pensando – "Não vou decepcionar essas pessoas. Vou melhorar. Vou melhorar". Eu achava isso fantástico.

Ele apareceu para a gravação, como todos os outros, e foi um dia muito longo. Ele ficou lá o dia inteiro. Tirei muitas fotos naquele dia. Ele tocou pra valer – acho que tocou com mais vontade que qualquer outra pessoa. Mesmo nas tomadas em que faziam close-ups ou focavam em Paul, Bruce ou Gene, Eric ainda precisava aparecer. E ele tocava em praticamente todas elas. Eu lembro que ele tocou pra valer e quebrou um monte de baquetas. Achei que fez um ótimo trabalho. Lembro que teve um momento em que ele disse, "*Vou mostrar para esses caras. Não estou doente. Eu consigo dar conta disto. Não vou ser expulso desta banda, de jeito nenhum. Vou conseguir – vou derrotar isso*". Aí eu lembro que, no fim da filmagem, algumas das últimas tomadas eram ao redor da bateria de Eric. Então, quando tudo acabou, Eric me deu o último par de baquetas que usou naquele dia, as duas. E eu disse, "Obrigado! Mas você precisa autografá-las, para eu poder emoldurá-las e colocá-las na minha parede". Ele riu e autografou as baquetas. Eu tenho o último par de baquetas que Eric usou em um projeto do Kiss. É um tesouro para mim.

CARRIE STEVENS: Eu estava com ele no set de filmagem do clipe. Eu estava muito triste por ele. Dá para ver no clipe. Ele estava pálido e com a cara inchada da quimioterapia. Estava usando uma peruca. Foi tão corajoso. Foi importantíssimo para ele fazer aquilo. E a banda não queria que ele fizesse. Ele estava muito chateado com a banda. Agora, analisando a situação... eu também estava furiosa com a banda – eu estava do lado do Eric, é claro, e furiosa com eles. Porque eu queria que Eric pudesse se sentir vivo e sabia que tocar faria isso por ele. Queria que ele tivesse a motivação para melhorar. Quando ele tocou naquele clipe, ficou muito feliz e passou a ter mais força de vontade. Ele passou a sentir que não ia morrer. Sentiu que melhoraria e que, em algum momento, voltaria a tocar. Sentiu que ainda era um integrante da banda.

BOB GRAW: Eu li a respeito disso em uma das revistas, dizendo que ele estava com câncer, no hospital, mas que estava se recuperando. Lembro de ter visto o clipe de "God Gave Rock and Roll to You". Ele apareceu no clipe. Ele aparecia tocando, parecia estar bem. Acho que ninguém além da banda ou das pessoas associadas à banda sabiam do quão doente ele estava.

CARRIE STEVENS: Eu estava voando até Nova York para ver Eric, na época em que você ainda podia se despedir das pessoas no portão de embarque. Minha amiga Marie estava andando comigo até o portão, paramos no bar e Zakk Wylde estava lá, esperando para pegar o mesmo voo que eu. Então conhecemos Zakk Wylde e começamos a conversar com ele – Zakk estava indo visitar Barbara, com quem ele se casou depois. Ele estava na primeira classe e eu na econômica, e ele acabou abrindo mão de seu assento na primeira classe para sentar-se comigo no fundo do avião. E enchemos a cara no avião. Bebemos, demos risada, falamos alto. Era um voo noturno, acho. Não fizemos nada sexual, mas ele fez uma massagem nos meus ombros no corredor do avião e eu desmaiei de bêbada. Quando percebi, todo mundo já tinha saído do avião, exceto eu. Saí do avião e Eric estava me esperando. Ele disse, "Ei, sabe quem estava no teu voo? O Zakk Wylde!". Eu disse, "Ah... *sério?*" [risos]. Aí vomitei até chegarmos em Manhattan.

1991 [PARTE DOIS]

CARRIE STEVENS: Tarde da noite, no apartamento do Eric, enquanto ele fazia a quimioterapia, lembro que atendi o telefone e era Paul. Mas imaginei que fosse seu amigo Paul, então passei o telefone para ele e vi a cara que ele fez, tipo "*Droga*", revirando os olhos, como se não quisesse conversar com Paul Stanley. Eu disse, "Nossa, desculpa. Achei que fosse o outro Paul". Sei que não era uma situação agradável [entre ele e Paul Stanley], mas não acho que ele tinha a autoridade de ligar para Eric e demiti-lo. Acho que Gene não aceitaria que Paul simplesmente demitisse Eric. Seria uma situação "profissional/contratual" e precisariam de alguém como um porta-voz para fazer isso. Não me lembro de ver eles conversando muito com ele durante esse período.

CHRISTINA HARRISON: Ele *foi* demitido, na verdade. Mas Gene e Paul tentaram mudar suas palavras. É claro que eles tinham empatia, mas, ao mesmo tempo, eu sentia que a situação dava uma desculpa para se livrarem dele. E era uma boa desculpa. Eu até ouvi eles falando com a imprensa, dizendo, "Nos importamos com ele, amamos ele, mas o que importa agora é a saúde dele. Não é a banda – é a saúde, é a vida". Francamente, soou como uma mentira para mim. Achei que eles ganharam a saída que queriam. Certamente, não disseram, "Que bom, ele ficou doente!". Não, ninguém seria capaz de fazer isso. Mas eles conseguiram uma saída. Eles não diriam, "Seremos fiéis a você. Vamos esperar ou adiar a turnê".

JOHN WALSH: A teoria era que seria uma forma de Gene e Paul se separarem de Eric e facilitar a situação. Se eles queriam mesmo fazer isso, eu não sei, mas, quando Eric adoeceu, foi, tipo, "OK, vamos fazer de tal jeito. Ele não vai conseguir tocar e diremos que é por motivos de saúde, e precisamos seguir em frente, porque queremos fazer outro disco". É apenas uma teoria, mas não acho que eles se sentiam assim até Eric ficar doente. E foi o jeito deles de dizer – acho que Paul disse a Eric –, "Eric, tocar em uma banda é meio como estar casado. E, às vezes, casamentos acabam". Não tenho certeza de que foi isso que ele disse, mas ouvi isso em algum lugar. E, novamente, acho que eles acharam a oportunidade de fazer o que queriam.

CARRIE STEVENS: Acho que Gene amava Eric, sem dúvida, mas ele é um homem de negócios. Acho que os negócios são a prioridade absoluta para ele. Eles perceberam que, se Eric não podia tocar, perderiam muito dinheiro com uma turnê. E acho que eles falaram com seus médicos e o médico disse, "Não, ele não pode tocar". E, basicamente, queriam que ele dissesse que estava saindo da banda. Não queriam demiti-lo e nunca o demitiram, e ele nunca pediu demissão.

EDDIE TRUNK: Também tinha a questão do orgulho. Ele não queria ser visto como um idoso doente e acabado que não conseguia mais tocar. Apesar dos problemas que estavam acontecendo entre ele e o Kiss, ele queria ficar saudável, voltar ao trabalho e mostrar para todo mundo que ainda conseguia tocar. E isso era boa parte do que o motivava. Mas lembro que, quando tínhamos essas conversas, eu ficava bravo com ele. Eu respeitava sua opinião, mas queria que ele focasse toda a sua energia em se recuperar.

Porque, como disse a ele, "Eu amo você como baterista, mas não me importo se você nunca mais tocar. *Eu quero você por perto*. A questão do trabalho vai melhorar por conta própria. Cuide de você mesmo, deixe isso tudo para trás, depois, seja com o Kiss ou com qualquer outra coisa com que eu possa te ajudar, eu te ajudo". Eu fiquei tão incomodado que ele estava gastando tanta energia com isso... mas entendo, porque era o trabalho e a vida dele e ele amava os fãs e o trabalho. Mas é uma pena que esse drama entre ele e a banda estava tirando um pouco da energia do que devia ter sido seu único foco. Isso não quer dizer que ele não fez tudo o que podia para se recuperar, mas você entende o que eu quero dizer. Eu só queria que a mente dele estivesse totalmente focada em sua saúde.

LARRY MAZER: Era uma realidade terrível. Era difícil lidar com aquilo. Mas, infelizmente, eles precisavam fazer outro disco. Infelizmente, um disco que precisava ser divulgado com uma turnê. E, por mais que Eric ficasse positivo, acreditando que tudo melhoraria e que ele se recuperaria, era óbvio que não seria assim, que seria uma doença muito séria. Eu estava lá na reunião, enquanto nós – Gene, Paul e eu – discutíamos, "O que vamos fazer? O que vamos fazer? O que vamos fazer?". Muitas pessoas os fazem parecer os vilões – e Gary Corbett talvez faça o mesmo –, mas preciso te dizer, como uma pessoa que estava lá, eles não fizeram nada errado, de maneira alguma. Eles não fizeram nada por impulso. Não fizeram nada negativo. A banda precisava cumprir obrigações. Eric não se recuperaria – e, obviamente, não se recuperou. Eles precisavam seguir em frente e tomar uma decisão. É uma pena e fico muito triste que chegou a esse ponto, mas, infelizmente, era necessário.

É uma situação pela qual muitas bandas passam, seja o Metallica, Blind Melon, Drowning Pool ou, mais recentemente, Avenged Sevenfold, que precisaram pegar um baterista novo para substituir um cara que morreu. Infelizmente, pode acontecer e há bandas como o Led Zeppelin, que dizem, "Não conseguimos seguir em frente", e 99% das outras bandas dizem, "Teremos nosso luto, depois precisaremos seguir em frente". Eu me incomodo com isso. Eu tenho minhas críticas pessoais a Gene Simmons a respeito de outras coisas, mas, quanto ao que aconteceu com Eric Carr, Paul Stanley e

1991 [PARTE DOIS]

Gene Simmons não fizeram nada que merecesse qualquer crítica, em termos de como eles lidaram com a decisão de continuar com Eric Singer como baterista do Kiss, e de fazer o disco *Revenge* e a turnê que veio em seguida.

Quero dizer, posso criticar Gene por muitas coisas, mas todas as críticas a respeito dessa decisão, coisas que eu li em vários livros, não tinham base alguma. Eles não fizeram nada por maldade nessa situação, de maneira alguma. Foi uma decisão difícil, mas precisava ser assim. E, no fim das contas, ele não se recuperou. Ele ficou chateado porque estava certo de que se recuperaria e que, se eles tivessem esperado mais um pouco, ele ficaria bem o suficiente para tocar. E, veja só, eu o admiro. É esse tipo de atitude que você deve ter quando está em uma situação assim. Mas, tendo em vista a pesquisa que fizemos com pessoas que tinham "informações privilegiadas", digamos assim, a recuperação dele não viria.

BILL AUCOIN: Ele ligou para mim e contou o que estava acontecendo. Foi uma época difícil, porque, assim que Eric foi fazer a cirurgia, o preço do plano de saúde do Kiss subiu demais. E acho que esse foi o motivo de Gene ligar para ele. Um tempo depois, os pais de Eric falaram comigo sobre isso, dizendo que Gene tinha ligado para dizer que ele não poderia mais estar no plano de saúde porque ficaria caro demais.

BRUCE KULICK: Certamente, houve alguns momentos que foram claramente constrangedores para eles, pelo fato de Eric ser um integrante contratado e pelo fato de eu ser amigo dele. Então, por um lado, eles o apoiaram bastante, mas, por outro... Eu sei que há muitos boatos sobre coisas esquisitas, como a história do plano de saúde dele, que eu nunca entendi. Ele estava no plano. Tínhamos um plano de saúde incrível. Depois, acho que eles deixaram claro que queriam seguir em frente, percebendo que Eric estava muito doente e precisava melhorar, não ficar se preocupando em tocar bateria com o Kiss. A banda queria seguir em frente e continuar. Eric ficou arrasado com a notícia. Ficou mesmo. Eu entendo isso. E agora entendo que algumas situações não foram gerenciadas da melhor forma possível. E ainda há algumas coisas que me deixam confuso, apesar de que eu estava lá, no meio de tudo, enquanto elas aconteciam. Mas eu também tinha um amigo radiologista, assim como Paul tinha, e eu sabia que apenas um milagre salvaria Eric. Aquele tipo de câncer tinha apenas 5% de taxa de sobrevivência. Aí teve o fato de que ele entrou em remissão tão rapidamente e meu amigo radiologista me disse, "Isso não é um bom sinal". E eu perguntei, "Como assim, não é um bom sinal?". Ele disse, "Esse tipo de câncer não funciona assim". Acho que Gene e Paul sabiam que iam perdê-lo.

CARRIE STEVENS: Muitas pessoas me perguntam sobre a questão do plano de saúde. Eu não sei se é verdade – acho que não. Se você pensar a respeito, ele tinha o plano de saúde Aetna. O quão caro é um plano de saúde empresarial? Eu pensei muito a respeito disso. E não acho que foi, tipo, "Não quero pagar teu plano de saúde". E todo mundo tenta fazer Gene e Paul parecerem os vilões, como se eles dissessem, "Vamos deixar esse coitado morrer sem plano de saúde". Não acho que foi isso, de maneira alguma.

Meu palpite é que eles não queriam arriscar perder a turnê. Acho que tem algum tipo de seguro que é feito na turnê, e digamos que eles estejam tocando em algum lugar e tenham que cancelar algum show porque o Eric ficou doente de repente, acho que eles perderiam centenas de milhares de dólares, seria um problema enorme. Eu não tenho certeza, mas ouvi, por acaso, algumas conversas a respeito de um seguro, mas não sei se era sobre o plano de saúde. Não sei se era sobre o seguro da turnê. Acho que pode ter acontecido alguma manipulação em relação ao plano de saúde, algumas conversas no hospital. É difícil lembrar agora. Mas acho que teve alguma manipulação para tentar convencê-lo a sair da banda. Não faz sentido. Mesmo que alguém seja demitido, eles não ficam com o plano de saúde por um tempo? Você não pode simplesmente tirar o plano da pessoa.

BRUCE KULICK: Fico tão confuso com a possibilidade de isso ter acontecido. Sabe, teu plano de saúde não é cancelado em um dia, nem em uma semana. Acho que você fica protegido. Portanto, nunca entendi essa história. E, se for verdade, não sei. Pode ter sido que alguma informação vazou, ou apenas um boato desagradável.

1991 [PARTE DOIS]

CHRISTINA HARRISON: Tenho quase certeza de que, por conta dos boatos, Gene e Paul ouviram dizer que as pessoas estavam ficando enojadas com eles, então acho que eles começaram a voltar atrás e consertar a história. Consertaram ao dizer, "Ah, claro que não. Estamos cuidando dele". E eles cuidaram. Não cortaram o plano dele, tenho certeza disso. Eles pensaram na possibilidade ou alguém comentou a possibilidade? Provavelmente. Eles certamente ouviram boatos – e não sei de quem ouviram –, mas ouviram dizer que algumas pessoas estavam ficando enojadas. Portanto, acho que fizeram um bom trabalho de consertar a história.

WAYNE SHARP: A última vez em que o vi foi no show Clash of the Titans [com Slayer, Megadeth, Anthrax e Alice in Chains], no Madison Square Garden. Ele queria ver o show e foi até lá e vi ele nos bastidores. [Sharp era "Vice-Presidente de Shows do Madison Square Garden" à época.] Simplesmente não era ele – tinha perdido uns 15 ou 20 quilos. Ele não era um cara grande, então ficou bem aparente. Ele estava com uma peruca e um chapéu sobre a peruca. Era tão triste vê-lo emaciado assim. Ele queria ver o show. Era difícil falar com ele, só tínhamos alguns minutos. Lembro que sua namorada, Carrie, estava com ele.

CHARLIE BENANTE: Eu lembro que, quando tocamos no Madison Square Garden, ele foi ao show e apareceu nos bastidores. Foi a última vez que o vi. Foi caótico, porque estava lotado lá. Eric foi ao camarim e conversamos um pouco. Perguntei como ele estava se sentindo. Ele disse que estava se sentindo muito bem com a quimioterapia e que tudo estava dando certo. Foi ótimo vê-lo e ele estava animado.

MIKE PORTNOY: Eu sabia o que estava acontecendo, graças ao nosso amigo mútuo, Derek Simon, que trabalhava na empresa que os agenciava e também trabalhava com minha banda. Derek era muito próximo de Eric. Derek me contava sobre o seu progresso, como ele estava indo. Na última vez em que o vi, estávamos em Manhattan e dividimos um táxi. Deixamos Eric no apartamento dele, perto das Torres Gêmeas, no sul de Manhattan. Só me lembro dele saindo do táxi e se despedindo.

SCOTT DAGGETT: [Falei com Eric em 1991] algumas vezes. Ainda havia um certo atrito entre nós, algo que nos afastava. O fato de eu usar cocaína e perder o controle – ele ficou magoado com isso e furioso comigo. Porque eu sei que ele se importava com minha esposa. Desde então, nos divorciamos. Ela também estava preocupada com meu problema – ambos me amavam. Quando conversei com ele no hospital, só quis animá-lo e dizer o quanto o amava, coisas assim.

BOBBY ROCK: Eu estava em turnê com o Nelson e estávamos tocando em Nova York. Eric foi lá como convidado, com Carrie. Foi a primeira vez, após tantos anos, que tive a oportunidade de encontrá-lo. Vinnie sempre falou muito bem do Eric e tinha algumas histórias de seu tempo com o Kiss. Já sabíamos que Eric estava doente e lutando contra o câncer. Foi no verão de 1991. Acho que ainda era uma situação incerta. Mas era doloroso vê-lo naquelas circunstâncias. Ele era um cara muito amigável e gentil – conversávamos muito bem. Foi ótimo vê-lo e conversar com ele. Mas, durante o encontro, dava para sentir o que estava acontecendo. Acho que ele estava fazendo algum progresso. Acredito que ele estava no meio da parte mais pesada do tratamento. Ele estava muito otimista quanto à possibilidade de se recuperar.

Parece que houve algo esquisito da parte do Kiss. Eu não sei como era a política da banda na época. Parece que eu me lembro de algo do tipo, sobre a posição dele na banda. O que importa foi que adorei encontrá-lo e tenho uma memória muito boa de nossa conversa nos bastidores. Lembro que eu não sabia em que ponto do tratamento ele estava, mas achei que, se ele estivesse aberto a qualquer "ajuda holística", era algo que eu... como eu tinha me tornado vegetariano havia um ano, eu estava fazendo muitos sucos e tinha ouvido falar da conexão holística entre certos sucos e a possibilidade de ajudar a curar o corpo. Dentro de um mês, mais ou menos, eu enviei um espremedor de frutas para a casa de Eric e me disseram que ele o estava experimentando. Talvez eu tenha conversado pelo telefone com ele depois de receber o espremedor.

1991 [PARTE DOIS]

CARRIE STEVENS: Quando ele estava no instituto Sloan-Kettering, fazendo quimioterapia, íamos à sala de atividades artísticas. Aprendíamos a fazer coisas bobas, como bijuteria, e ele fez um chaveiro em formato de coração e derreteu uma pedra vermelha dentro dele. É prateado, com uma pedra vermelha. Recentemente encontrei ele na minha gaveta de joias. Quando estávamos no Sloan-Kettering, costumávamos dizer, "Sentimos como se estivéssemos no andar errado". Pegávamos o elevador até a sala de atividades artísticas, olhávamos um para o outro e dizíamos, "Descemos no andar errado", mas estávamos falando em relação à vida. Não devíamos estar ali. Eu era uma atriz em começo de carreira, ele era um rock star. Não devíamos estar na sala de atividades artísticas de um instituto para tratamento de câncer. Foi muito surreal, o tempo todo.

Ele era muito otimista. Acredito que ele nunca achou que morreria de verdade. Nunca falamos sobre ele morrer, apesar de os médicos terem dado de dois a cinco anos para ele. Ele que me disse isso. Mas, como eu, ele nunca acreditou nisso. A única vez em que tivemos uma breve conversa sobre a morte foi quando ele me contou seus dois únicos arrependimentos – nunca ter tido um filho e nunca ter feito nada com o *Rockheads*. Portanto, foi a única conversa que tivemos sobre a morte. Ele sempre estava otimista, mesmo quando estava inchado e pálido, cansado e com náuseas. Eu tinha tanto medo. Era em Manhattan, onde eu fiquei com ele durante a quimioterapia. Eu abri mão do meu apartamento – dei tudo para minha colega de quarto. Eu disse, "Tome, fique com tudo. Vou ficar com o Eric". Fui embora para ficar com ele.

Eu lembro que ele tirava muitas sonecas e eu estava tão nervosa. Eu me levantava para ver se ele ainda estava respirando. Foi muito assustador. Mas nunca parecia que ele estava sendo derrotado e fizemos tantas coisas durante aquele período. Fomos a todos os museus, todos os zoológicos e viajamos para ver meus avós e os dele e fomos ao lugar onde eu cresci, em Massachusetts. Foi uma época maravilhosa, apesar de ele estar doente. Nós nos aproximamos muito. As pessoas não se permitem fazer essas coisas na vida. Parece que todo mundo está dizendo, "Vai, vai, vai". Sei que soa estranho, mas foi um período muito especial. Ele não ficou deitado dizendo, "Ah, vou morrer". Era mais, "Vamos ao zoológico hoje, não temos quimioterapia hoje". Andamos a cavalo. Fizemos coisas que normalmente não teríamos feito.

EDDIE TRUNK: Infelizmente, nunca o visitei no hospital, mas tinha um motivo para isso. E eu estava em contato com ele, sem dúvida. Mas o que aconteceu na época... era muito difícil conseguir informações a respeito do que estava acontecendo de verdade. Gary Corbett era o único cara com quem eu tinha feito amizade graças ao Eric. Gary me dava informações de tempos em tempos. Ace já estava fora da banda havia muito tempo e eu conhecia Bruce. Mas Gene e Paul, desde que os conheço, sempre tive uma relação de altos e baixos com eles, porque eu nunca escondi como eu me sentia quanto à banda, enquanto fã, e nunca tive um relacionamento com eles do tipo, "vou pegar o telefone e ligar para eles". Portanto, Eric sempre foi "meu chapa". E era difícil entender o que estava acontecendo. Gary me contava algumas coisas.

CARRIE STEVENS: Lembro que, quando as pessoas começaram a enviar cartões para ele – quando estava doente –, vi que um tinha sido enviado por Peter Criss. E lembro que pensei, "Que legal. 'Para Eric Carr, de Peter Criss'", um cartão bonito.

EDDIE TRUNK: Uma coisa que eu nunca esquecerei, não sei exatamente que mês era, mas Eric ligou para mim e disse, "Você não vai acreditar. Tenho uma ótima notícia". Ele tinha passado por uma cirurgia cardíaca e apareceu no meu programa de rádio depois – ele foi lá e falou sobre a cirurgia. Ele voltou para fazer um check-up, para garantir que nada tinha crescido de volta, que não havia nenhum problema. E ele ligou para mim e disse, "Você não vai acreditar... o médico me deu alta. Acabou. Estou bem. Tudo está ótimo". Eu disse, "Isso é incrível, graças a Deus! Que bom, estou muito feliz por você". Foi um momento incrível. Eu perguntei, "Por que você está ligando para mim? Você ligou para outras pessoas? Ligou para seus pais?". Ele disse, "Não, acabei de começar a fazer ligações". Eu falei, "Ligue para todo mundo e conte a notícia. Isso é fantástico – a melhor notícia do mundo. Estou tão feliz por você". E foi a última vez que falei com ele.

MARK SLAUGHTER: A última vez que o vi foi na estreia do filme *Bill & Ted: Dois Loucos no Tempo*, que tinha a música do Kiss, "God Gave Rock and Roll to You", e nossa música, "Shout It Out". Ele parecia estar bem e feliz.

BLAS ELIAS: Eu o encontrei, acho que foi na estreia do filme *Bill & Ted: Dois Loucos no Tempo*. Vi Eric lá. Ele tinha lutado contra o câncer, mas já estava em remissão. Então ele estava feliz, ansioso para voltar à atividade. Ele parecia muito animado. Estava otimista com a música, com a vida e tudo mais.

CARRIE STEVENS: Eu me lembro de ter encontrado Bill Aucoin na estreia de *Bill & Ted: Dois Loucos no Tempo*. Bruce, Eric, Christina e eu... se você acessar o WireImage, tem fotos de nós juntos naquela noite. É essa a memória que tenho de Bill Aucoin, porque ele disse algo para Eric, tipo, "Nossa, sua namorada é tão bonita". Lembro que vi Shannon e Gene lá e Tracy Tweed estava acompanhando Paul. Ele sempre levava Tracy, a irmã de Shannon, quando não conseguia outra pessoa. Melhor, quando ele *não tinha* outra pessoa, porque tenho certeza de que ele conseguiria alguém se tentasse.

MARK SLAUGHTER: Ele dizia, "Estou me sentindo muito bem. Eu me sinto muito bem. Estou mais forte que nunca". Típico do Eric. Ele estava levando uma surra, mas continuava brigando.

GARY CORBETT: Se não me engano, ele passou por quatro sessões de quimioterapia e disseram-lhe que estava livre do câncer, saudável, praticamente curado.

CARRIE STEVENS: Eu contei que, após ele adoecer, eu abri mão do meu apartamento e de todas as minhas coisas para ficar com ele e, na mesma semana em que ele estava lá, ele pegou um apartamento para mim no Studio Colony. Fomos à IKEA e compramos toda a mobília para ele, até plantas e talheres. Tudo, porque eu não tinha mais nada. E enchemos meu carro com as coisas. Eu me lembro do momento em que estávamos do lado de fora da IKEA, com meu carro entupido de coisas que ele tinha comprado para mim. Só olhei para ele e não sei de onde aquilo veio, de algum lugar lá no fundo, mas falei, "Peço desculpas por todas as brigas que já tivemos, e peço desculpas por qualquer mágoa que exista entre nós". Foi melhor do que agradecê-lo, sabe? Ele olhou para mim e disse, "Eu sei, eu também". Montamos meu apartamento e ele pagou os seis primeiros meses de aluguel para mim. E todas as minhas contas estavam no nome dele – a conta do telefone, da eletricidade, tudo. Eu disse, "Você não precisa fazer isso por mim", e ele disse, "Eu quero. Eu quero retribuir tudo o que você fez por mim, porque você me deu minha vida de volta". Porque ele achava – assim como eu achava – que ele tinha melhorado. Como passei todos aqueles meses com ele, no hospital e nas consultas médicas, dando apoio, ele também queria me apoiar. Alugar o apartamento e comprar as coisas para mim foi sua forma de me apoiar.

ROD MORGENSTEIN: Eu também me lembro de ter conversado com Eric alguns meses após isso, quando ele estava nas nuvens, porque disse que tinha recebido alta. Seu câncer estava em remissão e ele estava incrivelmente feliz.

CARRIE STEVENS: Achamos que ele estava livre do câncer e eu fui a todas as consultas médicas com ele. Fizemos raios X em que dava para ver o câncer "nebuloso" nos pulmões. Depois da quimioterapia, voltamos e não estavam mais lá. Eu vi com meus próprios olhos – achávamos que ele estava livre do câncer. Então, voltamos a Los Angeles e fiz uma festa surpresa para ele. Gene e Paul foram. [O baterista do White Lion] Greg D'Angelo era amigo dele e também estava lá. Tenho certeza de que Bruce e Christina estavam lá, assim como Gerri Miller, da *Metal Edge*. Fotos do evento apareceram na *Metal Edge*. Fiz essa festa surpresa e celebramos o fato de Eric estar livre do câncer. Foi em uma casa chamada Black and Blue e ele ficou tão chocado. Inventei que íamos sair para jantar com alguém. Ele entrou lá e todo mundo gritou, "Surpresa!".

1991 [PARTE DOIS]

GARY CORBETT: Carrie te falou sobre a festa? Ela te contou que Gene e Paul não foram à festa, e que não permitiram que Bruce fosse? Ela organizou uma festa para ele e o que me disseram era que já planejavam demiti-lo da banda, porque não estavam confortáveis com o medo de ele ter uma recaída no meio da turnê, achando que ele não seria capaz de aguentar as dificuldades de uma turnê. Eles estavam planejando demiti-lo, então não iam à festa e disseram que Bruce não podia ir. Gene e Paul mandavam... sabe, o negócio da banda é que, assim que não eram mais os quatro integrantes originais, Gene e Paul decidiram apenas contratar músicos e deixar as rédeas bem curtas para eles. Eles mandavam na banda e Bruce recebeu a ordem de não ir à festa. Então, basicamente, se ele fosse à festa, ele provavelmente perderia seu emprego. Aqueles dois são assim mesmo.

CARRIE STEVENS: Não, isso não é verdade. [Gene, Paul e Bruce] estavam lá. Eu me lembro de pensar que eles não iriam e de ficar surpresa quando foram. Tenho isso registrado em algum lugar. Apareceu na revista *Metal Edge* e tinha umas fotos. Não sei se Gene e Paul apareceram nelas. Tem uma foto com Eric e eu e não me lembro quem mais. Eu claramente me lembro que todo mundo era bem "anti-Gene-e-Paul" na época e me lembro de ter dito, "Eles provavelmente não irão". Mas foram – tenho 99% de certeza. Acho que eu me lembraria se eles não tivessem ido.

MARK SLAUGHTER: Ele estava tão positivo. Eric sempre teve uma atitude otimista, tipo, "Vou derrotar isso". Começamos a conversar bastante sobre os projetos *Rockheads*, sobre fazer música e sermos criativos.

CARRIE STEVENS: Sim, nós falamos [sobre casamento] algumas vezes. A parte mais triste é que essa foi a última coisa que ele conseguiu falar para mim. Ele ligou para mim, eu disse, "Alô", e ele disse, "Você quer casar comigo?". E comecei a rir. Ele perguntou, "Por que você está rindo de mim?", e respondi, "Porque você não está falando sério". Aí ele disse, "Como você sabe que não estou falando sério?", e eu respondi, "Você sabe como nós somos. Nós chegaríamos até o altar, olharíamos um para o outro e diríamos, '*Acho que não*'". Demos risada. A outra ocasião em que falamos sobre isso foi no meu aniversário de 21 anos. Jantamos no Spago [em 1990] e eu disse que no ano seguinte queria um anel no meu aniversário. Ele falou, "Se as coisas estiverem tão boas daqui a um ano quanto estão agora, você ganhará um anel no seu aniversário".

JACK SAWYERS: Eric e eu tínhamos feito planos naquela noite para nos vermos antes de ele voltar para Nova York. Ele estava fazendo muitos sucos – os sucos de cenoura e tudo mais, tentando manter seu corpo saudável. Ele teve uma ideia, "Quero fazer uma videoaula de bateria – 'The Eric Carr Drum Instructional Video'". Então marcamos um horário e nos encontramos uns dez dias depois, no Jerry's Deli, em Studio City, para tomar café da manhã. Ficamos lá por duas horas, só conversando sobre as coisas da vida e sobre o vídeo. Foi engraçado que ele me perguntou umas duas vezes, "Essa peruca parece de mentira?". Ele usava duas perucas diferentes. A que ele usou no vídeo era bem comprida e "rock 'n' roll" e a que ele usava quando não estava tocando era mais curta, mas ainda comprida. Ambas eram boas. Eu disse, "Você está bem, pare de se preocupar com isso".

O plano era fazer a videoaula de bateria em outubro de 1991. Eu tinha tudo pronto para gravar no estúdio Universal, na Florida. Ele disse, "Legal, porque eu nunca fui à Disney World". E eu disse, "Nem eu... vamos lá! Tem um estúdio lá em que podemos gravar". Ele ia trazer Carrie, talvez sua sobrinha e mais umas duas pessoas. Estávamos planejando tudo e eu estava fazendo a logística. Usaríamos câmeras pequenas, como câmeras escondidas, nas baquetas, algo que nunca tinha sido feito. Queríamos que ficasse bem legal. Tivemos essa conversa pelo telefone. Eu tinha voltado a Nova Jersey e passei algumas semanas na casa da minha mãe, esperando para colocar o plano em ação. Eu conversei com ele algumas vezes, aí não ouvi mais notícias dele. Pensei, "Tanto faz, logo ele liga".

GARY CORBETT: Na época, eu estava tocando com a banda Cinderella, no Japão. Recebi uma ligação da minha esposa, dizendo que Eric teve um derrame, uma hemorragia cerebral.

1991 [PARTE DOIS]

CARRIE STEVENS: Foi tão triste... no dia seguinte [à festa que fizeram para Eric em Los Angeles], ele voltou a Nova York e a ligação que eu comentei aconteceu, em que ele disse, "Você quer casar comigo?". Umas duas horas depois, recebi uma ligação de Bruce. E ele disse, "Você já sabe do Eric?". Eu disse, "Não, o quê? Eu acabei de falar com ele". E dava para ouvir o pânico na voz de Bruce. Aparentemente, ele teve uma dor de cabeça muito, muito ruim, tomou uma aspirina e chamou uma ambulância. Ele teve uma convulsão e acabou virando um coma. Eu peguei o primeiro avião que tinha para Nova York. Obviamente, o câncer não tinha desaparecido – só não era possível detectá-lo. Era um tipo raro de câncer que não pode ser visto. Achamos que tinha sumido, mas estava se alastrando pelo corpo dele. Tinha ido para seu cérebro, seus pulmões e seus rins. Então ele passou por uma cirurgia no cérebro.

Quando cheguei ao hospital, tinha faixas na cabeça dele. E seu lado esquerdo estava paralisado – e ele era canhoto. Ele nunca mais voltou a falar. Ele tentava escrever, mas não conseguia. Ele dava chutes. É muito doloroso, para mim, lembrar disso, mas ele estava tão frustrado que ele... não importava se deixavam ele sentado ou deitado, ele usava a única perna que conseguia mexer e chutava sem parar. Eu entendia que ele estava tentando falar "*Merda!*". Você consegue imaginar isso? Preso dentro de seu próprio corpo, sem conseguir se comunicar. Eu ficava lá umas 21 horas por dia, até ser forçada a voltar para casa. Eu lia para ele, colocava fones de ouvido em sua cabeça, escovava os dentes dele, massageava seus pés. Quero dizer, achamos uma forma de nos comunicarmos. Eu juro que achei um jeito de discutirmos, como sempre fazíamos! Tinha tanto amor entre nós. Eu acho que, se ele me ajudou a chegar ao mundo e moldou quem eu sou, eu precisava estar lá para ajudá-lo. Eu nunca imaginei – nem nesse momento, por pior que fosse – que ele morreria. Eu pensei que passaria o resto da minha vida ajudando-o a se vestir, abotoando suas camisas. Sabia que provavelmente ele nunca voltaria a ser normal, mas nunca imaginei que ficaria sem ele.

LARRY MAZER: Eu morava na Filadélfia [e os integrantes do Kiss] em Los Angeles, enquanto Eric estava no hospital em Nova York. Eu sei que Gary Corbett estava lá o tempo todo e acho que ele sente, pessoalmente, que Eric foi abandonado por eles. Mas eles moravam na Califórnia, o que eles podiam fazer? Eles não iam ficar no hospital fazendo vigília.

CARRIE STEVENS: [Gene e Paul] estavam lá durante a cirurgia cardíaca, mas eles nunca apareceram durante a quimioterapia ou quando ele entrou em coma. Não sei o que eles estavam fazendo, mas estavam na Costa Oeste e ele estava em Nova York.

CHRISTINA HARRISON: Até hoje, é meu pior momento, porque não o visitamos no hospital. Íamos visitá-lo no hospital – não estávamos fazendo nada –, mas Carrie disse para nós, "Não, ele não quer que vocês venham. Ele está péssimo. Estou falando, não venham". E não fomos. Agora vejo que, apesar de a namorada ter dito para não irmos e Eric dizer que não nos queria lá, devíamos ter ido de qualquer jeito. Seria a coisa certa a se fazer. Devíamos ter ido. Tenho certeza de que Bruce se arrependeu disso. Mas, se eu estivesse doente, sei que tem pessoas que eu não gostaria de ver, mas que são bons amigos. Eu teria feito o mesmo. Eu não gostaria de ter pessoas chorando na minha cama.

GARY CORBETT: Digamos que a família de Eric não tinha muito amor por Gene e Paul naquele momento. Eu me sentia da mesma forma. Eles me deixaram ir ao hospital. Eles permitiram que um amigo dele, com quem ele cresceu, fosse ao hospital, e que uma outra pessoa de fora da família fosse ao hospital. Ninguém mais podia ir lá. E seus pais me disseram que eu não podia falar com Gene e Paul sobre o estado dele. O motivo era que um lado do seu corpo estava paralisado. E sua família estava com medo – porque sabiam que Gene e Paul planejavam demiti-lo – que, agora que ele estava fisicamente incapaz de tocar, isso aconteceria. Se isso acontecesse, ele também perderia seu plano de saúde. Então me proibiram de falar sobre como ele estava. Se Gene ou Paul ligassem para mim, eu não tinha permissão para dar qualquer tipo de relato do que estava acontecendo. E toda noite eu

1991 [PARTE DOIS]

chegava do hospital, e ouvia [na minha secretária eletrônica], "Oi, Gary, é o Paul"; "Oi, Gary, é o Gene". Eu simplesmente ignorava.

CARRIE STEVENS: [Na última vez em que vi Eric vivo], ele estava chutando e tinha curativos por todo o corpo. Ele lutava. Ele lutou bem, mas não era algo que queria que outras pessoas vissem. Não tenho dúvida de que sua mente ainda estava bem. Ele estava 100% presente – ele conseguia me entender. Mas não conseguia falar, nem mexer um lado do corpo e estava constantemente sendo mexido e cutucado, passando por testes e mais cirurgias. Basicamente, me fizeram voltar para Los Angeles, porque, literalmente, 21 horas por dia, eu ficava naquele quarto com ele. Até que os médicos, a família, seus amigos – todo mundo – basicamente disseram, "Carrie, você é jovem. Você tem sua vida inteira pela frente. Você não pode fazer isso". Então eu concordei.

CHRISTINA HARRISON: Carrie estava lá para cuidar dele, limpando seu vômito. Ela foi incrível.

CARRIE STEVENS: Mesmo quando ele estava em coma, eu nunca imaginei que ele morreria. Não conseguia suportar essa ideia. No meu mundinho, não tinha nada de ruim. Não tinha dor. Eu só queria crescer e casar com um rock star. E a vida seria fácil. Eu seria uma estrela e as coisas seriam assim. Foi um despertar muito difícil, descobrir o mundo real desse jeito.

SCOTT DAGGETT: Gene e Paul foram ótimos comigo. Mas ouvi algumas histórias, não sei, talvez você consiga confirmá-las – Eric foi demitido enquanto estava em seu leito de morte, no hospital. Ouvi dizer que Paul fez isso após ele perder o cabelo. Não conseguiam esperar até ele morrer. Demitiram Eric enquanto ele ainda estava vivo, literalmente morrendo. Acho que isso é desprezível e fiquei magoado. Tenho certeza de que, conhecendo Eric, ele teria rido disso. Mas eu fiquei assustado quando ouvi essa história.

CARRIE STEVENS: Eu estava lá durante todo esse período e ele não foi demitido. Ele morreu fazendo exatamente o que ele queria fazer – sendo o baterista do Kiss. Eles queriam que ele pedisse demissão. Eu estava no quarto do hospital e ouvi trechos de muitas discussões. Não lembro quem era o cara, mas era alguém que trabalhava no escritório do Kiss, que também era o psiquiatra do Paul, algo assim. Algo esquisito assim. Tem uma história de que ele era o psiquiatra do Paul, aí ele começou a gerir o Kiss, algo assim. Era alguém de quem Eric não gostava muito, tenho certeza, e ele fazia o trabalho sujo. Eles estavam discutindo, tentando fazer ele assinar uma carta de demissão. Estavam tentando fazer Eric pedir demissão, mas ele se recusava. Ele achava que eles queriam substitui-lo por Eric Singer, e, obviamente, ele estava certo. Ele não tinha nada contra Eric Singer... mas sabia. O Kiss gravou com ele quando Eric estava doente ou não conseguia tocar e ele disse, "Vão me trocar por Eric Singer". E, veja só, Eric Singer *ainda está* na banda. Ele estava certo.

EDDIE TRUNK: Não sei o que é verdade ou não. Algumas das coisas que ouvi são difíceis de acreditar, que alguém poderia ser tão insensível em uma situação dessas. Não posso comentar, porque não tenho conhecimento direto do que aconteceu de verdade. Mas sei que as histórias que circulam são tão difíceis de acreditar, se forem verdade, que alguém poderia ser tão insensível – vendo alguém como um "empregado" – em uma situação assim. Se você analisar as coisas dessa forma, mesmo nas maiores empresas, acho que seria difícil fazer algo assim, se acontecesse mesmo. Mas não sei. Só sei que certamente tinha uma parede entre Eric e a empresa Kiss quando ele adoeceu. E também sei que Eric estava totalmente convencido de que seus dias no Kiss tinham acabado, mesmo que ele recuperasse sua saúde. Como ele tinha tanta certeza, não sei. Ele estava totalmente convencido de que, independentemente do que acontecesse com ele e com sua saúde, ele seria deixado de lado e que a máquina seguiria em frente sem ele. Ele estava tentando ser proativo, perguntando a mim e outras pessoas em quem confiava sobre outros trabalhos, porque ele tinha certeza de que ficaria bem de novo e queria tocar.

CHRISTINA HARRISON: Tenho certeza de que eles se arrependem de algumas coisas, mas também sei que eles não passam muito tempo pensando nisso. Acho que eles não têm "culpa judaica" suficiente. Tenho certeza de que, para Eric, era a maior prova do que ele estava sentindo, que nunca foi uma *banda* de verdade – cujos integrantes são parceiros. Era um negócio, apenas isso. Você trabalha para uma empresa e fica doente, mas o trabalho precisa continuar e precisamos de um substituto para não parar. Não tem amor ou irmandade, o que deveria haver em uma banda de verdade. Era um negócio e, após tantos anos, foi um golpe pesado. Mas um golpe que não deveria ter sido tão surpreendente... mas, levando em conta que a morte estava tão próxima, foi pesado. Tenho certeza de que Eric pensou, "A-há! Eu tinha razão o tempo todo!". Ele provavelmente sentiu que tinha razão nos momentos em que ficou sentado em bares, reclamando em privado para os fãs.

Mas, quando te dizem que você tem câncer, você espera, em segredo, que seus companheiros de banda se tornem companheiros de verdade, que a amizade apareça e que os problemas fiquem para trás. Após tantos anos, o que importa discussãozinha por dinheiro? Você quer ouvir que eles estarão lá, ao seu lado, aconteça o que acontecer, que te amarão e apoiarão – e uma turnê a mais ou a menos, o que importa? Os fãs podem esperar. Mas, infelizmente, não é assim – o negócio vem em primeiro lugar. Ei, eles fazem sucesso por um motivo, Gene e Paul são homens de negócio até o fim! Muitas pessoas não entendem que o rock 'n' roll é um negócio, né? Vi tantas bandas irem e virem, com apenas um sucesso. Gente jovem que ganhou um dinheiro rápido e logo gastou demais. Ei, a América é assim, não é? Músicos jovens que não escutaram os veteranos profissionais ou os empresários mais velhos e mais sábios, achando que o dinheiro continuaria vindo para sempre, que um sucesso significa que o próximo single também será um sucesso. Gene e Paul foram espertos, mas realmente precisavam ser um pouco mais humanos em respeito à vida e à amizade, as coisas que realmente fazem o mundo girar.

LORETTA CARAVELLO: Não há muito o que dizer, além de que não gostaria que ninguém passasse por uma época assim em sua vida. Foi rápido, foi repentino e tinha tantas outras coisas que precisavam ser feitas. É isso. É um vazio total.

NOVEMBRO DE 1991

CARRIE STEVENS: Eu estava de volta em Los Angeles, lembro que estava no Mondrian Hotel. Usei um telefone público, porque a esposa de Gary tinha ligado para mim, pedindo para ligar para ela assim que possível, não importava que hora. Eu liguei e ela me contou [que Eric tinha falecido em 24 de novembro de 1991]. Eu lembro que larguei o telefone – caí de joelhos, completamente histérica, chorando. Eles me levaram a um escritório de um gerente, algo assim. Liguei para Bruce e Christina e eles me buscaram. Fiquei na casa deles. Fiz as malas e fui até Nova York e fiquei com Gary Corbett e sua esposa, Lenora.

CHRISTINA HARRISON: Lembro que Carrie ligou. Ela trabalhava em um hotel e ligou para mim e para Bruce. Tenho quase certeza de que estávamos dormindo, porque era bem tarde da noite. Ela estava chorando e disse, "Algo terrível aconteceu. Vocês precisam vir aqui imediatamente". Bruce e eu nos vestimos rapidamente. Entramos no carro e lembro bem, estávamos na Cynthia Street, onde morávamos, e paramos no primeiro cruzamento e pensamos, "OK, o que pode ter acontecido? Talvez ela tenha sido atacada.

NOVEMBRO DE 1991

Talvez a tenham estuprado. Meu Deus". Então, logo após o cruzamento, pensei, "Meu Deus... *O Eric morreu*". Percebemos no cruzamento e sabíamos, com certeza, que era isso. Fomos buscá-la e ele tinha morrido.

BRUCE KULICK: Acredite, quando eu recebi a notícia, por mais que fosse algo que eu estivesse esperando, quando acontece, é um soco no estômago. Logo em seguida, eu estava fazendo planos para voar até Nova York e ir ao enterro dele. Quero dizer, isso afetou meu casamento, porque lembro que Christina enlouqueceu. Não que ela precisasse fazer terapia, mas ela estava agindo de forma estranha. Todos ficamos estranhos, porque, como você lida com a perda de alguém tão jovem e tão próximo de todo mundo? Especialmente alguém tão talentoso e maravilhoso. Por mais que ele reclamasse de algumas coisas, não é motivo para ter câncer tão jovem e morrer.

BOB KULICK: Eu lembro que a esposa do meu irmão à época ligou quando ele morreu. Ela estava chorando, assim como todo mundo. Ninguém entendia. Primeiro, ele tinha melhorado, depois, de repente, "O quê?". Como aconteceu com Ronnie Dio há pouco tempo. Foi de partir o coração. É tão triste quando acontece algo assim com uma pessoa de quem você gosta, isso acaba com você.

CAROL KAYE: Eu precisei fazer a declaração de seu falecimento para a imprensa. Não é algo que eu goste de fazer. Infelizmente, já tive que fazer algumas vezes.

JACK SAWYERS: Literalmente, eu estava dormindo no sofá, com a MTV ligada e o MTV News começou, dizendo, "Eric Carr, baterista do Kiss, faleceu hoje". Eu pensei, *"Nossa"*. Foi exatamente assim que ouvi a notícia. Obviamente me recusando a acreditar, liguei para o telefone de seu apartamento na hora e caiu na secretária eletrônica. Obviamente, ninguém atendeu. Foi um daqueles momentos surreais.

MARK SLAUGHTER: Eu não esperava isso, porque, na última vez em que falei com Eric, ele disse, "Estou muito bem. Estou saudável". Estávamos trabalhando no nosso novo disco, então eu estava 24 horas por dia no estúdio. Lembro que ouvi a notícia e foi como perder um amigo. Quando acontece com alguém assim, é, tipo, "Por que não podia ser aquele filho da puta que eu conheço em vez desse cara maravilhoso que entregava tudo como músico e como pessoa?". Era isso que eu sentia. Eu pensava, "Meu Deus, justo ele".

TY TABOR: Foi arrasador. Eu sabia que aconteceria, mas, quando algo acaba de repente, acaba. Você sempre sente de uma forma diferente quando esse momento chega.

MIKE PORTNOY: Eu me lembro do dia em que ele morreu... ele não morreu no mesmo dia que o Freddie Mercury? Que dia surreal, Freddie e Eric morrendo ao mesmo tempo. O Dream Theater estava no estúdio gravando *Images and Words* e lembro que ouvi a respeito dos dois naquele dia. Fiquei um tanto bravo, porque a morte de Eric foi tão ofuscada pela de Freddie – não que Freddie não merecesse aparecer nas notícias, porque ele era um grande ícone do rock. Mas foi meio como se a vida e a morte de Eric fossem ofuscadas pela tragédia de Freddie. É meio estranho, parecido com o que aconteceu com Farrah Fawcett e Michael Jackson, sabe?

BOB GRAW: Nunca esquecerei desse dia. Eu estava no McDonald's da Jericho Turnpike, indo para a faculdade, e estava folheando o jornal, comendo meu Egg McMuffin e li, "Eric Carr, baterista do Kiss, morre". Comecei a chorar. Lembro de ter chorado lá, eu não conseguia acreditar. Eu fiquei atônito. Na verdade, a primeira coisa que pensei foi, "*Acabou*". Eu achei que o Kiss tinha acabado. Não achei que eles continuariam depois disso.

EDDIE TRUNK: Acho que foi Gary que ligou para mim e contou que ele tinha falecido. Não conseguia acreditar. Eu disse, "Gary, como assim? Ele acabou de me ligar dizendo que tudo estava bem". Aparentemente, eu nunca descobri exatamente o que aconteceu, mas o tipo de câncer que ele tinha era uma coisa tão inacreditavelmente brutal que... quero dizer, veja só, eu era muito próximo do Dio e tive a mesma experiência quando ele morreu. Eu tinha visto e conversado com Ronnie. Ele estava se sentindo muito bem e tudo parecia bem, então, na ligação seguinte que recebi, uma semana depois, ele tinha falecido. Em 1991, obviamente, a comunicação não era como é hoje, com mensagens de texto e e-mails, em que todo mundo sabe tudo. Mas eu fiquei arrasado.

GARY CORBETT: Eu estava no hospital no dia em que ele faleceu. Foi muito duro. O que aconteceu foi que, como seus pais sabiam que nós éramos próximos... é claro, eles estavam sofrendo. Tinham acabado de perder seu filho. E eles não conheciam pessoas da indústria musical, então pediram para mim, "Você conhece todas as pessoas que ele conhecia. Você pode informar as pessoas...". Fomos direto do hospital para o apartamento dele, para ajudar sua mãe a escolher a roupa do enterro. Porque, mais uma vez, eles sabiam que eu passava muito tempo com ele e eu conhecia suas roupas favoritas. Basicamente, entramos no closet dele. Lembro que eu estava no closet de seu quarto, com sua mãe, escolhendo as roupas. E seu pai estava na sala de estar. Ele ligou a TV na MTV e, enquanto víamos as roupas, anunciaram que Freddie Mercury tinha falecido. Ele morreu no mesmo dia.

Sua família não tinha certeza de como fariam o velório, se fariam algo aberto ao público ou mais privado. Eles não sabiam o que queriam fazer. Conversamos muito a respeito disso. Basicamente, falei para os pais dele, "Eric era o cara mais legal do mundo com seus fãs. Ele provavelmente era o cara favorito dos fãs, porque era o único que...". Não que Gene e Paul não dessem autógrafos, mas, depois que entravam em seus quartos, ficavam em seus quartos. Eric e eu voltávamos do show, trocávamos de roupa e descíamos até o bar para socializar. E, como eu disse, ele podia se sentar e conversar com qualquer um. Desde que a pessoa quisesse conversar, ele conversava com ela. Então, falei para eles, "Essas coisas significavam muito para ele. Acho que ele gostaria que fosse... mesmo que não seja o velório ou o enterro, mas devia ter algo que os fãs pudessem visitar". E eles fizeram isso no velório e foi incrível. O cortejo fúnebre se estendeu por *quilômetros*. Tinha policiais fazendo escoltas e bloqueando cruzamentos. Um grupo enorme acabou indo ao velório.

CARRIE STEVENS: Gary era o melhor amigo de Eric. Era com ele que passava a maior parte do tempo na estrada. Eric confiava nele. Eram do mesmo estilo, gente boa e pé no chão. Gary ficou arrasado. Na noite em que Eric morreu, fui ficar com Christina e Bruce, aí peguei um voo até Nova York e fiquei na casa de Lenora e Gary. Éramos bem próximos. Quando ficávamos em Nova York, saíamos com eles o tempo todo. E Gary e Eric – na turnê – ficavam juntos o tempo todo. Quero dizer, Bruce também era amigo de Eric, mas ele é mais quadrado, um pouco... não sei explicar. Mas Eric e Gary eram mais próximos. Eles eram bobões. Eles faziam muitas brincadeiras juntos, tinham o mesmo senso de humor. E uma confiança de verdade. Gary ficou completamente destruído quando isso tudo aconteceu.

GARY CORBETT: Ele faleceu em um domingo – se estou lembrando direito, foi no domingo antes do Dia de Ação de Graças. Eric e eu costumávamos acordar cedo. Nós levantávamos, ligávamos um para o outro enquanto tomávamos café e jogávamos conversa fora. Durante a conversa, escutávamos *The Howard Stern Show*. Éramos muito fãs de Howard Stern. Eu já tinha participado do programa dele, então eu conhecia o produtor dele, Gary [Dell'Abate]. Quando seus pais decidiram que permitiriam que um dos dias do velório fosse aberto ao público, novamente, eu fui a pessoa que ligou para a MTV informando que ele tinha falecido. Fui eu que lidei com as revistas de fãs. Para qualquer pessoa que precisasse saber, eu era o responsável por ligar.

Na manhã seguinte – segunda-feira –, liguei para o *Howard Stern Show*, falei com Gary e, no fim do programa, Howard deu a notícia. Falei com Gary e disse, "Eric faleceu ontem à noite. Eu sei que Howard provavelmente vai falar sobre isso durante a seção de notícias. Não quero participar do programa, mas eu ficaria muito feliz se ele pudesse dar os detalhes do velório que será aberto ao público". E ele disse, "Claro, com certeza". Foi o último dia antes de eles saírem de folga para o fim de semana do Dia de Ação de Graças. Eles chegaram às notícias, começaram a falar a respeito do velório e... o Howard é o Howard.

Após o programa, recebi uma ligação de Gary e ele perguntou, "Você ouviu o programa hoje?". "Sim, ouvi." "Bem, você ouviu o que Howard disse sobre Eric?" "Sim, ouvi." "Você achou ruim?" "Não, até que foi engraçado." E ele disse, "Bem, acabei de atender uma ligação de Gene Simmons, furioso, exigindo uma cópia do programa, porque ele ouviu que Howard estava tirando sarro de Eric e tudo mais! E ele exige um pedido de desculpas de Howard, ou vai dar um soco nele". Aí eu disse, "Ele ouviu isso de terceiros, de pessoas ligando para ele. Ele não ouviu o programa". Com tudo o que eu sentia por aqueles caras naquele momento, eu disse para Gary, "Eles não o trataram bem no fim. Agora que a notícia saiu, estão tentando melhorar sua aparência, como se eles se importassem. Então, eles que se fodam. Não envie nada para eles. É isso que eu diria". E ele disse, "OK, tudo bem", e não enviou uma cópia do programa.

Bem, fomos ao velório e Gene e Paul apareceram lá, o que foi, no mínimo, um pouco constrangedor. Sua família não ficou feliz de vê-los lá. Em um típico velório italiano, após o fim do velório, todo mundo vai jantar. Então fomos a um restaurante que eles tinham reservado e eles tinham um buffet pronto. Eu peguei minha comida e minha esposa e eu nos sentamos a uma mesa. De repente, Gene e Paul se sentaram à mesma mesa que nós, porque eles não eram bem-vindos em nenhuma outra mesa. Eles também não eram bem-vindos na nossa mesa, mas acho que era onde eles seriam "menos mal-vindos".

Estávamos sentados lá e Gene não tinha ideia de que eu tinha sido responsável por ligar para Howard. Estávamos comendo e ele estava lá. Com seu cotovelo na mesa, sua mão na frente de sua boca. Ele me perguntou se eu ouvia *The Howard Stern Show* e eu disse que sim. Ele me perguntou se eu ouvi no dia em que ele falou sobre Eric e eu disse, "Sim, ouvi". E ele perguntou, "Bem, o que, exatamente, ele disse? Porque eu não ouvi". E o que ele disse foi que Eric tinha falecido. E falou há quanto tempo ele estava na banda e há quanto tempo a banda estava na ativa. Ele disse, "Nossa, esses caras estão tocando há tanto tempo... não sei o nome de nenhuma música do Kiss". Aí Fred [Norris] apareceu com um disco, acho que *Alive II*. Mas ainda era com o Peter. Acho que tocaram uma versão ao vivo de "Beth". Acho que era no vinil – ele colocou a agulha no disco e começou a tocar "Beth". Ele tocou dois segundos e disse, "Meu Deus, que merda! Agora entendo por que o cara ficou com câncer. Ele precisava tocar essa merda toda noite?". Aí ele abaixou a agulha de novo, escutou mais um trecho da música e disse, "Meu Deus, *que lixo*. Eles deviam tocar essa música no enterro dele. As pessoas vão pular no caixão para serem enterradas com ele".

Contei isso para Gene, e percebi que ele estava tentando esconder sua risada. Ele achou engraçado. Eu disse, "Ele não detonou Eric. Se ele detonou alguém foi a banda". E eu disse, "Gene, veja só, quando Sammy Davis Jr. morreu, ele tinha câncer de garganta e Howard estava falando sobre aquele negócio que ele usava. Ele chamou de 'kazoo do câncer'". E citei umas três ou quatro outras pessoas que passaram por uma situação similar e eu disse, "É engraçado quando ele faz isso com uma pessoa que você não conhece. É o jeito que Howard tem de prestar homenagem a alguém. Se ele não gostasse do Eric, ele não teria dito nada. Então não tem como ficar bravo com ele pelo que fez". E isso desarmou Gene. Ele ficou em paz com a situação a partir dali.

Bem, alguns dias depois, eles voltaram a gravar o programa e Gary ligou para mim, perguntando, "Você gostaria de participar ao vivo com o Howard?" Seria a primeira vez após a sua pausa para o Dia de Ação de Graças em que eles teriam uma chance de falar sobre o que aconteceu entre Gene e Howard. Entrei ao vivo e contei o mesmo que falei para você, a respeito do que aconteceu. Foi uma situação engraçada. Na verdade, durante as férias de fim de ano, recebi muitas mensagens de pessoas dizendo, "Howard está de férias. Eles costumam fazer *The Best of Stern* e, nessa semana, passaram o seu programa". Eu apareci umas três ou quatro vezes durante aquela semana e tudo foi ao ar novamente.

CARRIE STEVENS: A coisa mais difícil que eu fiz foi andar até aquele caixão. Eu caí de joelhos e comecei a chorar.

BRUCE KULICK: Eu lembro que o velório foi muito emocionante, com a quantidade de pessoas que foi lá e o peso da situação. Muita gente chorando, tenho que dizer. E nunca me esquecerei de Paul vendo... sabe, italianos sempre querem o caixão aberto e Paul olhou e disse, "*Esse não é o Eric*". E sei exatamente o que ele queria dizer. Tinha um corpo ali. E sabíamos que Eric – por mais que às vezes ele ficasse chateado ou deprimido com algumas coisas – era o cara mais engraçado e generoso da banda. O mais insano e divertido da banda. Ele era mais o "Keith Moon" da banda. Portanto, não era o Eric ali. Paul estava certo. E eu sei que era uma forma de Paul lidar com seu luto, ao dizer aquilo para mim.

Eu me lembro de Carrie ir até o caixão e falar para Christina, "Toque nele. Toque na mão dele". Para mim, foi surreal. Foi louco, tudo. E lembro que algumas de suas antigas namoradas apareceram, o que também foi uma loucura. Mas, veja só, estávamos lá para ele. Eu sei que o mausoléu que a família escolheu para ele era lindo. E os fãs, com toda a emoção que trouxeram, foram incríveis. Houve muitos problemas depois – com seu testamento e tudo mais. Mais uma vez, são italianos, sabe? Eu sei que, quando Eric escreveu o testamento, ele já sabia que algo poderia acontecer, mas acho que, se ele pudesse revisá-lo, provavelmente escreveria algo melhor, se é que me entende. Ah, e eu tive que cuidar de *Rockheads* com sua família e tudo mais... obrigado [risos]! Mas aceitei isso como um desafio e fiz a coisa certa. Eu fiz a música dele ser lançada. Eu fiz o melhor possível pelo material que ele deixou.

CHRISTINA HARRISON: Você já viu aquele episódio de *Mary Tyler Moore* em que ela começa a rir durante um velório? Na série, ela trabalhava em um canal de TV. O palhaço Chuckles morre e eles vão ao velório dele. Durante o discurso, Mary Tyler Moore começa a rir histericamente. Bem, durante o velório, eu comecei a rir histericamente de algo. Eu estava no fundo do local. Eu estava apenas nervosa, sem conseguir lidar com a situação. E lembro que Gary falou, "*Tirem ela daqui!*". Eles sabiam o que estava acontecendo. Eles sabiam que eu não era uma completa idiota que começaria a rir em um velório. Bruce ficou consternado. Lembro que me levaram para fora.

JOHN WALSH: Gary pediu que eu ajudasse a carregar o caixão. Ainda tenho fotos disso em algum lugar. Tem fotos de eu carregando o caixão, com

Paul e Gene ao fundo, em uma igreja no norte do estado de Nova York. Eric queria que eu estivesse lá, com ele, no fim.

CAROL KAYE: Todos fomos ao funeral no norte do estado. Lembro de muitos fãs lá que não foram muito gentis com Gene e Paul. Não tenho certeza do motivo. Alguém inventou um boato, aí ele se espalhou e, por algum motivo, certos fãs começaram a achar que Gene e Paul estavam maltratando Eric ou sendo injustos com ele. Tem tanta coisa que acontece nos bastidores e no lado empresarial que as pessoas não sabem. É muito injusto simplesmente presumir. Foi um dia muito triste. Gene e Paul estavam arrasados – todos nós estávamos.

LARRY MAZER: Foi triste, era um dia chuvoso. Acho que foi em Middletown, Nova York. Foi interessante para mim, porque eu já tinha sido empresário dos Dixie Dregs, cujo baterista era Rod Morgenstein, que estava tocando com o Winger, que abriu para a banda Cinderella em sua primeira turnê. E ele e sua esposa – que posteriormente morreu de câncer – foram ao velório. Então, de certa forma, foi muito bom vê-los, porque não conversávamos havia muito tempo. Mas foi um dia triste. A cerimônia foi em Middletown e sei que Gene e Paul tinham chegado na noite anterior e viram o corpo antes do velório, mas eu fui com minha esposa apenas para a cerimônia. Muitos fãs foram lá – não apenas pessoas do ramo musical. Foi breve e bonito, e só.

ROD MORGENSTEIN: Minha esposa e eu fomos ao velório, que foi uma cerimônia linda. A igreja estava transbordando de gente. Devia ter umas 1.500 pessoas lá dentro e muitos não conseguiram entrar. Ficou óbvio que ele tinha muitos fãs. Ele era amado por muita gente.

ADAM MITCHELL: Não, eu não fui [ao funeral]. Estávamos no Caribe, e tínhamos feito planos para ficar lá com minha família. Além disso, Eric não ligaria, assim como eu não ligaria. Quero dizer, não me importo se ninguém for ao meu funeral. Eric e eu tínhamos um ótimo relacionamento enquanto ele estava vivo – isso é o que importa.

NOVEMBRO DE 1991

GERRI MILLER: Eu fui ao funeral. Foi muito triste. Sempre que você perde um amigo, especialmente alguém tão jovem e talentoso, com tanta coisa pela frente na vida... e tudo some. Foi um dia muito triste para todo mundo, mas tanta gente foi. Tenho certeza de que ele gostaria disso.

CHRISTINA HARRISON: No dia do funeral, parecia que um presidente tinha morrido. Tinha escoltas policiais e as pessoas ficaram vendo o cortejo passar pela rua. Eu fiquei muito impressionada com os fãs. Foi emocionante.

MARK ADELMAN: A quantidade de pessoas que estava lá era intensa. Você não percebe a magnitude de um artista até ver pessoas voando de outros países para participar do funeral de alguém que mudou suas vidas de alguma forma. Foi muito emocionante ver seus pais, sua irmã, Gene e Paul.

JOHN WALSH: Gene e Paul foram, assim como Bruce. Eu também tenho um senso de humor, tento ver o lado engraçado das coisas. Foi engraçado ver todos aqueles judeus na igreja! Mas um momento emocionante para mim, além de tudo o que já estava acontecendo, foi quando entrei no carro com Gary Corbett e sua esposa, quando estávamos indo do funeral para o cemitério, pela New York State Thruway. O cortejo fúnebre era tão longo que sumia de vista. Era uma estrada rural pelas montanhas do estado de Nova York e, quando olhávamos para trás, dava para ver os faróis de todos os carros. Gary e sua esposa disseram, "Nossa, Eric ficaria tão orgulhoso". Eu me virei e vi todos os carros com seus faróis ligados, até sumirem de vista – uma fila enorme. Foi um momento muito pesado para mim. Fico feliz que ele tenha dito aquilo. Muito orgulho. Nós nos sentimos orgulhosos de ter sido parte daquilo e de ter visto como ele era uma pessoa valiosa. Ele merecia aquilo. É por isso que pensamos que ele ficaria muito feliz de saber que todas aquelas pessoas foram vê-lo em uma cidadezinha no norte de Nova York. Foi solene e foi triste, mas ficamos tão orgulhosos de fazer parte daquilo e de tê-lo conhecido.

EDDIE TRUNK: Eu lembro que seu funeral foi no mesmo dia em que eu tinha que gravar o meu programa de rádio. E eu precisava decidir entre ir ao funeral ou gravar o programa – o que, caso eu fizesse, seria totalmente dedicado a ele, contendo apenas músicas em que ele tocou. E eu estava com dificuldade para decidir. Eu já tinha falado com algumas pessoas, dizendo, "Não sei o que fazer". Elas me aconselharam, "Quer saber? O funeral vai ser uma bagunça, vai estar cheio de gente". E havia muita controvérsia a respeito de quem podia participar ou não. Honestamente, havia uma controvérsia – devidamente registrada – a respeito dos integrantes do Kiss. Essa é uma parte muito sombria dessa história. Várias pessoas disseram para mim, "Eric te amava, ele amava participar do seu programa de rádio e ele amava o que você fazia no rádio. Pelos seus fãs e por todo mundo, acho que as pessoas adorariam ouvir teu programa e ele também. Então você devia gravar seu programa". E foi o que fiz. Fui ao ar naquela noite e ficamos três ou quatro horas com histórias, entrevistas e a música em que Eric tocou. Fizemos uma homenagem a ele.

GARY CORBETT: Após o disco *Revenge* ficar pronto, a turnê *Revenge* começou na Europa. Antes disso, fizemos um monte de shows em casas de show, sem anúncio prévio [em abril e maio de 1992]. Quando começamos esses shows, todos os fãs do Kiss que eu conheci no decorrer dos anos, gente que eu sempre via com Eric, vieram falar comigo, porque sabiam que eu era o mais próximo da situação que estava acontecendo. Eles me faziam perguntas a respeito do ocorrido. E logo descobri que esses fãs fervorosos do Kiss não querem ouvir nada negativo a respeito de Gene e Paul. Se você falar algo ruim sobre eles, você se torna "o canalha". Eu estava sendo sincero, pelo menos no começo. Alguns desses fãs são tipo os fãs de *Jornada nas Estrelas*. Aí há fãs como Ed Trunk. Conheço Ed Trunk porque ele era fã do Kiss e, na época, era DJ. Ele tinha um programa de heavy metal nos sábados à noite em alguma estação pequena em Nova Jersey. De vez em quando, Eric ia lá como DJ convidado. Às vezes, eu ia com ele e ficava na rádio. Ed era um fã fervoroso do Kiss, mas dava para perceber que ele não era esquisito, nada do tipo. Ele era apenas um *fã do Kiss*. Ele era muito fã de música e ainda mantemos contato. Mas a maioria dos "fervorosos", quando me perguntavam sobre o que tinha acontecido, eu achava que eles queriam ouvir a verdade. Mas descobri que não queriam.

LARRY MAZER: Eu amo Gary. Gary e Eric eram bons amigos e, no fim, quando Eric ficou doente e todo o resto aconteceu, acho que Gary ficou muito chateado com o jeito como Gene e Paul lidaram com as coisas. Lembro que ele passou um tempo muito bravo com a situação.

GARY CORBETT: Eu não tenho qualquer plano de trabalhar com eles de novo. Já faz 20 anos e Paul ainda não me cumprimenta, por conta do que aconteceu entre nós. Eu informei a eles – digamos assim – que eu não fiquei muito feliz com eles e com a forma como as coisas aconteceram. E eu tive conversas individuais com eles pelo telefone, porque todo mundo ficou sabendo que eu estava bravo com eles. Na minha conversa com Paul, não fui simpático, e eu não me importava se o magoasse. Na verdade, eu *queria* magoá-lo. E fiz isso de forma bem diplomática. Basicamente, falei que... ele me contou a sua versão da história, dizendo que eles nunca tiveram a intenção de demiti-lo, e que, assim que souberam que ele estava doente, chamaram os melhores médicos que conheciam e tentaram ajudá-lo.

E um médico disse a Paul que o tipo de câncer que Eric tinha era muito agressivo e rápido e que o prognóstico não era bom. E ele sabia que Eric viria a falecer, mas jamais o demitiriam. E, basicamente, eu disse para ele, "Fico muito feliz de ouvir isso, porque não achava que vocês poderiam ser tão canalhas a ponto de tirar a coisa que mais importava na vida dele". Foi pouco tempo depois de Rick Allen perder o braço. E eu disse, "Veja o Def Leppard – se alguma coisa poderia acabar com a carreira de um baterista, seria a perda de um braço. Mas aqueles caras o apoiaram, como uma banda deve fazer. Então eu fico muito feliz de saber que vocês não planejavam demiti-lo, porque isso seria uma baita atitude canalha". E, como ele sabia a verdade, acho que entendeu que eu o estava chamando de canalha [risos]. E estava mesmo. E foi a última vez que ele falou comigo.

WAYNE SHARP: Só quero dizer que era óbvio para mim que Gene amava Eric de verdade. Ele gostava muito dele. E Paul é um dos meus melhores amigos, até hoje. Não sei como era quanto aos negócios, mas sei que, pessoalmente, eles amavam Eric.

SCOTT DAGGETT: Gene o amava. Eric era o irmão caçula que Gene nunca teve. Gene o achava engraçado demais. Não sei o quanto ele levava Eric a sério, mas ele o amava. Já Paul sempre ficava ao fundo. Paul parece ser um cara legal, mas Eric certamente duvidava de Paul, não confiava nele. Ele sentia algo estranho ali. Como eu disse, Paul foi ótimo comigo e foi ótimo com Eric. Mas Eric me contava, em privado, que não confiava no Paul. Ele dizia que Paul estava tentando acabar com ele, assim que pudesse. Mas, novamente, isso vem de dois caras que estavam bebendo muito na época e tudo mais.

CARRIE STEVENS: Eu fiquei com raiva de Gene e Paul na época e até disse isso. Gene me colocou na revista *Tongue* e eu falei na cara do Gene – "Eu costumava te odiar". E Gene amou que eu disse isso para ele! Gene falou, "Me conte o motivo. Fale mais a respeito disso". Ao dizer isso, eu provavelmente serei massacrada por fãs do Kiss que não gostam mais do Gene, mas aquilo, sim, é um homem. [O fato de Gene dizer,] "Me diga o que está pensando. Seja sincera. Quero ouvir a controvérsia. Deixe-me contar o meu lado". Não é algum fã bobão do Kiss dizendo, "Ah, eu vi você em uma foto com Gene e Paul. Você apunhalou Eric pelas costas". Mas não é assim, de maneira alguma.

GARY CORBETT: Eu fiz os shows na Europa [da turnê *Revenge*, em maio de 1992] e não conseguia mais ficar por perto deles. Dividir um ônibus de turnê com eles... e o ônibus não era grande o suficiente para eu ficar longe. Eu nem conseguia mais olhar nos olhos deles. Chegou a esse ponto. [A conversa por telefone com Paul] aconteceu depois disso. Não acho que ele me deixaria trabalhar com a banda depois disso, caso a gente tivesse essa conversa antes.

CARRIE STEVENS: As pessoas podem falar o que quiserem, mas Gene sempre foi simpático comigo. Acho que é o jeito dele. Talvez ele não seja simpático *com homens* [risos]. Eu julgo as pessoas pelo jeito como agem comigo. E ele adorava Eric. Adorava mesmo. Teve toda aquela confusão no fim por conta do plano de saúde, mas ele o amava. Era como um amiguinho. Ele achava que Eric era um querido.

LARRY MAZER: Eu parei de trabalhar com eles após *Alive III* [1993], durante a gravação do disco tributo que eles organizaram para a banda, *Kiss My Ass* [1994].

BILL AUCOIN: Sempre mantivemos contato. Eu tentei convencê-los a voltarem. É claro que eles não toparam, mas, após um tempo, acabaram voltando. Eu disse que, na minha opinião, era a única maneira de eles recuperarem a fama e a glória do Kiss. Mas, por muitos anos, eles nem queriam falar sobre isso.

CAROL KAYE: Anos depois, quando eu estava trabalhando com Ace e Peter e eles estavam fazendo sua *Bad Boys Tour* [1995], eu organizei o primeiro jantar que Gene e Paul tiveram com Ace... acho que foi a primeira vez que eles se encontraram e comeram juntos em uns 12 anos. Porque os integrantes do Kiss seriam os palestrantes convidados da CMJ Convention daquele ano, então sabia que eles estariam em Nova York. Paul ligava para mim, Gene ligava para mim e eu dizia, "Vocês precisam se sentar e jantar juntos". Lembro que eles jantaram no Fujiyama Mama's, no Upper West Side. Ace me ligou após o jantar e disse que foi ótimo. Ele estava nervoso e um pouco apreensivo de encontrá-los. Mas eu sei que, se havia um momento certo para pensar em uma reunião, era durante aquele período. Aí aconteceu o *MTV Unplugged* [durante o qual a formação original do Kiss se reuniu].

BILL AUCOIN: Eles meio que perderam seus fãs. O público diminuiu até eles não conseguirem mais fazer turnês. Os promoters não davam o dinheiro para eles fazerem turnês. Foi aí que decidiram fazer as Kiss Conventions, que pareciam ser bem-sucedidas – eles as organizavam por conta própria. E, ironicamente, as Kiss Conventions levaram à sua reunião, porque eles puderam encontrar os fãs em pessoa, em ambientes pequenos, levando-os a perceber o quão importantes os fãs eram. E viram que os fãs queriam o retorno da maquiagem. Eles queriam o Kiss de verdade de volta. [Gene, Paul, Ace e Peter se reuniram para a turnê *Alive/Worldwide*, em 1996.]

REMEMORANDO ERIC

BRUCE KULICK: Claramente, acho que ele foi uma peça essencial de uma fase do Kiss que significa muito para muitos fãs. E acho que os fãs sabem que ele se importava de verdade com eles. Ele provavelmente era mais talentoso do que eles sabiam, mas certamente tinham uma ideia do quão bom ele era na bateria, do quão boa era sua voz e de quanta energia ele tinha para desempenhar sua função na banda. Também acho que ele sempre foi o "cara fofinho" da banda e muitas das garotas o amavam. Eu fico feliz de saber que tive a oportunidade de trabalhar com um cara incrível e talentoso, de quem todos sentimos falta, é claro.

CARRIE STEVENS: Pelo que tenho ouvido das pessoas, Eric fez um trabalho muito bom de criar seu próprio legado. Tenho passado mais tempo na cena rock ultimamente e todo mundo sabe quem eu sou, por causa dele e da revista *Playboy*. Não tem uma noite em que alguém não fale comigo, algum cara de uma banda ou da equipe, dizendo que Eric era uma das pessoas mais legais que ele conhecia, que era um baterista incrível e como era simpático e pé no chão. Eu acho que as pessoas são excepcionalmente legais e respeitosas comigo por causa dele. Então ele ainda está me apoiando. Ele fez um excelente trabalho e ainda é lembrado pelo que conquistou. E ele conquistou sua reputação – ninguém tem nada negativo para falar sobre o Eric. Eu precisava dizer, "Os bons morrem jovens", mas, acredite, muitas vezes pensei, "Por que ele?". Mas acho que Deus precisava dele para algo mais importante do que ele estava fazendo aqui. Quem sabe agora ele seja o Gandhi em algum outro lugar, não sei.

BILL AUCOIN: Do meu ponto de vista, ele era um ser humano incrível. Eu me lembro de Eric primeiro como uma pessoa incrível e segundo como baterista. Obviamente, era um ótimo baterista, mas lembro-me dele como um ser humano incrível. Ele era um amor, disposto a fazer qualquer coisa por qualquer um. Era fantástico com os fãs. Os fãs falavam com ele e ele passava horas conversando com eles. Ele não parava mais. Ele foi a melhor pessoa possível para a banda durante aquela fase, porque os integrantes estavam tão preocupados, não sabiam para onde iam e não tinham certeza se o Kiss sobreviveria. Acho que ele até os ajudou, por conta de sua personalidade e de sua atitude "caridosa". Ajudou a banda e os fãs. Tenho certeza de que qualquer pessoa que o conheceu jamais o esquecerá.

BRUCE KULICK: Ele recebia muitas cartas de fãs e, naquela época, é claro que não havia e-mails, nada do tipo. Era tudo escrito à mão. Ele lia as cartas e respondia para as pessoas. Alguns fãs me mostraram respostas escritas à mão por Eric, o que eu também achava muito impressionante. E eu fiz isso por um tempo – aprendi com ele. Eu ficava muito impressionado. Tinha vezes em que ele estava em turnê na Escandinávia, lugares assim, em que a banda é *enorme*, e não tínhamos como sair do hotel. Estava congelando da porta para fora e, mesmo assim, ele descia até o lobby. Como não queriam que os fãs entrassem no hotel, Eric saía para dar autógrafos, no frio. Ninguém da banda era melhor com os fãs que Eric. Ponto.

CAROL KAYE: Sempre que eu passava algum tempo com ele, era divertido. Ele era engraçado, tirava sarro de si próprio e era muito feliz. Ele tinha um ar muito agradável, uma ótima energia. Eu sempre ficava animada para ver Eric. Era uma pessoa especial. Ele acabava sendo como alguém da sua família.

JACK SAWYERS: Eu lembro que ele era bem pé no chão. E fazia muitas pegadinhas. Uma noite, durante a gravação do clipe "God Gave Rock and Roll to You", abri uma garrafa de água da marca Calistoga e tomei um gole, porque estava morrendo de sede. E Eric veio correndo até mim e disse, "Jack! Acabaram de fazer *recall* de todas essas águas Calistoga porque estão contaminadas!". Coisas assim. Tenho certeza de que há muitas outras histórias. Ele era um cara engraçado. Mas, na maior parte do tempo, Eric Carr era Eric Carr. Acho que ele sempre pensava em seu legado. E acho que era isso que o deixava tão ciente do que estava fazendo, de como ele tratava as pessoas e de por que ele passava mais tempo que qualquer um dando autógrafos.

Pelo que ouvi, há histórias de pessoas que, após o show, esperavam no frio para pegar seu ônibus de volta para casa; Eric via essas pessoas e as convidava para entrar de volta na casa de shows enquanto esperavam, para se aquecerem. Tem todo tipo de história que você vai ouvir quando encontra pessoas que o conheceram. E felizmente pude conhecê-lo na minha adolescência e ele foi muito legal comigo. O fato de que ele lembrava de mim todo ano. Isso coincidiu com a fase em que eu comecei a sair por conta própria, vivendo a minha vida, encontrando-o diversas vezes e fazendo amizade com ele, assim como aconteceu com Bruce Kulick. Acho que é isso que acontece, cara, com as pessoas mais legais desse ramo. Parece que as coisas acontecem com eles, aí todo mundo que apenas vai em frente e não dá a mínima, essas são as pessoas que acabam tendo sucesso. No geral, ter conhecido Eric Carr certamente foi muito bom.

BOB EZRIN: Eu me lembro dele como um músico muito talentoso, mas, acima de tudo, como uma pessoa acolhedora, generosa, gentil e feliz e era uma alegria ficar por perto dele.

MICHAEL JAMES JACKSON: Lembro dele como um músico definido por sua paixão por tocar e pelo orgulho que ele tinha de ser um integrante do Kiss.

RON NEVISON: Como um cara gentil. Ele era um cara quieto e gentil. Paul Caravello. Não sei de onde ele tirou esse "Eric" [risos]. E de onde ele era, do Brooklyn? Então era um italiano legal do Brooklyn e um excelente baterista. É assim que eu me lembraria dele.

CARMINE APPICE: Acho que ele devia ser lembrado como o cara que substituiu Peter e fez isso muito bem. Ele acrescentou à banda e era um baterista fantástico. Ele mostrou isso em todas as noites que tocou com eles. Acho que o estilo de Eric certamente se encaixou bem. Eric Singer toca mais como Eric Carr do que como Peter Criss.

MARKY RAMONE: Ele era um cara muito legal. Mas eu gostava mais do estilo do Peter Criss, porque, na minha opinião, Peter tinha um estilo. Eric Carr era mais técnico. É como o guitarrista que toca no Kiss agora – ele é técnico. Ace tem um estilo. Do que eu gosto mais? Prefiro estilo a um cara tecnicamente avançado. Ele era um ótimo baterista – e parecia ser um cara muito legal e cortês. E ele era baixinho, mas sabia tocar com força, então eu disse, "Continue assim". Ele fez um trabalho muito bom.

CHARLIE BENANTE: Genuíno, um dos melhores bateristas do rock.

MARK ADELMAN: Ele poderia ser consagrado como um dos melhores bateristas da nossa geração, se não tivesse morrido.

ROD MORGENSTEIN: Eu gostaria que ele fosse lembrado como um dos bons. Neste ramo, com todos os músicos, gravadoras, agências e outras pessoas envolvidas, é uma raridade encontrar alguém que você adora assim que conhece. Ele é uma das poucas pessoas na minha carreira de 30 e poucos anos como músico profissional com quem me senti assim. E não foi um sentimento que cresceu. Foi algo que senti assim que o conheci. É um bônus raro quando você conhece um ser humano assim. Acho que ele devia ser lembrado como aquele cara legal com todo mundo. Ele não tinha nenhuma "atitude" diferente. Estava em uma das maiores bandas do mundo, mas não era pretensioso. Era um cara legal e gentil. Pode soar chato, mas acho que esse é o melhor elogio que se pode fazer a alguém.

AJ PERO: Ele era uma das melhores pessoas que já conheci neste ramo fodido. Eric era uma das melhores pessoas que já conheci. Por mais importante que fosse a posição dele, nunca conheci ninguém igual. Deus o levou cedo demais. Queria que ele estivesse vivo hoje, queria mesmo. Fiz amizade com ele, mas durou muito pouco. Meu pai morreu quando eu tinha 25 anos. Foi curto demais – eu não tive o mesmo tempo com ele que tive com meu pai. É assim que me sinto a respeito de Eric. Agora, eu devia estar conversando com ele. Sinto que tiraram isso de mim. Sinto que não tive tempo suficiente com ele para me tornar um de seus melhores amigos. O pouco tempo que eu passei com ele provavelmente está entre os melhores momentos que já tive com outra pessoa na minha vida e digo isso do fundo do meu coração. Sinto muita falta dele. Nunca esquecerei de nossos momentos juntos e de nossas risadas.

FRANKIE BANALI: Eric merece ser lembrado, não apenas pelo baterista maravilhoso e poderoso que ele era – e como sua habilidade e técnica percussiva impulsionaram o Kiss em discos, turnês e incontáveis sucessos –, mas pela alma gentil que ele era e sempre será. Que Deus o abençoe e que sua família sempre ache conforto ao lembrar que homem maravilhoso ele era. Descanse em paz, Eric.

BLAS ELIAS: Um cara incrível que nunca deixou o sucesso de rock star subir à sua cabeça. Deixava todo mundo se sentir confortável. Você o conhecia e, em cinco minutos conversando, já sentia como se o conhecesse sua vida inteira.

BOBBY ROCK: Para mim, acho que a forma como você trata as pessoas sempre será mais importante que o que você conquistou em sua vida. Ele esteve em uma das maiores bandas do mundo por muitos anos, portanto, as conquistas de sua carreira são indiscutíveis. Mas a impressão que eu tive ao conhecê-lo e o que ouvi de outras pessoas era que ele tratava as pessoas bem. E isso, na minha opinião, será o legado, o ponto focal, muito além do quão bem ele tocava.

BOBBY BLOTZER: Eu gostaria que ele nunca fosse esquecido. É assim que gostaria que ele fosse lembrado.

LYDIA CRISS: As pessoas deviam lembrar de Eric do jeito que ele era. Eric era um querido. Eu não o conheci tão bem, mas o pouco que eu pude conhecer... e qualquer pessoa que o conheceu sempre dizia que era um cara muito legal. A forma como ele se portava deixava claro que era um cara legal. Não sei se alguém conseguiria negar isso.

TY TABOR: Uma das pessoas mais legais, positivas e bondosas que eu já tive o prazer de conhecer.

JAIME ST. JAMES: O que as pessoas mais se lembram dele é do quão bem ele tocava bateria, o que é verdade. Mas há algo mais importante que isso. Ele era um cara gentil e simpático. Nunca conheci ninguém de quem eu gostasse tanto de imediato. Era uma pessoa boa.

BOB KULICK: Uma das pessoas mais gentis, simpáticas e talentosas e aconteceu a pior coisa possível com ele. Para mim, é uma história triste, porque o fim foi terrível. Outro dia, eu estava limpando alguma coisa no estúdio e encontrei um daqueles livros de turnê enormes da época. O negócio tem quase um metro de comprimento! E o Eric aparece nele. Eu estava vendo as fotos, pensando, "Cacete... olha só esse cara. *Um rock star de verdade*". Sabe, meu irmão era melhor em aceitar o seu "posto". Às vezes é isso mesmo. Eu trabalho com artistas grandes, eu produzo artistas grandes, mas, às vezes, eles me dizem coisas que me magoam. E tenho que aceitar isso. "OK, eu aceito isso." Sabe por quê? Porque já sou bem crescidinho. Eu consigo criticar e consigo aceitar críticas. Infelizmente, ele tinha dificuldade em aceitar críticas. Esse era o problema. Mas, com exceção disso, ele era um ser humano incrível.

MARK SLAUGHTER: Eu gostaria que Eric fosse lembrado como o baterista que vivia para tocar. O cara que tinha uma ótima atitude e ficou no Kiss por muito mais tempo do que as pessoas percebem. Acho que ele, de muitas formas, não recebeu crédito por tudo o que fez. Quero dizer, Peter Criss é um baterista incrível. Eric Singer é um baterista incrível. É claro que qualquer músico que Gene e Paul escolhessem sempre seria incrível. E Eric – de todos eles – era quem merecia estar no Kiss, ser "aquele cara". Tenho muita sorte de ter feito parte disso e de ter visto tudo de perto, atrás do palco e de sua bateria.

CHRISTINA HARRISON: Eu acho que ele amaria ser considerado um dos melhores bateristas do mundo. Ele era incrível, um cara incrível mesmo. Uns dias atrás, eu estava me lembrando de quando me casei com Bruce – Eric ficou tão animado que mandou fazer um terno e ficava indo prová-lo toda hora. Aí ele foi a uma das lojas de departamento em que tínhamos feito uma lista de presentes e comprou a lista inteira! Os presentes começaram a chegar, um após o outro. A UPS não parava de entregar. É mais um exemplo do quão generoso ele era.

WAYNE SHARP: Tenho certeza de que todo mundo está te contando que ele era uma das pessoas mais legais do mundo. Quando eu me casei, ganhei um cartão dele – ainda devo ter ele guardado em algum lugar. Ele estava começando a trabalhar em sua ideia de um desenho, *Rockheads*. Mas ele me enviou um lindo cartão, feito à mão, que tinha caricaturas de mim e da minha esposa, além de um cheque generoso. Foi emocionante. Ele amava seu cabelo enorme. E nunca ficava tão grande quanto ele gostaria. Eu me lembro de outro cartão que ele me enviou – quando estava trabalhando em *Rockheads* –, com uns 15 fios de seu cabelo! Ele contava o número de fios que caíam de seu cabelo. Ele escovava seu cabelo e contava quantos fios encontrava na escova. Ele era *obcecado* por seu cabelo. Também tem isso – na última vez em que o vi, ele estava usando uma peruca e isso foi de partir o coração.

SCOTT DAGGETT: Ele sempre estava lá para me ajudar financeiramente, caso eu precisasse. Ele me dava muitos presentes de Natal. Ele geralmente me mandava um bônus pelo correio e eu logo gastava o cheque... Ele estava compondo músicas em casa, com uma das guitarras descartáveis do Paul – uma das guitarras para ele quebrar no fim do show. Durante a turnê, um terço do caminhão ficava cheio de guitarras novas, provavelmente da BC Rich. O técnico do Paul passava uma serra no braço da guitarra, até chegar na metade e cortava quase todo o tensor do braço. Todas as noites, no fim do show, Paul quebrava sua guitarra. E Eric tinha uma dessas guitarras antigas e ele a usava para compor músicas. Naquele ano, comprei um violão legal para ele no Natal. Mas ele gastava dinheiro comigo e eu geralmente pegava todo esse dinheiro e gastava de volta com ele. Eu pegava o cheque que ele me mandava, ia a uma loja de instrumentos ou de joias e comprava algo para ele. Ele não era mão de vaca.

CHRISTINA HARRISON: Ele não morreu com muito dinheiro, porque sempre estava distribuindo para as pessoas. Sei que ele ajudou muito sua família e ajudou Carrie. Ele não tinha medo de gastar. Era muito generoso.

LORETTA CARAVELLO: Ele tinha um contrato básico. Tenho algumas cópias de seu contrato e acho que ele já foi exposto há algum tempo. Não me pergunte como os fãs tiveram acesso a isso, mas tiveram. Era bem padrão. Com o passar dos anos, de tudo que eu vi em seus documentos, nunca o vi receber nenhum royalty de produtos da banda. Vi alguns royalties de músicas em que ele foi coautor. Mas, além disso, era apenas um músico contratado e seu contrato era bem padrão. Ele apenas estava feliz de estar no Kiss.

CARRIE STEVENS: Nós nos divertíamos muito. Quero dizer, é claro que nos divertíamos, senão não teríamos ficado juntos. Eu lembro que brincávamos tanto. Em Manhattan, se começava a chover, pulávamos nas poças d'água e cantávamos, depois nos escondíamos em restaurantes, tomávamos café mexicano e saíamos na chuva para brincar de novo. Acho que ele amava a minha energia juvenil, porque ele também era muito imaturo [risos]. Ele adorava ver filmes. Sei que ele disse que queria ser Paul McCartney quando era criança. Eu costumava ligar para ele deixar recados em sua secretária eletrônica com músicas do Elvis... e do Winger [risos]. Ele gostava dos [filmes] antigos e clássicos. Lembro que eu dizia, "Você gosta dessas *velharias*". E ele dizia, "Bem, você é uma atriz, você deveria estar assistindo a filmes".

Mas eu não gostava tanto quanto ele. Amávamos o desenho *A Pequena Sereia*. Ele amava esse filme.

EDDIE TRUNK: Eu amava Eric até não dar mais. Ele era uma das minhas pessoas favoritas. Sinto falta dele até hoje. Ele não foi apenas extremamente importante para dar um impulso ao Kiss quando eles mais precisavam, mas foi um cara que, apesar de ser um substituto, era extremamente amado pelos fãs. E tem gente que não dá tanto valor para isso, talvez por serem mais jovens ou não terem vivido durante esse período. Era uma pessoa ótima e brincalhona. E um baterista poderoso. Acho que ele não recebia crédito suficiente pelo baterista que era e pelo impulso que ele deu ao Kiss. E sua voz era muito importante para o Kiss. Ele até cantou como voz principal em umas duas músicas – não apenas as gravadas, mas, durante a era *Lick It Up*, ele cantava "Young and Wasted". Apesar de Gene ter cantado a música no disco, quando a tocavam ao vivo, Eric cantava a música inteira. Ele era uma peça essencial da harmonia e dos vocais.

Ele impulsionava a banda. Acho que eles não podiam ter encontrado ninguém melhor. Sua personalidade, seu caráter, seu talento, sua cordialidade e seu amor pelos fãs foram fundamentais. Imagino se o Kiss teria sobrevivido se não tivesse acertado tão em cheio ao contratá-lo como o primeiro integrante substituto da banda. Porque era uma mudança sensível e delicada, em uma época em que a banda estava desmoronando. Aí você passa por uma mudança de formação. Se você não pega o cara certo e contrata algum babaca, alguém que não se encaixa ou não dá certo, um ano depois, você precisa achar outro cara para pegar a vaga e vira uma porta giratória – o que pode acabar com uma banda a ponto de nunca se recuperar. Mas, por conta de sua personalidade, suas ações, sua habilidade musical, como ele se relacionava com os fãs e o quanto o público o apoiava, acho que a banda conseguiu alavancar sua carreira de várias formas.

BOB GRAW: Ele provavelmente será lembrado como o integrante da banda com quem era mais fácil de conversar e o cara mais legal. Quando *Creatures of the Night* foi lançado, ele mudou o som da banda e a tornou relevante mais uma vez. Ele provavelmente será lembrado como o melhor baterista do Kiss. Amo Eric Singer e amo Peter Criss, mas Eric Carr foi o melhor baterista do Kiss. Sem dúvida, 100%, o melhor baterista.

ADAM MITCHELL: Eric tinha uma personalidade acolhedora e um jeito acolhedor de tocar. Sua bateria sempre tinha um "som analógico", ao contrário de um "som digital". Agora, Eric Singer e Tommy Thayer... na última vez em que vi o Kiss em Nashville, quatro ou cinco anos atrás, tecnicamente, é a melhor formação da banda, pelo menos em certos aspectos. É uma banda incrível. Mas Eric Carr era tão acolhedor, tão grande, tão bonito. Para mim, era o melhor baterista do Kiss nesse aspecto. Diria que ele era um baterista incrível, é claro. Mas também era uma pessoa incrível. Nem consigo imaginar alguém que não gostasse do Eric. E não se pode dizer isso a respeito de muitas pessoas. Todo mundo gostava do Eric – os fãs gostavam dele. Os fãs o aceitaram e nem sempre isso acontece. Ele era um cara muito engraçado. O que eu mais sinto falta não é de vê-lo tocar – eu sinto falta de tê-lo por perto para conversar e rir comigo. Mas, às vezes, a vida é assim.

SCOTT DAGGETT: Na indústria do rock 'n' roll, eu gostaria que ele fosse lembrado como uma das pessoas mais criativas e, provavelmente, o melhor baterista que o Kiss já teve – em termos técnicos, de aparência, tudo. Mas eu gostaria que as pessoas se lembrassem dele pela pessoa gentil e prestativa que era. Era como uma criança – não infantil, mas como uma criança. E ele cuidava de muitas pessoas.

NEIL ZLOZOWER: Como um ótimo baterista e um ser humano acolhedor. Um cara legal. Um integrante de uma das melhores bandas de rock de todos os tempos – o Kiss.

MARK WEISS: Eu gostaria que Eric fosse lembrado como alguém que estava feliz de fazer o que fazia e realizou seu sonho. Pode soar clichê, mas ele provavelmente era um dos caras mais legais do ramo. Ele estava à frente de seu tempo, de certa forma, criando um nicho para os bateristas de heavy metal. Ele parecia muito natural. Parecia que o Kiss era a banda perfeita para ele. Eu não o imaginaria em outra banda que não fosse o Kiss, não naquela época. Acho que ele se saiu melhor sem a maquiagem do que com ela. Ele podia ser ele mesmo.

GERRI MILLER: Como uma pessoa que contribuiu muito naquela era. Ele certamente era amado, divertido e uma boa companhia. Acho que ele acrescentava muito em qualquer lugar onde fosse.

NINA BLACKWOOD: Eric Carr era um baterista fenomenal. Nunca tive a oportunidade de entrevistá-lo, mas, sabendo o que eu sabia sobre ele, era o cara mais gentil e sensível do grupo. Ele poderia ter sido "o gavião", como era a intenção original. Depois, é claro, ele virou "a raposa"... mas o mais apropriado para ele seria "o gatinho". Um gatinho que conseguiria arrancar a pele de uma bateria com suas garras. Sua morte foi uma tragédia para os milhões de integrantes do Kiss Army e para todos os outros que se inspiraram com a força incansável que é o Kiss.

WAYNE SHARP: Ele era um dos seres humanos mais gentis que já conheci em minha vida. Eu nunca o vi gritar com ninguém. Se ele se irritava com algo, guardava para si próprio. Eu só queria que mais pessoas pudessem conhecer o Eric fora dos palcos, porque ele era um dos seres humanos mais gentis e agradáveis que já conheci. Eu ficaria chocado se você entrevistasse alguém para este livro que tivesse algo de negativo para falar sobre ele. A outra coisa de que me lembro dele é que, se tinha algo o incomodando – e eu nunca sabia se era algo com uma garota, a banda, sua família, sei lá –, ele simplesmente entrava em depressão por dias. Ele não falava com ninguém, ficava quieto. Ele não se interessava em tentar irritar as pessoas ou descontar o que o irritava nos outros. Era o jeito dele. Se algo o incomodava, ele não tentava empurrar o problema para outra pessoa ou fazê-la se sentir mal com ele.

JOHN WALSH: Não acredito em clichês, mas ele entregava tudo, 100% do tempo. Ele entregava tudo na bateria, toda noite. Tudo o que ele fazia, ele se entregava por completo. Ele amava os fãs. Ele estava tão feliz de estar naquela posição. Sempre pronto para assinar um autógrafo. Ele tirava fotos com todo mundo. Ele gostava tanto daquilo. E eu acho que, por conta disso, era um cara tão feliz. Ele conseguiu fazer o que sempre quis fazer. Ele queria tocar bateria, e queria estar em uma banda. E ele encontrou uma banda em que ele podia entregar tudo de si. Todo mundo vai te dizer que cara incrível ele era. E ele se entregava por completo.

LARRY MAZER: Ele era um ótimo baterista em uma ótima banda. As pessoas devem se lembrar dele da mesma forma que se lembram de outros grandes astros do rock de quem são fãs. Tenho certeza de que muitas pessoas agora estão passando pela mesma coisa com Bret Michaels, que acabou de ter uma hemorragia cerebral. É triste. Você quer que os rock stars vivam para sempre. Quando você percebe que Jimi Hendrix, Janis Joplin, Jim Morrison e Kurt Cobain morreram aos 27 anos e vê Bret Michaels, que tem 40 e poucos anos, quem sabe o que pode acontecer? É triste. Quero dizer, ele era um integrante importante de uma das maiores bandas da história do rock 'n' roll. As pessoas deviam se lembrar disso.

CAROL KAYE: Como um baterista incrível e uma parte essencial do Kiss. E como uma pessoa muito gentil e caridosa. Quando as pessoas falam sobre o Kiss, meio que ignoram esse período e sei que, se Eric ainda estivesse vivo, ele estaria lá, ao lado deles, até hoje.

MARK SLAUGHTER: Dedicamos "Days Gone By" a Eric Carr, no nosso segundo disco, *The Wild Life*, que também dedicamos a Freddie Mercury. Duas lendas do rock.

BRUCE KULICK: [*Rockology*, lançado em 1999, contendo demos inéditas de Eric Carr] foi um trabalho feito com amor. Foi um pouco difícil reunir tudo. Eu queria fazer tudo da melhor forma possível, tanto com a música quanto com as letras. A parte musical estava garantida. Eu tinha apenas algumas coisas. Era antes da era Pro Tools, mas eu fiz o melhor possível. E fiquei muito feliz com o resultado. Mas teve uma época em que foi difícil acertar o lado empresarial do disco, entre mim, a família e Adam Mitchell.

Sabe, quando você está fazendo algo com o legado de alguém, porque a pessoa já faleceu, você precisa ser muito cuidadoso com as questões legais.

Eu lembro que, por um tempo, foi muito frustrante. Havia certa confusão quanto à direção do projeto e a gente não sabia se esses problemas seriam resolvidos. Todo mundo ficaria contente? E eu tive um sonho muito vívido com Eric. Ele estava falando comigo no sonho – foi muito realista. E ele me disse que tudo ficaria bem. Não posso te dizer que tenho certeza de que, quando você tem um sonho assim, você está se comunicando com a pessoa. Mas foi tão realista quanto poderia ser e, pouco tempo após o sonho, tudo deu certo. Então eu sempre senti que Eric falaria comigo.

CARRIE STEVENS: Eu acho que *Rockheads* estava à frente de seu tempo. Agora, acho que seria ótimo. Outro dia, alguém me disse que Slash estava com um projeto de animação e eu perguntei, "Ah, o que é?". Descreveram o projeto para mim e eu disse, "Parece uma cópia de *Rockheads*". Acho que Gene e Paul acabaram ficando com os direitos. Eu me pergunto quem está com eles agora. Mas não fizeram nada com o projeto – nunca foi desenvolvido. Ele fez os desenhos, mas não foram animados, nem gravaram as vozes.

BRUCE KULICK: A vez seguinte em que eu o "vi" ou "ouvi" foi quando eu estava fazendo "Dear Friend", para o disco *The Blue Room* [2000], da banda Union. Eu lembro que estava com dificuldade com as letras, ou me estressando com alguma coisa – "Vou cantar essa música". Acho que pode ser meu subconsciente ajeitando minhas ideias. Ou, se realmente somos capazes de recebermos essas visitas, senti que ele me visitou outra vez e me confortou em minha mente. Isso já aconteceu algumas vezes. São essas as vezes em que lembro mais claramente. Portanto, senti que ele ficou grato de eu ter lançado essas músicas. E *Tales of the Fox* também foi divertido, apesar de eu não ter comandado o projeto. Foi feito por Jack Sawyers e Loretta. Mas fiquei honrado de fazer parte dele. Os materiais lançados sobre Eric são ótimos, considerando que você nunca imagina que alguém poderia falecer tão jovem.

JACK SAWYERS: Eu sempre tinha isso em mente, as obras não concluídas de Eric Carr. Eu queria fazer algo. Fizemos [o DVD *Inside the Tale of the Fox: The Eric Carr Story*, lançado em 2000] praticamente sem orçamento. Meio que pegamos as câmeras e saímos entrevistando as pessoas. É por isso que a produção parece de uma revista em vídeo. Mas senti que era necessário, porque eu queria fazer *alguma coisa*.

EDDIE TRUNK: Fico feliz em falar sobre o homem, porque era meu amigo. Novamente, é difícil acreditar que já se passaram mais de 20 anos. Todo ano, no meu programa de rádio, na época de seu falecimento, eu sempre toco um bloco de músicas em sua homenagem – músicas em que ele tocou.

GARY CORBETT: Um dos caras mais legais do mundo. Um dos melhores bateristas do rock. Ótimo no palco e uma ótima pessoa, verdadeiramente generosa, amigável e carinhosa. Sinto muita falta dele.

CHRISTINA HARRISON: É sério, o cara faria tudo por você. É o tipo de cara que você gostaria de ter como amigo. Você sabe o que dizem, "Se você tem cinco amigos em sua vida, já é sortudo". Ele seria um bom amigo.

MIKE PORTNOY: Ele era uma pessoa autêntica e gentil. É meio triste que, com muitas pessoas, você só percebe o quão amigáveis, generosas e gentis elas são depois que falecem. Vi o mesmo acontecer quando o Rev morreu, ou quando Dimebag morreu, ou com Ronnie James Dio. É triste. As pessoas precisam falecer para que a gente perceba como eram incríveis. E Eric foi uma dessas pessoas. Foi apenas quando ele faleceu que todo mundo saiu do armário e começou a dizer, "Que cara legal ele era". É um exemplo de como você deve valorizar as pessoas enquanto elas ainda estão aqui. E, quando você tem uma pessoa tão legal e autêntica quanto ele em sua vida, você tem que valorizá-la enquanto ainda está aqui conosco.

CARRIE STEVENS: É quase aniversário dele e eu finalmente tenho 41 anos. Finalmente estou na idade que Eric tinha quando faleceu. E, quando eu fiz 41 anos, neste ano, a ficha caiu. E fico deprimida – ainda estou apaixonada por um cara morto e ainda estou solteira. Eu teria pulado de uma ponte se alguém me dissesse, na época, "Carrie, você ainda estará chorando por causa dele daqui a 19 anos. Você nunca encontrará um cara que será tão bom com você quanto ele foi". É tão esquisito. Eu acabei de ir ao Rainbow... onde Eric, Bruce, Christina e eu fomos no aniversário de 41 anos dele, que acabou sendo o seu último. Eu estava lá com minha amiga, na última sexta-feira à noite, e falei isso enquanto estávamos lá. Aí, quando saímos, eu ainda estava falando sobre ele. Ligamos o rádio, e a versão de "Beth" cantada por ele estava tocando. Meu queixo caiu. Essas coisas acontecem o tempo todo comigo. É como se ele estivesse lá. Tipo, "Ei, *estou te observando*".

LORETTA CARAVELLO: Quanto aos fãs e ao mundo do Kiss, eu gostaria que ele fosse lembrado como um ótimo baterista. E, enquanto pessoa, como um bom ser humano que fazia o possível para ajudar os outros. E nunca pedia nada além de sua amizade. Ele era uma pessoa gentil e engraçada. Eu queria que ele ainda estivesse aqui. Mesmo que ele nunca tivesse tocado no Kiss, provavelmente ainda seria melhor tê-lo aqui, consertando fogões, em vez de estar no palco. Se fosse para ser assim, tenho certeza de que a troca valeria a pena, na minha opinião.

AJ PERO: Ele era o cara. Billy Joel estava certo quando cantou "Only the Good Die Young" ["Apenas os Bons Morrem Jovens"].

Leia o QR Code e conheça outros
títulos do nosso catálogo

@editorabelasletras
www.belasletras.com.br
loja@belasletras.com.br
54 99927.0276

Este livro foi composto em Minion Pro e impresso em pólen bold 70 g pela Gráfica Impress em maio de 2024.